GÜTERSLOHER
VERLAGSHAUS

Entdecken Sie mehr auf
www.gtvh.de

Arno Schmitt

Im Takt der Zeiten und Gelegenheiten

Band 1

Liturgisches Werkbuch zu Pfingsten,
Früh- und Hochsommer

Inklusive CD-ROM

Gütersloher Verlagshaus

Bibliografische Information der Deutschen Nationalbibliothek
Die Deutsche Nationalbibliothek verzeichnet diese Publikation
in der Deutschen Nationalbibliografie; detaillierte bibliografische
Daten sind im Internet über https://portal.dnb.de abrufbar.

Verlagsgruppe Random House FSC® N001967.
Das für dieses Buch verwendete FSC®-zertifizierte Papier
Munken Premium Cream liefert Arctic Paper Munkedals AB, Schweden.

1. Auflage
Copyright © 2015 by Gütersloher Verlagshaus, Gütersloh,
in der Verlagsgruppe Random House GmbH, München

Umschlagmotiv: © mythja – Fotolia.com
Druck und Einband: Těšínská tiskárna, a.s., Český Těšín
Printed in Czech Republic
ISBN 978-3-579-07424-5

www.gtvh.de

Inhalt

Einführung 11

Teil A
Gottesdienstliche Grund- und liturgische Sonderformen
Pfingsten und Trinitatis

1. *Der Farbvogel*
    Pfingstsonntag mit Taufen unter freiem Himmel 13

2. *Ch'hob hajnt gesen a man redn mit a misstkan oif brodwej*
    Kommunikations(zer)störung und das Brausen vom Himmel 25

3. *In anderen Zungen*
    Kleiner Pfingstgottesdienst 30

4. *Gut aufgestellt*
    Pfingstmontag um Zehn 34

5. *Aus dem Häuschen*
    Pfingsten getanzt 40

6. *Wen dürstet*
    Pfingsten am Bach 52

7. *Es werde Licht!*
    Pfingstcollage in Bild, Text & Musik 57

8. *Gottgesellig*
    Gottesdienst an Trinitatis mit Bildpredigt 61

9. *Du, da ist noch Platz für dich!*
    Trinitatis im Kirchgarten 67

5

Teil B
Feste und Feiern zu besonderen Gelegenheiten
Liturgischer Frühsommer

1. *Flügel der Morgenröte*
    Liturgische Kleinformen an Trinitatis 77

2. *Halbstundenmeditation*
    Am Morgen des mündlichen Abiturs 92

3. *Zwei oder drei!*
    Eucharistische Einkehr am Wochenende 98

4. *Gast für ein paar Augenblicke*
    Sommernacht mit der Gemeinde 103

5. *Der dort!*
    Gottesdienst an Johannis 115

6. *Blumen und Heu*
    Johannistag mit Kindern 123

7. *Mensch Maria!*
    Heimsuchung Marias (2. Juli) 124

8. *Kommt einer*
    Anspiel im Taufgottesdienst 129

9. *Du neigst dich zu mir und machst mich groß*
    Einkehr zu Hause nach langer Krankheit 133

10. *Wüstenblühen*
    Sommersonntagmorgen mit Agape-Picknick 143

Teil C
Feste und Feiern zu besonderen Gelegenheiten
Liturgischer Sommer

1. *Siehe!*
    Maria Magdalena (22. Juli) 152

2. *Orgelsommer*
    Musikalische Wochenenden 158

3. *A Dieu!*
    Ökumenischer Schulgottesdienst vor den großen Ferien *160*

4. *Eines fehlt!*
    Familiengottesdienst mit Kindergartenkindern *168*

5. *Zweimal, Dreimal, Viermal*
    Sommerliche Predigtreihen *177*

6. *Behütet*
    Ferienbeginn der Kinderkirche *188*

7. *Es ist Krieg!*
    100 Jahre Erster Weltkrieg (1. August 1914) *193*

8. *Weite Wege*
    Gottesdienst zum Israelsonntag *199*

9. *Frühmorgens*
    Senioren unterwegs *206*

10. *Abel, steh auf!*
    Gottesdienst zum Antikriegstag (1. September) *224*

Teil D

Zugänge, Meditationen, kulturgeschichtliche und festliturgische Notizen,
Kolumnen, Ansprachen und Predigten zu den Sonn- und Feiertagsperikopen

1. *Ins Offene*
    Pfingstkolumne *235*

2. *Hymnus dreifach!*
    Predigt an Trinitatis
    (Brief an die Gemeinde in Ephesus 1,3-14) *235*

3. *Der garstige Graben*
    Predigt am 1. Sonntag nach Trinitatis
    (Evangelium nach Lukas 16,19-31) *238*

4. *Was hindert euch?*
    Predigt am 2. Sonntag nach Trinitatis
    (Evangelium nach Lukas 14,15-24) *240*

5. Zum ersten Mal
   Zu Gast in Paul Gerhardts Sommerlied
   Predigtessay zu EG 503 243

6. Einer wie Zachäus
   Predigt am 3. Sonntag nach Trinitatis
   (Evangelium nach Lukas 19,1-10) 244

7. Die Seele geht zu Fuß
   Pilgern 247

8. Leben ist Reise
   Textspuren (Evangelium nach Lukas 15,1-3.11b-32) 248

9. Werft schon!
   Predigt am 4. Sonntag nach Trinitatis
   (Evangelium nach Johannes 8,1-11) 249

10. Geh!
    Predigt am 5. Sonntag nach Trinitatis
    (Erstes Buch Mose 12,1-4) 251

11. Auf Gegenseitigkeit
    Textspuren (Fünftes Buch Mose 7,6-12) 254

12. Das Kind muss einen Namen haben
    Taufansprachen am 6. Sonntag nach Trinitatis (Jesaja 43,1-7) 255

13. Wie Brot
    Predigt am 7. Sonntag nach Trinitatis
    (Evangelium nach Johannes 6,30-35) 257

14. Friedensträume
    Predigt am 8. Sonntag nach Trinitatis (Jesaja 2,1-5) 259

15. Gottfähig
    Predigt am 8. Sonntag nach Trinitatis
    (Evangelium nach Matthäus 5,13-16) 261

16. Gegründet
    Taufpredigt am 9. Sonntag nach Trinitatis
    (Evangelium nach Matthäus 7,24-27) 263

17. Wahrzeichen
    Predigt am 10. Sonntag nach Trinitatis (Israelsonntag)
    (Zweites Buch der Könige 25,8-12) 265

18. *Ich hätte es versuchen sollen*
   Erzählpredigt am 11. Sonntag nach Trinitatis
   (Zweites Buch Samuel 12,1-10,13-15a) 268

19. *Es ist zu kalt auf dieser Welt*
   Predigt am 12. Sonntag nach Trinitatis
   (Evangelium nach Markus 7,31-37) 271

20. *Mehr als meine Familie mich liebt?*
   Kinderfrage (Erster Brief des Johannes 4,7-12) 273

21. *Einen aber haltet frei!*
   Predigt am 13. Sonntag nach Trinitatis
   (Apostelgeschichte 6,1-7) 274

Teil E
Liturgische Miniaturen
Kontexte, Prologe, Hymnen, Gebete, Lese-Collagen, Gebete, Tauf- und Abendmahlsteile, Handlungen, Choreographien

Pfingsten 277

Trinitatis 282

1. *Sonntag nach Trinitatis (Liebe)* 283

2. *Sonntag nach Trinitatis (Barmherzigkeit)* 284

3. *Sonntag nach Trinitatis (Verloren)* 287

4. *Sonntag nach Trinitatis (In Konflikten)* 288

Johannis 288

Heimsuchung Mariae (2. Juli) 289

5. *Sonntag nach Trinitatis (Lange Wege)* 292

6. *Sonntag nach Trinitatis (Wasser des Lebens)* 293

7. *Sonntag nach Trinitatis (Brot des Lebens)* 296

Maria Magdalena (22. Juli) 298

Ferienbeginn 299

8. *Sonntag nach Trinitatis (Kinder des Lichts)* 301

9. *Sonntag nach Trinitatis (Zumutungen)* 304

10. *Sonntag nach Trinitatis (Israelsonntag)* 306

11. *Sonntag nach Trinitatis (Die Großen und die Kleinen)* 308

12. *Sonntag nach Trinitatis (Krankheit und Heilung)* 309

13. *Sonntag nach Trinitatis*
    (Gott lieben und deinen Nächsten wie dich selbst) 311

Jahrestag des Kriegsbeginns (1. September) 312

Quellen- und Bildnachweis 315

Einführung

Mit den beiden vorangegangenen Werkbüchern, zu Weihnachten und Ostern, war es einfacher. Da waren zwei früh geprägte Zeitzyklen vorgegeben: das Christusfest in der Mitte, Vorbereitung davor, Ausschreiten danach, und schon war die erste Jahreshälfte liturgisch markiert. Für die zweite Hälfte gilt das so nicht. Was tun? Das Kirchenjahr zweiteilen? In »Halbjahr des Herrn« und »Halbjahr der Kirche«? Ältere Darstellungen tun das so. Theologisch problematisch. Andere sprechen von »fest-loser Zeit«. Überaus karg und so auch nicht richtig. Denn zu feiern gibt es eine Menge: Sommerfeste, Schuljahresabschluss, Ferienbeginn, Kindergartenende, Erster Schultag, Erntedank, Reformation, Sankt Martin, die Liste ist lang.

Weihnachten – Ostern – Trinitatis. Die zeitgenössischen Agenden bestimmen den Grundrhythmus des Kirchenjahrs im historischen Dreiertakt. Mit dem vorliegenden ersten Band des Werkbuchs zur Trinitatiszeit setze ich mich davon ab und entschließe mich zum Vierertakt: Weihnachten – Ostern – Pfingsten – Späte Zeit des Kirchenjahres. Mit Pfingsten als kalendarischer Drehscheibe. Nicht mehr nur Osterabschluss, sondern eigenständige Sommerfestzeit mit theologischem Eigengewicht, facettenreicher Thematik und liturgischer Vielfalt. »Wie auch immer der aus dem Tod gekommene Jesus in Gottes Himmel erhöht worden sein mag: der Blick seiner Jünger wurde alsbald wieder aus der Vertikalen in die Horizontale geholt. In seiner Weisung wie in seinem Geist gilt Gottes Leidenschaft ja nicht dem Oben oder dem Jenseits, sondern dem Unten und Diesseits.« (Kurt Marti) So also: Pfingsten nimmt Ostern mit auf die Reise, mit in die kleine und große Welt, damit sich herumspreche unter den Menschen, den Völkern, der ganzen Schöpfung, was geschehen ist auf Golgatha und drei Tage danach. Pfingsten ergreift, hat aufbrechenden, grenzüberschreitenden, erneuernden Charakter. Nicht von ungefähr sind es die Jesuserzählungen, die die Gottesdienste des Sommers und der Zeit danach grundieren. Trinitatis? Als »Ideenfest« hat es sich über den kleinen Kreis der Eingeweihten hinaus kaum je bekannt gemacht. Kein wirkliches Manko. Mit Weihnachten, Ostern und Pfingsten stehen für Gottes Beziehungsfülle potentere Quellen zur Verfügung. Ostern als *Schwelle zum Frühjahr*, Pfingsten als *Beginn des Sommers*, die späte Zeit als *Übergang in den Herbst* und Weihnachten als *sich neu belebendes Licht*: frei so der Blick, den Jahreskreis als vierfach gegliederte Übergangsfolge zu verstehen, Leben als Pilgerschaft des Glaubens, der Hoffnung und der Liebe.

Zuhause im Kirchenjahr? Wie früher ganz sicher nicht (mehr). Die Rhythmen sind andere geworden: unregelmäßiger, selbstbestimmter. Aus dem gefügten Haus sind Raststellen geworden, Provisorien, Zwischenstationen. Schwer vorstellbar, es gäbe sie nicht. Manche ausgemachte Wallfahrtsorte, andere marginal, aufgesucht von wenigen, manchmal nur von mir selbst. Doch überall darf ich eintreten, meinen Gedanken nachgehen, verweilen, mich unterstellen, etwas mitnehmen, weitergehen, wiederkommen. Meditationen, Ansprachen, Predigten, Musik-, Tanz- und Symbolchoreografien, liturgische Kleinformen, Feierabendmahle, ökumenische Nächte. In Kirchen, Kapellen, Hütten und Ställen. Im Garten, im Park, am See und am Bach. In der Schule, mit Konfirmandengruppen, Kinderkirche, Kindergarten. In Momenten zu Hause, bei Gelegenheit unterwegs. Das Feld ist weit. Im »Werkbuch« kommt es zusammen. Mut machen will es. Zu Phantasie und eigener Probe verleiten. Das aber auch: Reserven bereit stellen. Zum Besonderen bin ich ja nicht immer, sondern nur von Mal zu Mal in der Lage. Die beiden Schlusskapitel tragen dem Rechnung, regen zu homiletisch-liturgischem Blättern und entlastender »Ausleihe« ein. Und doch ist der Platz zwischen den Buchdeckeln nur wieder begrenzt, und so manches, was es wert wäre, festgehalten und ausgetauscht zu werden (Bilder, Karten, Plakate, liturgische Skizzen ganz oder in Teilen), entfiele, wäre da nicht die freundliche CD-ROM, auf der eine Menge Zusätzliches gesammelt werden konnte.

Wie schon beim letzten und vorletzten Mal ist der ganz überwiegende Teil der Entwürfe in den Gruppen und Werkstätten der Schulen, (ökumenischen) Gemeinden (Kindergarten, Kinderkirche, Konfirmandengruppen, Erwachsenenbildung) und regionalen Nachbarschaften (Familien, Bädern, Freizeithäusern, Bauernhöfen, Fischer- und Wandervereinen) entstanden. Unter Menschen ganz unterschiedlicher Couleur: jungen, mittleren und weit fortgeschrittenen Alters, die einen in geprägter Tradition, dabei schon seit Jahren, die anderen seit Kurzem erst, mit nur wenig oder keinem kirchlichen Bezug. Was uns verbindet? Noch immer die Lust, Gott und das Leben zu feiern. »Zu schauen die schönen Gottesdienste des Herrn« (Psalm 27.4). Dank ihnen allen. Dank Diedrich Steen und dem Team des Gütersloher Verlagshauses für die Beratung und Realisierung auch dieses neuen Buches. Dank meiner Frau und den Kindern, die mich immer wieder ziehen lassen, im Weinberg »Gottesdienst« Neues zu entdecken.

Mannheim, August 2014   Arno Schmitt

Teil A

1. Der Farbvogel

Pfingstsonntag mit Taufen unter freiem Himmel

Liturgischer Baukasten

■ Gelegenheit

Die Gemeinden sind klein an Pfingsten, die Gründe vielfältig. Grund N° 1: das Fest selbst. Der Kirchenkalender weist es als Hauptfest aus: neben Weihnachten und Ostern das dritte im Kirchenjahr. Doch zu sehen und zu schmecken gibt es nicht viel. An Pfingsten braust der »Geist« durch die Fugen. Aber was heißt das? Handfestere Gründe kommen hinzu: der Sommer kündigt sich an, die Türen gehen auf, die Menschen zieht es nach draußen. Schulferien darüber hinaus: günstige Gelegenheit, für ein paar Tage auszufliegen. So aber auch: über Pfingsten kommt Besuch, mehr als sonst im Jahr. In den Städten und Gemeinden überbieten sich die Veranstalter geradezu: Konzerte, Ausstellungen, Messen, Stadt(teil)feste, Reitturniere, Marathon und allerlei mehr und immer mit »Pfingsten« im Titel. Nicht ausgeschlossen, dass sich unter den pfingstlichen »Unterwegs-Menschen« eine ganze Reihe von solchen befinden, die mit ihrem Glauben irgendwann einmal angefangen haben, dann aber die Reise unterbrochen und danach den Anschluss verloren haben und jetzt, wo sie es gar nicht eingeplant hatten, auf eine Kirche stoßen, die ihnen Anlass wird, noch einmal hinzuschauen und auszuloten. Kirche als Inspiration und Testgelände? Und wenn dann noch Taufe dazukommt und der Gottesdienst zum Fest wird, dann bleibt von der Unbestimmtheit des Tages kaum mehr etwas übrig, und von Pfingsten als dem »Geburtstag der Kirche« zu sprechen, ist dann ganz so unwahrscheinlich auch wieder nicht.

Raum, Zeit

- Pfingsten in der Kirche? Geburtstag im Gemäuer? Warum nicht!? Aber warum nicht einmal anders? Die Gelegenheit suchen, im Kirchgarten zu feiern, am Waldrand, am Flussufer, im nahegelegenen Park? Nirgends sind Zufälle und Zufällige näher als dort. Ob sie sich gleich Zeit nehmen, näher herantreten, sie ablegen, ihre Distanz, sie ablegen gleich sich immer gleich dazu gesellen, sie aufgeben, ihre Distanz, sie ablegen, ihre Wanderstöcke, absteigen vom Rad, wird sich zeigen. Einige werden es tun, andere nicht. Vielleicht ja das nächste Mal. »Zwischenraum« lassen, »Beinfreiheit«: alter liturgischer Ratschlag, beherzigenswert noch immer!

- Im konkreten Fall wurde der Gottesdienst im Freien gefeiert. Unter alten Bäumen am Fluss. Rastplatz für Spaziergänger(innen), Wanderer und Radfahrer. 30 x 75 m. Auf der einen der Altartisch, dahinter ein Birkenkreuz. Auf der anderen Seite der Taufbrunnen. Dazwischen, Taufbrunnen und Altar verbindend, Bänke, Stühle, Kinderwagen und Rollstühle in einem dreifachen Oval. Die erste Reihe war komplett für die Tauffamilien und Kinder reserviert. (Der Platz reichte nicht für alle. Manche lehnten an Bäumen oder ließen sich auf dem Boden nieder.) Links vom Altar, außerhalb des Ovals: die Bläsergruppe. Rechts gegenüber: das Instrumentalensemble. Dem Gottesdienst schloss sich ein Picknick an. Tische wurden gestellt. (Auch hier: nicht alle fanden gleichzeitig Platz. Manche wollten auch gar nicht, suchten das Auf und Ab.)

Gestaltung

- Altartisch: jahreszeitlich geschmückt (Pfingstrosen), vier große Kerzen, weiße Papierdecke mit aufgemalten Tauben, aufgeschlagene (alte) Bibel.

- Altarkreuz: wesentlicher Blickpunkt im Raum, über dem Altar zwischen zwei alten Bäumen, seine Aufgabe: das »himmelwärts« strebende Geschehen zu »erden«.

- Taufbrunnen: eine Collage aus Feldsteinen oder Sandsteinbrocken und (Gartenteich-)Folie, gefüllt mit Wasser (zum Fließen gebracht durch eine kleine elektrische Umwälzpumpe). Einfacher: eine große, mit Wasser gefüllte Schale oder (alter) wassergefüllter Kessel.

- Der liturgische Verlauf ist durch vier Schwerpunkte geprägt: Lob des Heiligen Geistes, Geschichte des Farbvogels, Taufe der Kinder und Gebärdensegen. Die Taufkinder sind die Hauptpersonen des Tages. Die Ansprache richtet sich an sie. Deren mittlerer Teil wird (von einem alten Sessel aus) als

Taufbrief »verlesen«. Die Familien bekommen diesen mit der Taufkerze als Tagesgeschenk überreicht.

- Bunte Pfingstflyers helfen den Feiernden, sich im Verlauf, den Texten und Liedern zurechtzufinden.

Musik und beteiligte Personen

- Gottesdienste im Freien zu feiern, erfordert einen guten Draht zu den Gemeindegruppen. Ohne deren aktives Mitwirken geht es nicht. Auch nicht die Musik. Nicht in jeder Gemeinde steht (mit variablem Repertoire) eine Bläsergruppe oder Instrumentalensemble zur Verfügung. Muss auch gar nicht. Ein elektronisches Klavier oder ein Keyboard tut es auch. Tipp: In den regionalen Schulen gibt es immer wieder Gruppen, die es (rechtzeitig angefragt) »gar nicht so uncool finden«, bei Vorhaben solcher Art mit dabei zu sein!

- Für den Gebärdensegen sind Effektinstrumente zu empfehlen: kürbiskerngefüllte Rasseln, Klanghölzer, Bongos, Maracas und anderes mehr (über die eine und andere Kita oder Grundschule unschwer auszuleihen).

- Die Kinder der Kinderkirche sind für den geschmückten Altar zuständig, die Konfirmanden und Konfirmandinnen für das Altarkreuz und den Taufbrunnen. Die damit verbundenen Transportprobleme werden von Elterngruppen o.a. gelöst.

- An der Liturgie sind außer dem (der) Liturg(in) drei geübte Sprecher(innen) beteiligt. Teil der Ansprache ist die »Geschichte vom Farbvogel«, zu »lesen« von einem (einer) spielenden Erzähler(in). Der Gebärdensegen wird von einer erfahrenen Person eingeübt (vielleicht schon zu Beginn des Gottesdienstes).

Sonstiges

- Die Taufkinder (besser noch: alle Kinder dieses Vormittags) bekommen zur Erinnerung an den Tag eine bunte Vogelfeder geschenkt (im Bastelladen leicht und günstig zu erwerben).

- Es gibt eine Menge zu tun. Für die Letzten wird der Gottesdienst erst spät am Nachmittag enden. Bänke und Tische sind zu besorgen, aufzubauen, umzubauen, abzubauen und wieder zurückzubringen. Für eine Verstärkeranlage mit entsprechendem Equipment ist zu sorgen. Geht der Gottesdienst (wie beschrieben) in ein Picknick über, fallen weitere Dienste an: Zubereitung und

Ausgabe von Speisen und Getränke, Tageskasse, Geschirrreinigung, Platz-
reinigung, Rücktransport. Das Gemeindeteam hat ordentlich zu tun. Aber
es lohnt sich, die Eintragungen im »Gästebuch« belegen es!

Liturgische Skizzee

Pfingstfanfare

Begrüßung und Einführung

Prolog

Sprecher(in)

Komm,
Sturmwind des Geistes,
zerbrich die selbstgemachten Häuser,
bergen können die uns nicht.
Lass in dir wohnen!

Sprecher(in)

Komm,
Sturmwind des Geistes,
bring zum Erlöschen die künstlichen Lichter,
die uns das wahre nicht erkennen lassen.
Führ uns zur Klarheit!

Sprecher(in)

Komm,
Sturmwind des Geistes,
überflute die Dämme, hinter denen wir uns sichern
gegen den Himmel.
Befrei uns aus Wüsten!

Sabine Naegeli

Gemeinsames Lied
»O Heiliger Geist«
EG 131, 1.2.4

Morgenhymnus
(Psalm 118 im Wechsel)

Tagesgebet

Liturg(in)

Was wir denken, Gott, ist eng, ärmlich, erbärmlich. Komm zu uns, misch dich ein. Sei du es, dessen Gedanken wir denken. Sei du es, dessen Worte wir sprechen. Sei du es, dessen Geist sich in uns Raum verschafft zur Freude und Hoffnung des Lebens!

Anrede

Auf der Seite von ihm (ihr) ein alter, roter Sessel. Er (Sie) tritt zu ihm hin, bleibt hinter ihm stehen.

Liturg(in)

Und als es dann endlich so weit war, liebe (Namen der Kinder), und ihr auf der Welt wart, war das wohl der größte Augenblick in eurem kleinen Leben. Und heute einer mehr: ihr werdet getauft. Wasser über euren Kopf. Wasser aus dem Brunnen. Erfrischen will es euch wie ein Bad, eure Sinne wecken, euch wie in einen Mantel hüllen. Und in allem wird der Himmel über euch aufgehen und eine Stimme zu euch sprechen: »Fürchtet euch nicht, denn ich werde bei euch sein alle Tage bis an der Welt Ende!«
Wer der ist, der so zu euch spricht? Niemand weiß das so genau. Gott, sagen die heiligen Schriften. Aber wer ist Gott!? Zeig ihn mir, dann bin ich ein Stückchen gescheiter! Aber so gerade geht das nicht mit Gott. Denn könnte man ihn zeigen wie diese Kerze hier oder dort den Baum, was wäre anders an ihm als alle die anderen Dinge auch!? Was aber dann? Eines steht fest: dort wirst du Gott am Werk sehen, überall dort, wo »es weder Leid noch Geschrei mehr gibt unter den Menschen und die Tränen von ihren Augen gewischt werden« (Offenbarung des Johannes 21,4) Überall dort also baut Gott »seine Hütte«, wo sie durchlässiger werden, zu bröseln beginnen: die Mauern zwischen Kleinen und Großen, Männern und Frauen, Armen und Reichen, Einheimischen und Fremden, Schwarzen und Weißen, Völkern und Erdteilen, Weltanschauungen und Religionen. Überall dort, wo die Widersprüche dieses Lebens ein Stückchen überwunden, seine Grenzzonen ein klein wenig begehbarer, die Bedingungen ein klein wenig gnädiger werden. Oder so: überall dort, wo sich Himmel und Erde berühren. Überall dort ist Gott zuhause. Das Fest, das wir heute feiern, die Alten haben es »Pfingsten« genannt, will es noch ein bisschen deutlicher sagen:

Wie ein Flügelschlag sei es gewesen, so die Einen, als Pfingsten zum ersten Mal auf dem Kalender stand. Wie ein Brausen, so die Anderen; ein Brausen vom Himmel. Über sie sei es gekommen, tief in sie eingegangen, und nichts mehr sei gewesen wie eben noch. Kalt hat es keinen gelassen, so viel steht fest. Und verloren haben sich die Männer und Frauen auch nicht mehr gefühlt, obwohl es sie hart ankam, dass sich ihr Meister so einfach entzog. Nicht dass er sie hätte sitzen lassen, nein: so nicht! Aber leicht machte er es ihnen nicht, als er meinte: jetzt, wo sie sähen, mit eigenen Augen, und hörten, mit eigenen Ohren, und auf Gedanken kämen, mit eigenem Kopf und eigenem Herzen, da sei es an der Zeit, zu eigenem Rhythmus, eigener Melodie und eigener Sprache zu kommen. Und: sie trauten sich! Machten ihren Mund auf! Ließen ihre Herzen sprechen! Und was sie dachten und sagten und fühlten und taten, fand Aufmerksamkeit! Geschichten machten die Runde: die Taube sei zurückgekommen!

Ein(e)(Erzähler(in) kommt ins Oval, setzt sich auf den roten Sessel dort. Der (Die) Liturg(in) geht zum Altar zurück.

Liturg(in) | Ich muss euch die Geschichte erzählen. Sie hat die Leute noch lange in Atem gehalten. Und vergessen haben sie sie nie:
Tagelang ist der Vogel über der Stadt gekreist, als sei es das Normalste der Welt. Doch dann hatte er sein Kreisen beendet und setzte sich auf den Wipfel des höchsten Baumes der Gegend nieder. Sein Gefieder? Nicht schwarz, nicht weiß. Auch rot nicht oder grün oder blau. Alle Farben zusammen. Nur grau nicht. Die Bewohner waren aus dem Häuschen: »Habt ihr so etwas schon mal gesehen?« Nicht lange danach fingen sie an, sich die Köpfe darüber zu zerbrechen, wie man diesen mit allen Farben geschmückten Vogel vom Baum wohl herunterholen könne, es könne der Attraktivität der Region nur von Nutzen sein. Denn längst hatte sich herumgesprochen: ein gewöhnlicher Vogel ist das nicht! Er komme aus dem Paradies, und wenn sich niederlasse, sei der Ort vom Himmel nicht mehr weit entfernt! Es müsse doch möglich sein, mein Gott, den Vogel zu ergreifen! Und irgendwann kam man auf die Idee, so wohl könne es gelingen: dass sich einer unter den Baum stelle, der Stärkste und Kräftigste am besten, und auf den steige ein anderer und auf diesen wieder ein anderer, und irgendwann werde ein Turm entstehen, ein Menschenturm

bis oben hin: der Himmel zum Greifen nah! Gedacht, getan: der Stärkste ganz unten, der nächste darüber. Und tatsächlich: der Turm begann zu wachsen, wurde größer und größer. Und fast schon hatte er sein Ziel erreicht, da habe der Stärkste die Geduld verloren und dann die Balance, und bald schon habe er sich nicht mehr halten können und die anderen über ihm auch nicht, und der Turm sei zusammengebrochen – und der Vogel davongeflogen. Wohin?

Fragt mich nicht! Bin ich ein Hellseher? Zurück jedenfalls nicht mehr. Nicht zu Kapitän Noah. Aufs Schiff. Denn als sie einsetzten, die Hochwasser, die Himmelsschleusen sich öffneten und der Regen sich wie in Sturzbächen über die Erde ergoss und alles Leben auf der Erde ertrank und nach Wochen Irrfahrt im großen Kasten die Fluten endlich nachließen, da musste sich Noah erst mal davon überzeugen, dass das alles keine Hirngespinste waren, was er sah dort in der Ferne, sondern wirkliches Land mit Bäumen und Hügeln und Bergen. Sicher wollte er sein. Also ging er daran, es auszutesten: zuerst mit dem Raben, dann mit der Taube und mit der gleich zweimal. Und erst als sie ausblieb, nicht mehr wiederkam, da wusste der Alte: so, jetzt ist es so weit, wir sind gerettet! Und dann musste sie raus, die Botschaft. Nach überall hin: »Wie es war, sollte es nicht mehr sein. Einen Bund will ich schließen. Einen Bund mit euch, den Menschen, die ich liebe. Einen Bund für die Ewigkeit. Zwischen Morgen und Abend, Frost und Hitze, Saat und Ernte soll sich Leben entfalten, reichlich und schön wie am ersten Tag – und *ich* keinen Meter davon entfernt! Schaut, den Regenbogen – ich hab ihn zum *Zeichen* gesetzt!«

Gott so im Ersten Buch Mose (8). Und einer, der die Geschichte vom Regenbogen nie vergessen hat, war Jesus von Nazareth gewesen. Jahrhunderte später. Wie ihr heute getauft werdet, so wurde auch er es: von Johannes, dem Täufer, seinem Freund. Mitten im Fluss. Man weiß die Stelle noch heute. Auf einmal, so die Geschichte, sei der Himmel aufgegangen und herab geflogen kam – eine Taube: erst weiß und dann – in allen Farben. Und mitten drinnen Gott: »Seht, mein geliebter Sohn. Ich habe mein Gefallen an ihm. Er will euch was zeigen: folgt ihm!« Und wie der Vogel gekommen sei, so sei er auch wieder davongeflogen und ziehe seine Kreise, rund um die Welt durch alle Zeiten, sei heute da und morgen dort, immer auf der Suche nach Menschen, die etwas wissen wollten vom Leben, Schöneres, Größeres, der Banalität und Willkür und Rücksichtslosigkeit sich vehement Widersetzendes. Und sein Gefieder sei nicht nur schwarz und nicht nur weiß und nicht nur rot und nicht nur grün und nicht nur blau, sondern schwarz und weiß und rot und grün und blau, alles zusammen: dem Regenbogen gleich.

Kommt in die Mitte zurück, stellt sich dem (der) Erzähler(in) gegenüber

Liturg(in) Gottes heilsamer Geist? Dort ist er am Werk, liebe Taufkinder, liebe Familien, liebe Pfingstgemeinde, wo sich unser Leben mit Farbe zu schmücken beginnt. Seine Heilkraft ist es, sich dem Grau-in-Grau, das es immer wieder probiert, gerade nicht zu ergeben. Die heilige Kraft des Geistes ist es, wie Jesus nicht eine Sekunde daran zu zweifeln, dass es das gibt, für euch und alle Menschen auf dieser Erde: aus der Fülle zu leben – aus dem Reichtum all der Gaben, die Gott sich hat einfallen lassen für uns und das Wohl seiner Welt: aus der Freiheit, der Freundlichkeit, dem Vertrauen, der Hoffnung, aus der Liebe, ja, aus der Liebe vor allem, denn die ist das Größte zwischen Himmel und Erde, mit Gott eng verwandt. »Nichts ist ausgeschlossen für den, der's in der Liebe tut!« So der Apostel Paulus einmal. Und wenn euch eure Eltern und Paten einmal von eurer Taufe erzählen, dann lasst euch sagen, dass es der Tag des Heiligen Geistes war: als ein Brausen vom Himmel und wir aus einer fließenden Quelle Wasser genommen und es über euch gegossen haben, und über der Quelle, im Wehen des Windes, die Taube flog, farbenbunt, und euch eine Feder zurückließ, damit ihr nicht vergesst. Nichts und niemand mehr, so ihre Botschaft, wird euch trennen können fortan von Gott, der euer Leben gewollt hat und der es will und gegen alle Gefahr und alle Angst und alle Traurigkeit nie aufhören wird, euch beim Namen zu rufen und euch zu sagen – fürchtet euch nicht!

Zwischenmusik

Gemeinsames Lied
»Herr, deine Liebe«
EG 653

Mitarbeiter(innen) bereiten das Taufwasser und entzünden die Taufkerzen

Das Kinderevangelium

(Evangelium nach Markus 10,13-16)

Liturg(in)

Credo

Ich glaube an die Quelle des Lebens/
die ich Gott nenne/
die mich geschaffen hat wie ich bin/
und an die göttliche Kraft/
die in meiner Seele lebt.

Gemeinsam

Ich glaube an die Quelle des Lebens/
die ich Gott nenne/
die meine Freiheit will/
die Entfaltung meiner Kräfte/
die Entwicklung meiner Möglichkeiten.

Ich glaube an die Quelle des Lebens/
die ich Gott nenne/
die mich begleitet/
mich wachsen lässt und reifen/,
mich fördert und fordert/
Werkzeug der Liebe zu sein.

Ich glaube an die Quelle des Lebens/
die ich Gott nenne/
ihre unermessliche Weisheit/
die mir Grenzen setzt/
und das Vertrauen schenkt/
in ihr geborgen zu sein.

Max Feigenwinter (leicht abgeändert von Thomas Feldmann-Tanner)

Tauffrage

Tauffanfare

Taufhandlung an der Quelle

Fürbitten

Gott, wir danken dir für alles, was du uns bist und für uns tust.

Sprecher(in)

Wir danken dir für die Menschen, die uns begleitet haben, und denken an die, die heute nicht dabei sein können. Wir danken dir für die Gemeinschaft und all das Schöne, das wir miteinander erleben.

Sprecher(in)

Wir bitten dich um Menschen, die es gut meinen mit uns. Wir bitten dich für alle Menschen auf dieser Erde, dass sie in Frieden und Gerechtigkeit miteinander leben, und wo wir können, lass uns ihnen dabei helfen.

Liturg(in)

Wir hoffen, dass du mit uns bist auf den Wegen unseres Lebens,
und uns im rechten Augenblick zur richtigen Entscheidung verhilfst. Und hoffen, Barmherziger,
dass wir, deine Kinder, hier und überall, nie damit aufhören, deinen Namen zu preisen.

Gemeinsames Lied
»Gottes Geist befreit zum Leben«

Im Lied kommen die vier Elemente zur Sprache:

Feuer = Strophe 1, Wasser = Strophe 2, Erde = Strophe 3, Luft/Wind = Strophe 4. Thema von Strophe 5 = der Beginn neuer Wege.

Jeder Strophe wird ein entsprechendes Klangstück zugeordnet und dieses unter der Gemeinde verteilt:

Strophe 1
(Knisterndes Feuer = kürbiskerngefüllte Rasseln)

Strophe 2
(Rauschendes Wasser = Klangstäbe, Holzröhrentrommeln)

Strophe 3
(Irdische Wege = Bongos, Maracas)

Strophe 4
(Wehen des Windes = Stimmenimitation, gezogenes Ein- und Ausatmen)

Strophe 5 = Strophe 1
(Gemeinsames Gehen = alle Instrumente zusammen)

1. Got - tes Geist be - freit zum Le - ben,
Fun-ken Licht in Dun-kel-heit._ Got-tes Geist be -
freit zum Le-ben, An-fang ei - ner neu-en Zeit._
Got - tes Geist be - freit zum Le - ben,
Mau-ern hal-ten nicht mehr stand._ Got-tes Geist be-
freit zum Le-ben, lan-ger Weg in neu - es Land.

2. *Gottes Geist befreit zum Leben, steter Tropfen höhlt den Stein. Gottes Geist befreit zum Leben, Wüsten werden Gärten sein. Gottes Geist befreit zum Leben, Mauern halten nicht mehr stand. Gottes Geist befreit zum Leben, langer Weg in neues Land.*

3. *Gottes Geist befreit zum Leben, Träume blühen aus dem Sand. Gottes Geist befreit zum Leben, kommt, wir reichen uns die Hand. Gottes Geist befreit zum Leben, Mauern halten nicht mehr stand. Gottes Geist befreit zum Leben, langer Weg in neues Land.*

4. *Gottes Geist befreit zum Leben, keiner kennt den Weg allein. Gottes Geist befreit zum Leben, lasst uns Kinder Gottes sein. Gottes Geist befreit zum Leben, Mauern halten nicht mehr stand. Gottes Geist befreit zum Leben, langer Weg in neues Land.*

Text: Hans-Jürgen Netz, Melodie: Nis-Edwin List-Petersen
Rechte im tvd-Verlag Düsseldorf

Segen

Die Gemeinde wurde mit dem Text des Segens zuvor vertraut gemacht. Eine Gruppe Erwachsener, Jugendlicher und Kinder kannte auch schon die Gebärden und diente aus der Mitte des Ovals als Orientierung. So ergab sich der Segen als Ensemble aus Text (Liturg/in) und Gebärden (Orientierungsgruppe + Gemeinde).

Text	Gebärde
Geist der lebendigen Gottheit!	Arme langsam hoch führen! Arme vor den Körper nach oben führen, dabei die Fingerspitzen bewegen.
Öffne mich!	Arme zur Seite bewegen und öffnen.
Erfülle mich!	Arme zum Körper und wieder zurück.
Bewege mich!	Die Arme vor der Brust kreuzen, nach oben und umeinander führen, am Ende zur Schale formen.
Sende mich!	Hände nach vorne führen, einige Schritte gehen, auf einen anderen zu, dort stehen bleiben!

So segne uns Gott/
Der Vater – Der Sohn – Die Kraft des Heiligen Geistes!

Musikalischer Nachklang

2. Ch'hob hajnt gesen a man redn mit a misstkan ojf brodwej

Kommunikations(zer)störung und das Brausen vom Himmel

Gelegenheit und Arrangement

- Es muss nicht immer der übliche Einstieg sein. Pfingsten geht auch mal so. Im diachronischen Spiel. Verschüttete Verheißung. Verlorene Sprache. »Der Mann vom Broadway« (Rajzel Zychlinski).

- Wie sich die Horizonte verfinstern, die Sprache zerfällt, die babylonische Krankheit sich festbeißt im Leben und das »Brausen vom Himmel« kein good will, sondern die Bedingung des Lebens überhaupt ist: solcherlei anzudenken und in ein paar zusätzlichen Sätzen »Ansprache« zu konkretisieren, hätte was.

- In einer Einkehr am Abend. Ratsam dann: die Szene nach dem Einspiel der Musik durch ein gemeinsam gesungenes Abendlied zu erweitern.

- Mit einer konkreten Geschichte »der Versteinerung entgangenen Lebens« verbunden, biblisch, historisch oder aktuell, erzählt oder bildmeditiert.

Raum

- Im konkreten Fall war es der karg geschmückte und mit einer Mülltonne markierte (große und historische) Gottesdienstraum.

- Gut denkbar aber auch, die Sequenz in den Gemeinderaum, den Vortragssaal des Bildungszentrums oder die Aula des Schulzentrums zu verlegen. Warum nicht als Anspiel im mündlichen Abitur? Das Gespräch über Pfingsten oder »Gott als Geist« wäre kreativ eröffnet.

Musik und beteiligte Personen

- Der (Die) Musiker(in) sollte die Gemeinde oder Gruppe als Teil des größeren Zusammenspiels sehen: sie singend »ins Spiel« bringen. Die Sequenz ist auf Interaktion angelegt. Auch in den Phasen »dazwischen«, vor allem im Nachklang der anfänglichen Broadway-Szene.

- Außer dem (der) Liturg(in): das diachrone Hin und Her zweier geübter Sprecher(innen). »Babylon« hier, »Jerusalem« dort. Im späteren Verlauf kommen sechs bis acht (spielende) Sprecher(innen) hinzu.

Pfingstcollage

Prolog

Liturg(in) Die große Stadt

Ich hab heut gesehen, wie ein Mann am Broadway mit einem Mülleiner sprach/
Er tat es lang, begleitet von seinen Händen/
Der Mülleimer hörte geduldig zu und schwieg/
Passanten gingen vorüber, keiner wandte den Kopf/
Keiner hat diesen Menschen gestört/
Groß gewachsen, zerzaust, um die Vierzig/
Geredet und geredet/
Ich kenne den Namen des Mannes nicht/
Ich kenne den Namen des Mülleimers nicht/
Auch meinen Namen vergaß ich längst in der großen Stadt!

Rajzel Zychlinski

Musik

Kleine Pause

Sprecher(in) 1 und Sprecher(in) 2 erheben sich von ihren Plätzen im seitlichen Altarraum und gehen an ihre Standorte hinten rechts und hinten links im Kirchraum. (Ohne Mikro: sie sind im Raum so besser auszumachen. Sollte es der Verständlichkeit wegen günstiger erscheinen, dann mit Mikro.) Auch die »Geist-Sprecher(innen)« (mindestens fünf, besser acht) gehen an ihre Plätze in den Seitengängen und/oder dem Mittelgang: ohne Mikro, aber kräftig und im Crescendo.

Lesung

(Erstes Buch Mose 11,1-9)

Sprecher(in) Es hatte aber alle Welt einerlei Zunge und Sprache. Und wie sie nach Osten zogen, fanden sie eine Ebene im Lande Schinar und wohnten daselbst. Und sie sprachen untereinander:

Wohlauf, lasst uns Ziegel streichen und brennen! Und sie nahmen Ziegel als Stein und Erdharz als Mörtel und sprachen: Und nun weiter! Lasst uns eine Stadt und einen Turm bauen, dessen Spitze bis an den Himmel reicht, so können wir uns einen Namen machen, ansonsten wir zerstreut werden in alle Länder! Da fuhr Gott hernieder, dass er sähe die Stadt und den Turm, die die Menschenkinder bauten.

Gegen-Lesung
(Apostelgeschichte 2,1-13)

Plötzlich – vom Himmel – ein Brausen!   Sprecher(in)
Die Musik gibt den entsprechenden Ausdruck

Lesung
Und Gott sprach: Siehe, es ist einerlei Volk und einerlei Sprache   Sprecher(in)
unter ihnen, und so ist es der Anfang ihres Tuns. Nun wird ihnen nichts mehr verwehrt werden können von allem, was sie sich vorgenommen haben zu tun! Lasst uns herniederfahren und ihre Sprache verwirren, dass keiner den anderen verstehe!

Gegen-Lesung
Vom Himmel kam da plötzlich ein Brausen wie von einem   Sprecher(in)
heftigen Gewittersturm!
Die Musik gibt den entsprechenden Ausdruck

Lesung
So zerstreute sie Gott von dort in alle Länder, dass sie auf-   Sprecher(in)
hören mussten, die Stadt zu bauen. Daher heißt ihr Name Babel: weil Gott daselbst verwirrt hat aller Länder Sprache und sie von dort zerstreut hat in alle Länder.

Gegen-Lesung
Parther, Meder, Elamiter, Leute von Mesopotamien, Judäa,   Sprecher(in)
Kappadozien, Pontus und der Provinz Asien.

Kleine Pause

Alle waren sie da am Pfingsttag. Alle an einem Ort beieinander, als ein Brausen geschah und es wie in einem gewaltigen Sturm vom Himmel kam und das ganze Hause erfüllte, in dem sie saßen. Und es erschienen ihnen Zungen, zerteilt und wie von Feuer, und setzten sich auf jeden Einzelnen von ihnen.

Sprecher(in)

Lesung
Mit einer Spitze bis zum Himmel.

Sprecher(in)

Gegen-Lesung
Und alle wurden erfüllt vom Heiligen Geist und fingen an zu predigen in anderen Sprachen, wie es der Geist ihnen gab auszusprechen.

Hymnus
Halleluja
EG 182, 1.6.9

Kleine Pause

Sprecher(in)

Lesung
Es wohnten aber in Jerusalem Juden, die waren gottesfürchtige Männer aus allen Völkern unter dem Himmel. Und als nun dieses Brausen geschah, kam die Menge zusammen und war verwirrt, denn ein jeder hörte sie in seiner eigenen Sprache sprechen.

Sechs, sieben, acht »Geist-Sprecher(innen)« setzen nacheinander ein, sprechen durcheinander, laut, sich steigernd, sich drehend, sich wendend, sprechen deutsch, englisch, französisch, anders. Musik verstärkt den Wirbel.

»Wie es Joel gesagt hat, der Prophet!«

»In den letzten Tagen will ich meinen Geist ausgießen!«

»Eure Söhne und Töchter sollen weissagen!«

»Eure Jünglinge Gesichte sehen!«

»Eure Alten Träume haben!«

»Wunder will ich tun, Zeichen am Himmel!«

»Jesus von Nazareth!«

»Gott hat ihn auferweckt!«

»Fröhlich mein Herz! Ich werde leben!«

Gegen-Lesung

Außer sich gerieten sie vor Staunen und sagten: Sind das nicht Leute aus Galiläa, die hier reden? Wie kommt es, dass sie jeder von uns in seiner Muttersprache hört!? Sprecher(in)

Lesung

Seht! Ein Volk! Eine Sprache! Sprecher(in)

Die »Geist-Sprecher(innen)« setzen wieder nacheinander ein und geraten durcheinander, von der Musik entsprechend begleitet.

»Parther, Meder und Elamiter«

»Leute aus Mesopotamien und Judäa«

»Aus Kappadozien, Pontus und Asien«

»Juden und Judengenossen«

»Kreter und Araber«

»Wie hören sie von den großen Taten Gottes sprechen!«

»In unseren Sprachen!«

Hymnus
Halleluja
EG 182, 1.6.9

Lesung
Alle hatten die gleiche Sprache! Sprecher(in)

Gegen-Lesung
Alle gerieten außer sich, waren ratlos. Sprecher(in)
Wo soll das noch hin? fragten die einen. Andere spotteten:
Die sind voll süßen Weins!

Hymnus
»Allein Gott in der Höh sei Ehr'!«
EG 180, 4 (Kanon & Ostinato des Chors)

3. In anderen Zungen

Kleiner Pfingstgottesdienst

■ **Gelegenheit und Arrangement**

- Wo es die kleine Form ist, in der gefeiert wird, soll es am »gewaltigen Brausen, das vom Himmel kam«, nicht fehlen. »Der Himmel« schafft sich Raum. Er holt ihn sich (gegen »Babylon«) wieder zurück.

- Vielleicht lässt sich die Predigt mit der unter I/02 vorgestellten »Babylon-Jerusalem-Collage« verbinden?

- Weitere liturgische Anregungen (Gebete, Abendmahl, Segen) sind unter Teil E/«Pfingsten« gesammelt.

Liturgische Skizze

Gebet

Überborden will ich von Leben. Überfließen von Freude und tanzen nach deinem Rhythmus, Lebender! Singen in allen Tönen, malen in allen Farben, dich preisen in deinem Chor! Dein Wort will ich hören, deine Feste feiern, springen, Heilige Kraft des Geistes, in deinem Land!

Predigt

(Apostelgeschichte 2,1-18)

Und als der Pfingsttag gekommen und sie alle an einem Ort beieinander waren – nein: wie bei Elia, dem Gott im »Windhauch« kam, war es da nicht. »In einem mächtigem Brausen« sei es gewesen, so die Geschichte: »wie von einem gewaltigen Sturm«. Laut also. Erschreckend. Uns umsehen hätten wir uns gar nicht getraut: um sicheren Stand hätten wir uns bemüht, die Ohren zugehalten, fassungslos einander angesehen und keine Silbe herausbekommen. Nicht das Wort war am Anfang und auch nicht die Tat. Am Anfang der Kirche, da war es der Krach. Punk und Rock und Heavy Metall auf einmal: ein einziges Chaos! Wie da sein eigenes Wort verstehen?

Ich halte die Frage für ausgesprochen berechtigt und sehe meine Schülerinnen und Schüler im Unterricht, die weiter wollen, aber im Drunter und Drüber des Augenblicks keine Chance haben.

Aber vielleicht ja soll das alles so sein!? Das Allgegenwärtige sich legen erst mal, das Gewohnte sich wenden! Wie gut das tut, dem Getümmel für einen Augenblick entnommen zu sein: ich spür es, wenn er mir fehlt. Ich bin nicht gebacken zur Dauervibration. Dabei kommt es darauf zu unterscheiden. Zwischen Menschen, denen das Reden vergangen ist; das ist schlimm, aber manchmal der einzige Schutz. Und es gibt andere, die zu reden sich nie getraut haben; schlimm auch das, und Rettung gerade nicht. Und es gibt noch mal andere (und von denen spreche ich), die reden und reden und reden sich nur weiter auseinander oder aneinander vorbei und merken gar nicht, wie sehr sie sich selbst und anderen zur Last fallen. Gut da, sich erst mal wieder »zusammen zu schweigen« (Lothar Zenetti/Zuversicht, 135)!

Lukas bringt das allgegenwärtige Geschwätz mit der alten babylonischen Sprachverwirrung zusammen. Die Menschen, so seine Erinnerung, hatten einen Traum. Sie bauten sich einen Turm. Über die Wolken. Stießen Gott vom Thron. Und just in dem Augenblick, wo sich das alles ins neue Ganze fügte, gehen ihnen die Worte aus. Jeder und jede spricht nur noch für sich selbst, redet und redet, als ginge es um etwas Großes, und kommen doch keinen Meter voran.

Ja, am Anfang der Kirche gab es Krach, mächtigen Krach. Weil in dieser babylonisch zerredeten Welt für Gott kein Platz mehr war und das Gerede unterbrochen werden musste. Das auch der Jünger. Die Kinder Babels, so die alte Geschichte, leben in einer Sprachwelt, die sie einander nicht näherkommen lässt. Aus einer Flut von Zeichen haben sie sich ein Universum konstruiert, womit sie sich etwas sagen wollen. Aber sie sagen sich nichts. Sie reden mit sich selbst und ob es der andere versteht, das interessiert sie nicht. Sie geben einander Versprechen und ziehen sich über den Tisch, sie sagen einander die Wahrheit und lügen sich ins Gesicht, beides in einem, schwer voneinander zu trennen. In Babel wird ständig geredet und nichts gesagt: Filmserien gleich, die morgens schon zu laufen beginnen, die ewige Kulisse bilden und keiner schaut hin. Nachrichten, Shows, Krimis, Talks: dauernd was los und doch nur die

Spiegelgeschichte all der zu Bruch gegangenen, leer gelaufenen Leblosbeziehungen der Menschen im Realen der Welt.
Wie wohltuend, von einer Einmischung zu erfahren, die vom Himmel kommt und das Geplapper zum Schweigen bringt. Wie gut auch, dass der anfängliche Krach nicht gleich auch das Ende ist, sondern Schritt für Schritt sich vollziehende Wandlung. Still sei es geworden im Raum, so der Erzähler, und Feuerzungen hätten sich auf alle gelegt: Gottes Geist also nicht mehr nur das ohrenbetäubend Laute, sondern frei sich regende gereinigte Zunge. Die Dinge beginnen sich zu ordnen. Jetzt, wo endlich zu hören ist, da hört. Aber dann auch: sprecht. Der zum Schweigen gebrachte Mensch wird durch das Feuer neu befähigt, das Wort zu ergreifen. Neu zur Sprache sollen sie finden, die Jünger, und mit ihnen die Kirche. Es wahr machen endlich, das Versprechen allen Sprechens: Verstehen zu ermöglichen und Wege frei zu bekommen, von Ich nach Du und Wir zu kommen.
Was aber ist dieses andere, gottgewirkte Sprechen? Es kommt aus dem Schweigen. Dem Hören der »großen Taten Gottes«. So also: Nicht ich mehr bin es, der im Zentrum steht, ich trete heraus, löse mich aus dem Gewohnten, stelle mich auf Horizonte ein, von denen ich nichts weiß. Wo sie mich hinführen, was sie in mir auslösen, ich weiß es nicht. Ich weiß nur eines: ich werde mich in Dimensionen bewegen, die mir fremd sind. Thérèse von Lisieux, die Mystikerin, kommt mir wieder. Aufs Beten angesprochen sagte sie einmal: »Zu beten ist für mich ein Aufschwung des Herzens, ein Schrei der Dankbarkeit, aus der Mitte der Prüfung wie aus der Freude, etwas Großes, das mir die Seele weitet und mich mit dem Himmel vereint«. Und je mehr sie sich weitet, meine Seele, desto klarer wird mein Sprechen zum Staunen, zum Lob der »großen Taten«. Und in diesen »anderen Zungen« beginnen sich die auch zu verwandeln, mit denen ich dieses Leben teile. Alle die Unbestimmten und Zufälligen, denen ich begegne und an denen ich bis heute nicht wirklich interessiert war, die sind das nun gar nicht mehr, sondern werden ganz jenseits der babylonischen Sprachverwirrung gleich mir zu Menschen, die Gott »bei seinem Namen gerufen« hat . »Söhne und Töchter des Lichts«, ohne die er es in dieser Welt nicht möchte und kann. Das ändert die Lage. Wie eben noch ist jetzt gar nichts mehr. Die Abstände sind kleiner geworden, die Mauern durchlässiger, die Gesichter freundlicher, das Ungelöste schmerzlicher. »Das Alte ist vergangen. Siehe, alles ist neu geworden!« Noch nicht ganz, allererster Anfang erst ...

Und der war gewaltig. Gewaltig und heilsam. Aber nach dem »Himmelsbrausen«, da war sie rein, die Luft. Und das Leben, es konnte beginnen. Das Sprechen, das Hören, das Gehen, das Anpacken, Leib und Seele, Herz und Gemüt, alles einfach: gereinigt, geschärft, geerdet und miteinander verbunden. Es hielt den Geist nicht länger mehr draußen. Er sah doch, wie es war. Und mischte sich ein. »Wer Ohren hat, höre. Wer Augen hat, höre und sehe. Wer Hände hat, höre und sehe und tue. Wer Füße hat, höre und sehe und tue und gehe. Und wer einen Mund hat, der höre und sehe und tue und gehe – und schweige und schweige und rede« (Kurt Wolff). Reden im Geist, so lasse ich mir sagen, ist Reden aus der Stille, Reden, das warten kann, nachdenkt, aushält. Sich verlässlich erweist, orientierungsstark, frei und authentisch. Nicht zu ersetzen in dieser lauten, geschwätzigen, vermarkteten Welt. Kritisch auch und immer auch das: mit ordentlich Ironie. Denn das ja zeichnet die Geistvollen aus, schon immer und überall: dass sie zu unterscheiden verstehen zwischen dem, was sie zu Stande gebracht haben, und dem, was nicht (verursacht, nicht zuletzt, durch sie selbst). »Schaut sie euch an, wie es der süße Wein mit ihnen treibt!« Nicht schlecht, die Diagnose! Wie anders hätte es denn sein können, damals beim Fest, als sie »an einem Ort zusammen« waren, in »fremden Zungen« sprachen und jeder und jede den anderen verstehen konnte (Einheimische hin, Fremde her)!? Mit Todernst und Leichenbittermine hatte Pfingsten noch nie was am Hut. Wie auch!? Wo es den Geist nicht mehr hält, der sich in die Dinge und unter die Leute begibt, da geraten die Vorgaben durcheinander. Und immer geht es dort auch mit jener Leichtigkeit und jener Spottgebärde zu, die anzeigt, dass sich der »Fürst dieser Welt, so sauer er sich stellt«, in Ketten befindet und das Urteil gesprochen ist.
Und so dann komm, Schöpfer Geist! Erfülle unsere Herzen! Durchkreuze unser Wissen! Entzünde das Feuer deiner göttlichen Liebe!

4. Gut aufgestellt

Pfingstmontag um Zehn

Liturgischer Baukasten

Gelegenheit

- Nach dem temperamentvollen Pfingstsonntag wird man am zweiten Feiertag wohl eher mit der kleinen Gemeinde zu tun haben. Mit der guten Praxis auch, im so genannten Ringtausch gestern mit der einen und heute mit der anderen Gemeinde in der Stadt oder der Region zu feiern.

- Alles also ein bisschen entspannter, einfacher, intimer. Von besonderer Würze in einem solchen Zusammenhang die Frage dann: Wie wird sich das »Brausen des Geistes« denn über den Tag hinaus entwickeln? Kann sich das die tagtägliche Gemeinde so überhaupt »leisten«?

- Empfehlenswert: Den Akzent des Feierns auf Musik, Psalm, Verkündigung, Gebet und Segen zu legen und es in kleiner Liturgie zu tun!

Liturgische Skizze

Gebet

Was soll ich tun?

Ist es klug zu schweigen?
Oder feige?

Ist es klug, nichts zu tun?
Oder träge?

Ist es klug zu handeln?
Oder übereilt?

Ist es klug zu reden?
Oder überheblich?

Was soll ich tun, Heiliger Geist!?

Credo

Gott/
Du bist wie die Sonne/
Wärmende, formende, lebendige Kraft/
Du rufst uns jeden Tag neu ins Leben/
Von Anfang an/
Wir glauben an dich!

Jesus Christus/
Licht der Welt, Bruder der Schwachen/
Nichts mehr muss sein wie es ist/
Auf dich schauen wir/
Wir glauben an dich!

Gottes Geist/
Heiliges Feuer, wärmendes Licht/
Frieden soll werden, Gerechtigkeit entstehen/
Der Tod ist am Ende, die Zukunft gehört dem Leben/
Wir glauben an dich!

Ansprache

(Brief an die Gemeinde in Ephesus 4,11-16)

Textlesung

Ziemlich spröde, die Zeilen. So recht begeistern können sie
mich nicht. Allemal Anweisungen, Regeln, Tagesgeschäft.
Dabei war doch gerade Pfingsten. Mit heftigem Brausen,
wunderlichen Zeichen und jubelnden Menschen überall. Ja,
so war das damals, zur Geburtsstunde der Christenheit: Viele
waren's, und keiner war wie der andere, und nichts war ge-
ordnet und alle verstanden sich, und allemal Begeisterung!
Man hätte die Welt umarmen können!
Und heute das: »Die einen sind als Propheten eingesetzt, die
anderen als Hirten und Lehrer... Die Heiligen müssen zuge-
rüstet werden!« Der Dienst muss geregelt, zur Einigkeit er-
mahnt werden! Business as usual! Ausführungsbestimmun-
gen wie beim Sport. Auch dort ja wird mit immer neuen
Regeln eingegriffen. In den Spielverlauf, in die Kartenver-
käufe, in den Stadionbau, in die Sicherheit. Neulich wurde
ich von einer ganz besonderen Regel überrascht: Einer der
Neuen »meines« Vereins, der sich noch etwas schwer tat,

schoss sein erstes Tor. Und weil es ihn packte, zog er sein Trikot über den Kopf. Der Schiri sah das gar nicht gern und zeigte ihm die Karte. Und wenn er das noch mal täte, müsse er vom Platz. Wow, achte ich! Was muss denn noch alles geregelt werden, damit das Spiel seinen Lauf nehmen kann? Klar doch! Wo Menschen sich begeistern, kann es überborden. Das ist im Fußball so. Und das ist in der Gemeinde so. Hier wie dort geht es ums Zusammenspiel. Auf das Miteinander kommt es an. Der Apostel sagt es so: »Es ist wie beim Leib. Ein Glied kommt dort zum anderen. Alle sind über Gelenke verbunden und unterstützen sich. So wird daraus ein Ganzes.« Das Bild ist bekannt. Schon der Apostel Paulus benutzt es. Und wer immer unter seinem Namen an die Gemeinde in Ephesus geschrieben hat, er erinnert sie daran: Was euch eint, ist Christus. In ihm seid ihr ein Team. Eure Bestimmung ist es, euch dies immer wieder in Erinnerung zu rufen und weiter in dieses Geheimnis hineinzuwachsen. Doch geht das nur so, dass ihr euch eurer Stärke bewusst werdet, diese ins Spiel bringt und Position haltet!

So weit, so bekannt. Interessant die Begründung: Wir sollen Team spielen, »damit wir nicht mehr unmündig seien«. Mündig also sollen wir werden! Mitreden in der Gemeinde! Die Dinge des Glaubens nicht einfach geschehen lassen oder darauf warten, dass sie von irgendwem irgendwann verordnet werden: nein, uns selbst darum kümmern, es ausprobieren, austauschen und die Lösung gemeinsam finden! Christen sind Leute, die wissen, wovon sie reden. Aber wissen wir's auch? Die Geschichten der Bibel, Gebete, Lieder. »Böhmische Dörfer« für viele. Der Glaube dabei, sich zu verflüchtigen, die Glaubenssprache zu verdunsten. »Großmutter musste das noch!« Nun sind die modernen Lebenswelten gewiss nicht einfach. Der Beruf verlangt immer größere Aufmerksamkeit. Die Mobilitätsanforderungen sind enorm. Die auch an sich selbst, an die Kinder, die Familie, die Freunde. Die Gelegenheit, zur Ruhe zu kommen, ist höchstbegrenzt. Sich unter diesen Bedingungen auch noch im Glauben zu üben? Schwierig. Nach Jahren der Zurückhaltung scheint man in den Gemeinden dabei zu sein, hier wieder aufzuholen. Bibelkurse für Konfirmandeneltern, Beten mit Kindern, Singen und Spielen mit Eltern von Kindergarten- und Grundschulkindern, Tagzeitengebeten, Gottesdiensten für Einsteiger. Gut so! Weiter so! »Damit wir nicht unmündig seien!« Damit es mein Glaube ist, der Kontur und Sprache bekommt, und nicht der Pfarrer oder die Pfarrerin das Sagen haben. Eigentlich selbstverständlich. Und ist es doch nicht!

Doch ist es dann so, dann fängt der Ärger manchmal erst an. Anderswo. Wo man es kaum erwartet. Denn dann wird es im Presbyterium zum Gesetz des Heiligen Geistes, den Sonntagsgottesdienst nur immer zur gleichen Zeit und am gleichen Ort zu feiern und nie auch mal abends oder im Kirchgarten. Dann soll es ja keine andere Gruppe sein, die sich an der Liturgie der Goldenen Konfirmation musikalisch beteiligt: der Kirchenchor könnte es als Konkurrenz verstehen. Und der Taufvater besteht dann immer noch auf dem Sondertermin der Taufe am Samstagnachmittag: weil der für die Gäste geeigneter sei. Und die Konfirmandin hat dann immer noch nicht verstanden, dass der Gottesdienst nicht der Ort ist, SMS zu verschicken. Wie sollen wir da eins werden? Indem wir es versuchen. Nur immer versuchen. Denn etwas anderes bleibt nicht. Wir müssen immer wieder ran: miteinander reden, einander beraten, Rat auch von anderen holen, Wind hereinlassen, ausprobieren, spielen. Nur so kommt's zum »Leib«. Und noch ein Hinweis: »Damit wir uns nicht von jedem Wind umhertreiben lassen!« Standfest also sollen sie sein, die mündig gewordenen Christen. Ihre Position kennen. Sich zugeordnet wissen. Und so ihre Kreise ziehen.

Vom Zeitgeist sich fernhalten also? Allemal vermeiden, dass nichts durcheinander kommt? Die Gottesdienste immer schön nach dem alten Muster. Einmal im Monat Taufe. Viermal im Jahr Abendmahl. Und zur Konfirmation die Prüfung der Konfirmanden und vielleicht noch ein klein bisschen mehr. Und wenn am Neujahrsmorgen (was auch schon mal vorkommt) der Pfarrer und der Organist und der Küster die Einzigen sind, die sich in der Kirche versammeln, dann heiße das bitte nicht, am Gewohnten was zu ändern! Fünf Gemeinden weiter das gerade Gegenteil: Dort ist man dabei, die Moderne zu erobern. Mit Ansage und demonstrativer »LichtMeditation«. »Heilen mit Steinen«. Gottesdienst nur alle zwei Wochen. Und einmal im Monat: »TechnoNacht«. Mit Abraham auf ins Neue! Wer zurückschaut, ist nicht geschickt! Lasst die Toten ihre Toten begraben, du kannst sie nicht daran hindern!

Den schlauen Rat zu geben, steht mir nicht zu. Den Königsweg gibt es nicht. Und doch, noch einmal, der Hinweis aufs Spiel: Fußball ist das Zusammenspiel von Abwehr, Aufbau und Sturm. Hinten gut zu stehen, ist die Voraussetzung dafür, dass es vorne zu Dynamik, Räumen und Chancen kommt. Und wie ich das eine nicht ohne das andere gibt, gibt es auch das Umgekehrte nicht: wann immer es zu verteidigen gilt, kann es nicht ohne auch die geschehen, die dem Ball hinterherlaufen, ihn sich neu zurückzuholen versuchen. Auf Kurs kommen, es spielen, das Spiel: das kann nur eine Mannschaft, die eingespielt ist. Geerdet und beweglich. Bewegt vom heiligen Geist, ausgestattet mit der Gabe, »die Geister zu prüfen« und sich davor zu bewahren, vor Karren spannen zu lassen. Den religiösen Dialog zu führen heißt ja nun wahrlich nicht, sich in einer Weise aus dem Fenster zu lehnen, dass ich den Boden verliere, auf dem ich stehe. So wohl erst kommt es zum Gespräch, dass ich mich auskenne in Meinem und Sinn gewinne so für die Besonderheit des Anderen. Und auch die Technonacht ist gut, nicht anders als der Sonntagmorgen. Und wenn aus dem dann auch mal ein Sonntagabend wird und der Gottesdienst dann von dem des Sonntagmorgens unterschieden ist, dann ist das nicht ein Mangel an heiligem Geist, sondern ein Zugewinn. Altes bewahren, Neues erproben. Nichts schließt sich aus, wenn es um den »Leib Jesu Christi« geht. Die Gemeinde auf Kurs zu bekommen, geht nicht nach Schema. Da ist vielerlei vonnöten. Unterschiedliches. Sich scheinbar Widersprechendes und doch nur Ergänzendes. Und seine Position dort spielen ebenso. Frauen und Männer und Junge und Alte. Und vergesst die Kinder nicht: gerade auch sie gehören auf Deck!

Doch alle die Regeln funktionieren nur mit Spiellaune und Begeisterung. Bei allem sich Einrichten wird es an ihnen nicht fehlen dürfen, es wäre das Ganze verdorben. Nichts ist fertig in der Kirche. Und nichts auch fertig sein dürfen, wenn da der Platz noch frei sein soll für den, der kommt. Und dass es da nie nur immer rund und nie nur immer bruchlos und manchmal auch ganz schön heftig zugehen kann, ist damit nur angedeutet. Im Kern nicht zu beklagen. Zu beklagen erst dann, wenn es in diesem einkehr- und ankunftsoffenen Haus nicht immer neu zu gründlichem Nachdenken, mutigem Entscheiden, verlässlichem sich Verabreden käme und die Angst regierte, ja keine Fehler zu machen. »Wahrhaftig in der Liebe, entgegenwachsend dem, der das Haupt ist: Christus!« Darum Pfingsten. Nicht nur in den großen Gemeinden, sondern heute auch hier, wo es »zwei oder drei« sind, die sich versammeln in SEINEM Namen!

Segen

Bleibt lebendig/
Von Gottes Atem beseelt, bestellt seine Erde!

Bleibt lebendig/
Von Gottes Kreuz gerichtet, richtet euch auf!

Bleibt lebendig/
Aus Gottes Liebe geschaffen, schafft mit an seinem Reich!

So behüte euch Gott/
Der Vater – Der Sohn- die Kraft des Heiligen Geistes!

Sybille Fritsch

5. Aus dem Häuschen

Pfingsten getanzt

Liturgischer Baukasten

▪ Gelegenheit

- Pfingsten ist die Zeit des schöpferischen Geistes. Manches ist zur festen Gewohnheit geworden. Eines vor allem: dass gesprochen wird. Gott präsentiert sich »im Wort«, haben wir gelernt und pflegen es wann immer. Und merken kaum, wie sehr wir verkürzen. Wort und Wörter sind ja beileibe nicht dasselbe. Auch das Bild, die Musik, der Tanz sind Gottes Weisen, mit uns zusammenzukommen. Pfingsten erinnert daran.

- Warum den Gottesdienst also nicht einmal tanzen? In Klängen, in Rhythmen mit Gott zusammenspielen? Im vorliegenden Fall waren es »BachTage«, die den Takt vorgaben. Das aber muss es gar nicht. Gottesdienst tanzen geht auch ohne den hochkarätigen Anlass. Ganz in der (den) Gemeinde(n) vor Ort.

- Wichtig: Wer es angeht, muss es wollen! Wer nur einem Trend folgt, tut sich selbst und der Form keinen Gefallen. Wem es ein wirkliches Anliegen ist (theologisch, ästhetisch), wird sich gestalterisch ordentlich recken und strecken. Doch was sich dann »schmecken und sehen« lässt, ist Überraschung vom Feinsten. Es gibt Gestaltungsgruppen, ganze Gemeinden, die ihr Besonderes in »Tanzformen« haben!

- Zur vorliegenden Form hatten sich zwei Nachbargemeinden zusammengetan. Gestalterisch federführend: eine aus beiden Gemeinden sich zusammensetzende »GottesdienstWerkstatt« (Mitglieder zwischen 18 und 80 Jahren).

- Nicht in jeder Gemeinde werden befähigte (Ausdrucks)Tänzer(innen) zu Hause sein. Hier den Kontakt zu einer der regionalen Schulen, Ballett- und/oder Theaterstudios herzustellen, lohnt sich. Die Kooperation mit kulturellen (kirchlichen) Einrichtungen wird dort oft geradezu gesucht!

▪ Raum und Arrangement

- Der »Sacred Dance« fand in der Kirche statt. Unter entsprechenden räumlichen und technischen Bedingungen (Tanzfläche, Musik, Akustik) lässt sich sehr wohl auch im Freien feiern.

- Die Tanzbilder sollten von allen Seiten gut einsehbar sein. Sinnvoll: eine den Altarraum oder Vorderraum füllende, mindestens 50 cm hohe Bühne in 5 m Breite und 3 m Tiefe.

- Die Gesamtfläche der Bühne wird in einer Höhe von 2 m von weißen Tüchern oder mobilen Plakatwänden umgeben, die zu Beginn noch »leer« sind, sich später in eine große Schöpfungskulisse verwandeln.

- Die entsprechenden Mosaike (Karton, fertig ausgemalt) liegen im vorderen Bereich der Bühne (links und rechts) bereit.

- Links und rechts der Bühne (seitlich der Tuch- bzw. Plakatwand): je eine Birke in frischem Grün.

- Altar: festlich geschmückt z. B. mit frischen Pfingstrosen.

Musik und beteiligte Personen

- Der (Die) Musiker(in) des Tages wird an der Auswahl und Gestaltung der Musik, der Lieder und Tanzbilder entscheidenden Anteil haben. Das »Wehen des Geistes«: an seiner Kunst wird es sich entscheidend zu erkennen geben.

- Im Schlussteil des Gottesdienstes: Kammerorchester und kleiner Chor.

- Einzelne Tanzbilder werden durch CD-Texte und/oder Musiken eingespielt oder verstärkt (z.B. »Die Bibel«/Hörbuch Verlag, »UrTöne«/Bauer Verlag, »Imagine«/Collektors Box, orginal aufgenommene und eingespielte »Straßenmusik« und »David-Rap«/Eigenproduktion).

- Gut eingestelltes Tanzensemble (aus vier bis sechs Mitgliedern).

- Liturg(in), vier Sprecher(innen), zwei Leser(innen) in historischen Gewändern.

- Kulissenmalgruppe (Konfirmandinnen und Konfirmanden).

- Altar- und Raumdekoration (Konfirmandenfamilien).

- Schließt sich (wie im vorliegenden Fall) ein Pfingstbuffet (im Kirchgarten) an, wird man für dieses die entsprechenden Voraussetzungen in Zubereitung, Präsentation und Ausgabe schaffen müssen (Konfirmandenfamilien, Gemeindegruppen).

Technik und Sonstiges

- Der Aufbau der Bühne, der Tanzfläche, der Raumakustik erfordert besondere Technik und Bemühungen (Hausmeister, Gemeindegruppen, »GottesdienstWerkstatt«).

- Im vorliegenden Fall fand der Gottesdienst im Rahmen der traditionellen »Bach-Tage« der Stadt statt. Über Stadtteilplakatierung, Tageszeitungen, lokalen Hörfunk und TV, Gemeindeblätter, Abkündigungen, Information der Gemeindegruppen, Schulen und Einrichtungen wurde darauf aufmerksam gemacht und eingeladen. Tipp: Über den eigenen Kirchturm hinauszugehen, lohnt sich. Das Interesse an Verkündigungsformen »der etwas anderen Art« ist groß!

- Empfehlenswert: In besonderen Flyer zum Gottesdienst den Verlauf, die Lieder, die Bilder und Texte in Händen zu haben. Gottesdienst ist Interaktion!

Sacred Dance

TEIL 1 ALLES IN BEWEGUNG

Introitus

Orgel und Tanzensemble

»In dir ist Freude«

Choralvariationen, gespielt und getanzt

Begrüßung und Einstimmung

»Bach« allenthalben. Ihn zu erleben, immer wieder neu und immer wieder groß. Nach Konzerten, Messen, Lesungen heute nun Gottesdienst. »Getanzt«, so die Unterzeile auf den Plakaten. Gottesdienst und Tanz: ja geht das denn? Gegenfrage: Ja, ist denn nicht Pfingsten? Wie ein Brausen vom Himmel sei es gewesen, so die frühen Geschichten. Und Dinge hätten sich getan, wie sie sich keiner und keine habe vorstellen können. Und Jerusalem? Nicht mehr wieder zu erkennen. Wie aus dem Häuschen. Der Heilige Geist sei über sie gekommen, versuchten es einige zu erklären. Ja, der Heilige Geist.

»Weht, wo er will ...« so die Bibel. Und: »Macht frei!« Was ich mir wünsche, liebe Gemeinde? Einzutauchen ein Stückchen in die Zugluft dieses Geistes. Mein IchWeißNichtRecht einen Moment lang hinter mir lassen zu können. Von der Bewegung eingeholt zu werden, von ihr mich tragen zu lassen: zu Entdeckungen forttragen, die mir möglich erst dann sind, wenn ich mich löse, ein bisschen leichter werde, Raum gewinne. In diesem Sinn: Gnade sei mit euch und Friede von Gott, unserem Vater, und von dem Herrn Jesus Christus!

Gemeinsames Lied

»O komm, du Geist der Wahrheit«
EG 136, 1.2.7

Lesung

(Weisheit Salomos 8,22ff.)

Aus dem HörVerlag 2000 liegt »Die Bibel« als CD vor. Im ersten Teil wird die Schöpfungsgeschichte erzählt: »Am Anfang« (Übersetzung: Martin Buber und Franz Rosenzweig, Erzähler: Rolf Boysen.) Über die akustische Raumanlage werden die ersten Verse eingespielt, eingeleitet und abgeschlossen von Schwingungen des »Erdtons« (CD-Cassette: Joachim-Ernst Berendt »Urtöne«, Bauer Verlag Freiburg).

Wisst ihr eigentlich, dass Gott, als er die Welt erschuf, alles andere als allein war? Ja, die Bibel so! Lasst euch überraschen! Von König Salomo wird eine schöne Geschichte erzählt: | Liturg(in)

Visionen haben? Schöpferische Energie entfalten? Nein, im Solo geht das nicht. Kreativität ist Wechselspiel: Geben und Nehmen, Versuch und Irrtum, Lieben und geliebt Werden, Riskieren und Gewinnen (und klar auch: Verlieren)! | Sprecher(in)

Wer bist du, dass du meinst, dich so gut auszukennen? | Liturg(in)

Sophia, mein Name! Andere nennen mich Weisheit! Ob ich Gott kenne? Klar doch. Von Anfang an. Noch ehe die Meere waren und die Berge und die Erde und die Fluren und die Seen, die Flüsse und Meere, war ich. Ich mit ihm. Als seine Kraft, seine Inspiration. Als er dabei war gerade, den Himmel zu formen und das Firmament zu setzen, die Wolken zu bereiten und die Abgründe zu entschärfen, ich erinnere mich genau – da ließ er es für einen Augenblick. Und machte | Sprecher(in) weiter erst, nachdem er mich nach meinem Eindruck gefragt hatte. »Sophia, schau!« Gott? Von Anfang an in Beziehung. Mit mir. Weisheit, wie gesagt, mein Name. Aber nicht, wie ihr meint. Besonders schlau, nein, das bin ich nicht. Spiel und Phantasie sind mein Wesen. Intensität, Lebendigkeit! »Gott, Geliebter«, so keck meine Antwort auf seine Bitte, ihm zu raten, wie er den Raum schaffen solle, das Universum: »Warum nur geradeaus? Warum nicht gekurvt? Nicht mit Myriaden pfiffiger Moleküle, Schleier wehende Wolken, schwebend fliegender Materie?«

Sprecher(in)

Und Gott lachte.

Sprecher(in)

»Aber das Ganze, verstehst du, braucht Maß, Gewicht: Gravidität!«

Sprecher(in)

»Aber bitte: nicht auf Kosten der Leichtigkeit. Es ist die Welt schon schwer genug. Ohne das Leichte wäre das Leben, glaub mir, nicht zu ertragen!«

Sprecher(in)

»Versprochen! Aber sag: wie wär's mit Rhythmus!? Mit Sprüngen, Synkopen, Intervallen und Pausen!?«

Sprecher(in)

Sprünge, Synkopen, Intervalle? Begeistert klatschte ich in die Hände, begann mich zu wiegen und mochte vor Freude gar nicht mehr aufhören. Und drehte mich und bewegte mich – und tanzte wie von Sinnen zum Urknall des Lebens.

Sprecher(in)

Bewegung jetzt überall. Töne, Farben, Wirbel, Bilder, Augenblicke, Zeitstrecken, Vergangenheiten, Zukünfte. Der kosmische Tanz. Lebendige Fülle. Alles im Werden. Alles in Beziehung. Unendliche Kleinheit das Eine. Unendliche Weite das Andere. Unendlich suchend sich findende Ganzheit. Und Sophia streckte ihre Arme aus – Gott entgegen. Und Gott – tanzte mit.

Über die Anlage werden Takte des John-Lennon-Titels »Imagine« (CD/Collectors Box) eingespielt. Die Tanzgruppe setzt das letzte Erzählbild in Ausdruck um. Danach eine lange Stille. Das Ensemble gruppiert sich zu einem Schlussbild. Mitarbeiter(innen) sammeln die bemalten Mosaikstücke auf und setzen sie an die Wand hinter dem Altar zu einer bunten Schöpfungscollage zusammen. Letzte Töne.

Pause

Hymnus 1
(Nach Psalm 104)

Schöpferische Gottheit!   Sprecher(in) 1
Schön bist du und prächtig geschmückt!

Licht ist das Kleid, das du trägst!   Sprecher(in) 2
Die Weite des Himmels ist dein Mantel!

Über den Wassern bist du zu Hause!   Sprecher(in) 1
Fährst in den Wolken und kommst daher auf den Flügeln der
Winde!

Und in den Gründen lässt du die Quellen entspringen!   Sprecher(in) 2
Dass die Bäche dahin fließen und die Tiere auf den Feldern
und im Wald ihren Durst löschen können!
In den Wipfeln singen die Vögel und nisten in den Zweigen!
Regnen lässt du es, die Sonne aufgehen, die Früchte reifen,
Tiere und Menschen sich nähren!
Von dir ist das Brot, das gebacken, und der Wein, der gekel-
tert wird!
Wie groß und herrlich, Gott, sind deine Werke!

Gemeinsames Lied

»Geh aus, mein Herz, und suche Freud«
EG 503, 1.2.3.8.14

TEIL 2 MAJESTÄT MESCHUGGE

Dass es in Israel früh schon Könige gab, wissen wir. Die   Liturg(in)
wichtigsten kennen wir mit Namen. Und auch was sie für ihr
Volk getan haben, ist uns so in etwa präsent – gut war das
beileibe nicht immer. Doch wie es davor war, als es in Israel
noch keine Könige gab und man sich gegen die Einführung
des Königtums wehrte, davon wissen wir wenig. Und doch
– da wird in der hebräischen Bibel eine Geschichte erzählt,
eine ziemlich ungewöhnliche (2. Samuel 6). Und die geht so:

Zwei Leser(innen) kommen in hellen, historischen Gewändern durch den Mittel-gang des Gottesdienstraums, gehen zu den im Altarraum stehenden Mikros und lesen aus alten Schriftrollen. Einige Sekunden Pause. Die Leser(innen) gehen ab. Zwei Sprecher(innen) übernehmen ihren Platz.

Sprecher(in)

Schaut, der König!

Sprecher(in)

Eben erst hat er seine entscheidende Schlacht geschlagen. Aber weder droben im Norden des Landes noch drunten im Süden möchte er residieren. Jerusalem soll die neue Haupt-stadt sein. Die »Stadt auf den Bergen«. Metropole eben noch eines ganz anderen Volkes.

Sprecher(in)

Doch David schafft Fakten. Was war, ist vorbei. Eine neue Zeit beginnt. Und alle sollen sehen. Gerechnet, so der König, wird von heute an in anderen Kategorien!

Sprecher(in)

Aber Königliches ist zunächst überhaupt nicht zu sehen. Ganz im Gegenteil. Ja, seh ich denn recht und täusch mich nicht: dort, auf dem Weg zur Burg der König – tanzt!? Nein, nicht einfach so: ein bisschen rechts, ein bisschen links und auch keinen Walzer, was ganz und gar Fremdes, Eigenartiges. Ich trau ja meinen Augen nicht. Majestät, der König: wie ein Kreisel dreht er sich. Geht ein paar Schritte, schwingt seine Arme, springt in die Höhe, kauert am Boden, wie tot für Se-kunden, dann wie aus der Hypnose erwacht aus einer ande-ren Welt wieder da, springt in die Höhe, läuft durch die Reihen, runter vom Weg und wieder zurück, wenige Worte nur, Halbsätze, mal verständlich, dann wieder nicht, wie von Sinnen. Und sein Aufzug, schaut: kaum was an, nackt fast, nur mit einem Lendenschurz bekleidet, wie diese seltsamen Heiligen dort, Propheten genannt, von denen man einiges weiß, das meiste vermutet. »Ja, ist denn David auch von der Sorte!?«

Kurze Unterbrechung. Über die Anlage wird Straßenmusik eingespielt, die in einen Rhythmus übergeht. In diesem Groove entwickelt sich nach ein paar Sekunden ein engagierter bewegter Sprechgesang zur entsetzt verwunderten Frage der Menschen auf dem Weg zum neuen Palast, ob denn »David auch einer von den Propheten ist« (wohl ein geläufiges Sprichwort der damaligen Zeit). Rap-Text (in etwa): »Was meinst du, sag, ich glaub es nicht … Mein König, mein König, das geht doch nicht … Aber schau doch, schau doch, ich täusch mich nicht … Majestät, Majestät, nur so was nicht … Aber er tut es, tut es, ich fass es nicht … Aber er tut es, tut es, wir fassen es nicht!«

Majestät verstehen kann in diesem Augenblick kaum jemand. »Die Propheten« vielleicht. Aber von denen weiß man: mit rechten Dingen geht bei denen gar nichts zu. Doch der König? Majestät? Die große Hoffnung? Und ausgerechnet jetzt, wo man von ihm Signale erwartet hätte?

Sprecher(in)

Aber mal ehrlich – was geschieht denn dort eigentlich: am ersten Tag des neuen Königs auf dem Weg zur neuen Residenz? Die Geschichte sagt: »Der König tanzt, bewegt von Gott!«

Sprecher(in)

Was nur könnte den Erzähler dazu gebracht haben, so frage ich mich, mir neben all den anderen, weit spannenderen Königsgeschichten ausgerechnet diese zu erzählen: diese ordentlich schräge vom ersten Tag. Und während ich noch grüble, kommt mir: Wenn nicht jetzt, Majestät, wann dann!? Großes wird von dir erwartet und Großes erwartest du von dir selbst. Aber unter all den Erwartungen nicht erdrückt zu werden und über kurz oder lang wie der tragische Held im Märchen »Von des Königs neuen Kleidern« da zu stehen: vielleicht, junger König, wird es gut sein, dir und den Anderen zu signalisieren: nein, liebe Leute, so gerade nicht. Auf dem König lastet viel, aber nichts soll ihm verwehren, ein Mensch zu sein. Der Karren, den es zu ziehen gilt, ist schwer, aber bind ihn an die Sterne. Der es regnen und die Sonne scheinen lässt – der in den Wipfeln die Vögel singen, in den Zweigen sie nisten lässt – der die Früchte reifen, Tiere und Menschen sich nähren lässt (Palm 104): Gott kennt deinen Namen, er wird von dir nicht mehr verlangen, als du tun kannst: du wirst straucheln, wohl mehr nur als einmal, aber zu Fall kommen wirst du nicht (Psalm 91)!

Sprecher(in)

»Aus dem Häuschen!« In der Tat, man spürt es den Menschen an, die den Schritt gewagt haben, den aus sich heraus, sich nicht länger scheuen also, dem Bild, das sich andere von ihnen machen, ein anderes entgegen zu setzen (sollen sie denken, was sie wollen). Leicht ist das nicht und ohne Irritationen, Missverständnisse, Ängste auch wird das nicht gehen. Der König weiß es, er ahnt es und lässt es darauf ankommen (jung genug ist er). Nie würde er Gott und Gott ihm näher sein als in diesem Augenblick. Manchmal sind es die heiligen Konventionen gerade nicht, die einen mit Gott in Berührung kommen lassen, seinem Geheimnis, seiner Kraft: da sind es Erfahrungen, von denen ich mir eben noch gar

Sprecher(in)

keine Vorstellung gemacht habe. David spürt es, lässt sich darauf ein: mit Haut und Haaren, seiner ganzen Person. »Was ist der Mensch, was des Menschen Kind? Dass du es bist, Gott, der seiner gedenkt!« (Psalm 8)

Sprecher(in) Eines will er nicht – zur Maske werden. O`ja, ich bin König – jung und noch ganz am Anfang und nach dem glücklosen Vorgänger fast schon ein Star. Aber bitte, Großer Gott – ich will mehr. Ich will David sein: Mensch – von meinem Vater gezeugt und meiner Mutter geboren – mit Talenten begabt und Fehlern behaftet – und von dir, Großer Gott, »beim Namen gerufen« (Jesaja 43,2) – wie alle Menschen.

Sprecher(in) Da ist ein Kraftfeld, so spürt er, dem kannst du dich auf Dauer nicht widersetzen. Dich selbst für den Fixpunkt der Welt, Dreh- und Angelpunkt der Dinge – Gott befreit dich aus diesem Wahn. Ja, eines Tages, würde es sein so: dass »sie nach Jerusalem wandeln und nach den Weisungen der Gerechtigkeit fragen ... Schwerter zu Pflugscharen schmieden ... und in ihren Weinbergen sitzen und von den Erträgen leben können« (Jesaja 2, Sacharja 8). Aber alles das würde nicht über ihn, den großen David und seine Nachkommen geschehen, sondern über einen anderen, den wahren König: dem es vor Zeiten einmal gefallen hat, seine ganze Herrlichkeit, Kraft und Schönheit nicht für sich zu behalten, sondern sie mit allen seinen Geschöpfen, vor allem – den Menschen zu teilen.

Sprecher(in) *Als würde die Erde den Himmel berühren!* Und das macht David leicht, bringt ihn aus dem Takt des majestätisch Gängigen – und lässt ihn tanzen. »In diesem Licht ...« so der Mystiker Jakob Böhme über seinen besonderen Augenblick mit Gott einmal: »In diesem Licht hat mein Geist alsbald durch alles hindurchgesehen und in allem, auch dem Kleinsten, Gott erkannt.« Töricht dann der doch, der aus der Pfütze trinkt und nicht aus der Quelle in seinem Haus. Und wenn es dann immer noch welche gibt, so der junge König, die das eine dem anderen vorziehen und mich für »meschugge« halten: na denn, sei's drum!

Kurze Unterbrechung

Über die Anlage werden einige Takte aus der Titelmelodie des Filmes »Alexis Sorbas« (CD/Alexis Sorbas) eingespielt.

Alexis Sorbas. Ein Leben lang hat er sich ins Zeug gelegt: ein Sprecher(in) Loch in den Berg gebohrt und über eine halsbrecherisch-abenteuerliche Holzkonstruktion das Erz ins Tal befördert. Doch alles umsonst. Das Projekt scheitert. In einer einzigen Minute bricht alles zusammen. Alle Träume, alles noch mal und trotzdem – in einem Riesengetöse dahin. Einen Moment steht Sorbas wie versteinert. Doch dann, ganz allmählich, kehrt das Blut in ihn zurück – und er bewegt sich, bewegt sich, beginnt zu tanzen – erst zögerlich, dann freier und schneller und immer entfesselter – tanzt die Enttäuschung und Ohnmacht und Traurigkeit und Wut einfach heraus, aus Leib und Seele. »Nein, wir sind noch nicht angekommen im Festsaal, aber wir sehen schon die Lichter und hören die Musik!« (Ernesto Cardenal)

Ob David, der strahlende Sieger, ob Sorbas, der geschlagene Sprecher(in) Verlierer: beide tanzen. Vor der Kulisse erdrückender Erwartungen der eine, vor den Ruinen seiner Träume der andere. Im Tanz überwinden sie für Augenblicke die Schwerkraft und machen sie am Himmel fest. Dem einen hilft es, sich nicht mit Gott zu verwechseln und Mensch zu bleiben. Dem anderen, sich gehalten zu fühlen und von den Dingen nicht verschlungen zu werden. »Die auf den Herrn harren, kriegen neue Kraft, dass sie auffahren mit Flügeln wie Adler.« (Jesaja 40,31)

Und das, liebe Gemeinde, zum Schluss. Es wollte mir zu Davids Liturg(in) »Aus dem Häuschen« erst gar nicht passen. In den Abkündigungen nachher werden wir von einem Mann erfahren. In der Gemeinde war er bekannt. Aber nicht was er getan hat in seinem Leben und ob es wichtig war und unvergessen, werden wir erfahren. Nur davon, dass er 67 Jahre alt geworden, dieser Tage gestorben ist und am vergangenen Donnerstag beerdigt wurde. Und in seinem letzten Buch, das er las, ein Lesezeichen lag, selbst gemacht mit den irgendwo gefundenen und aufgeschriebenen Versen (des Schweizer Dichters Kurt Marti). Seine Familie zeigte es mir und lieh es mir für diesen Augenblick aus: »Wenn ich gestorben bin, feiert nicht mich und auch nicht den Tod. Feiert den, der ein Gott der Lebendigen ist. Wenn ich gestorben bin, zieht euch nicht schwarz an, es wäre nicht recht. Kleidet euch hell und tanzt und singt Lobgesänge. Wenn ich gestorben bin, dann preist das Leben, das hart ist und schön und den, der der Gott des Lebens ist.« Lebendiger, liebe Feiernden, kann man nicht Mensch sein als so: dem Kraftfeld Gottes zuzugehören – in Glaube, Hoffnung, Liebe. »O komm, du Geist der Wahrheit, und kehre bei uns ein!«

Hymnus 2
»Jauchzet Gott in allen Landen«

Instrumente und Chor singen Teile aus Johann Sebastian Bachs »Jauchzet Gott in allen Landen«. Tänzer(innen) setzen die Musik in Bilder um.

TEIL 3 SO LEUCHTE

Schlussgebet

Liturg(in)
Gott des Lebens. Dass man dich wiedererkennen möge an uns, darum bitten wir dich. Dass unser Leben hell werde, wie du es bist, und alles Verhangene und Trübe in dieser Welt und in unseren Herzen licht werde. Dass unser Leben eindeutig und klar werde, weil es die Heimlichkeiten und Maskeraden nicht mehr nötig hat. Dass unser Leben wahrhaftig werde, ohne Hintersinn und doppelten Boden. Dass unser Leben sich läutere, in seinen Gedanken und Worten und Werken dem Teilen zugewandt, ohne Berechnung. Dass man dich, du Gott der immer neuen Anfänge und weiten Wege, wiedererkennen möge an uns, deinen Geschöpfen – deinen Glauben in unserem Glauben, deine Hoffnung in unserer Hoffnung, deine Liebe in unserer Liebe. So, du Licht des Lebens, leuchte und tu dein Werk durch uns!

Stilles Gebet

Vater Unser

Gemeinsames Lied
Orgel, Chor, Tänzer(innen) und Gemeinde
»In dir ist Freude«
EG 398

Die Orgel beginnt mit einem kurzen Vorspiel. Die Kantorei singt die erste Strophe, die Tänzer(innen) setzen die Musik und den Text in Bilder um. Die zweite Strophe singen und spielen und tanzen Kantorei und Tänzer(innen) und Gemeinde zusammen.

Schlusssegen

Wie das Meer
Den Glanz der Sonne widerspiegelt
So leuchte aus euch Gottes Freude und Klarheit
Es segne euch Gott, der Vater, der Sohn, die Heilige Kraft des
Geistes.

Liturg(in)

Gemeinsames Schlusslied

»Ausgang und Eingang, Anfang und Ende«
EG 175 (Kanon)

Musikalischer Nachklang

Pfingstbuffet im Kirchgarten

6. Wen dürstet

Pfingsten am Bach

■ Gelegenheit und Arrangement

- Die Gemeinde feiert (traditionell schon) »Pfingsten am Bach«. Busse werden bestellt, Kleintransporter bepackt, Spielgeräte transportiert, Picknick zubereitet. Was lässt uns, die untereinander Verschiedenen, für einen ganzen Tag zu Einem werden? Und wie, sag, fühlt sich das an?

- Omnibusse werden bestellt, Kleintransporter organisiert, Tische und Bänke verstaut, dazu Spielgeräte für Kinder, ein Mittagspicknick und Kaffee und Kuchen und ab an den Bach in den nahe gelegenen Bergen.

- Am Bach wird ein Sitz-Rund um den Altartisch errichtet, mit ein paar Ästen ein Kreuz zusammengebunden, der Tisch mit Blumen geschmückt, das mitgebrachte Kleinpiano um guten Klang zum Hören und Mitsingen gebeten.

- Längst haben sich die Kinder (um die Ecke) zur »Insel« begeben, wo sie die Geschichte von »Jesus im Sturm« hören und mit dem Bau einer Brücke beschäftigt sind. Zum Segen kommen sie zur Runde der Anderen zurück.

- In der Zwischenzeit wird in der Hütte das Pfingstpicknick vorbereitet.

- Freundliches Beisammensein sodann. Stärkung an Leib und Seele. Danach: Spaziergänge, Spiele-Parcours und Pfingst-Olympiade. Zum Abschluss: Kaffee und Kuchen und kalte Getränke. Ende des Tages: 18 Uhr.

■ Raum, Musik, beteiligte Personen, Sonstiges

- Ein ganzer (schöner) Frühsommertag im Grünen. Es muss ja nicht der weite Weg an den Bach in den Bergen sein. Es kann auch der ganz kurze nur in den eigenen Kirchgarten oder den Waldrand sein. Wichtig nur, dass Raum ist, hier das Eine und dort das Andere und irgendwo Alles miteinander zu tun.

- Ein Keyboard oder Kleinpiano reicht an diesem Tag.

- Der Tag der Gemeinde hat es mit einer Menge Organisation zu tun (Tische, Bänke, Spielgeräte, Speisen und Getränke, Geschirr, Kühlschrank, Grill). Ohne eingespieltes Team und detaillierte Planung nicht zu schaffen!

- Im Gottesdienst am Bach (Kleine Form: Musik, Lied, Psalm, Verkündigung, Lied, Gebet Musik, Segen) können Mitarbeiter(innen) lesen und die Fürbitten sprechen. »Auf der Insel« werden sich Mitarbeiter(innen) der Kinderkirche um die Geschichte und den Bau der Brücke kümmern.

- Dem Spiele-Parcours geht gründliche Vorbereitung durch Mitarbeiter(innen) der Kinderkirche voraus (verstärkt durch Konfirmand(innen)).

Gemeinde unterwegs

Gebet

Ruf in mir Heiliger Geist!	Liturg(in)
Nach Gott und seiner Gerechtigkeit!	Alle
Bet in mir Heiliger Geist!	Liturg(in)
Um Freude und Zuversicht!	Alle
Schrei in mir Heiliger Geist!	Liturg(in)
Nach Freiheit und Leben!	Alle
Wein in mir Heiliger Geist!	Liturg(in)
Vor Schmerz und Trauer!	Alle
Klag in mir Heiliger Geist!	Liturg(in)
Über Trennung und Tod!	Alle
Sing in mir Heiliger Geist!	Liturg(in)

Alle	Das Lied der Befreiung!
Liturg(in)	Juble in mir Heiliger Geist!
Alle	Im Land der Lebendigen!

Ansprache

(Evangelium nach Johannes 7,37–39)

Nichts ist schöner, als nach einer langen Autofahrt oder einer mühsamen Bergtour auf Wasser zu stoßen. An einer Quelle, einem Bach, in einer Schänke einen Schluck zu trinken. Es sich über Hände und Arme und Gesicht, den ganzen Körper fließen zu lassen. In solchen Momenten kommt uns wieder, was wir schon fast vergessen haben: Wasser ist Leben. Und wenn es das nicht mehr sein darf, weil wir, die Menschen, die Spätsiedler des Lebens, es anders mit ihm wollen, dann wundere sich keiner, wenn das Leben eines Tages nicht mehr will und nicht mehr kann: erst in Anzeichen, dann in Ausmaßen, die nicht mehr zu reparieren sind.

Sensibler ist man in Völkern geblieben, wo das Wasser rar ist und monatelang ganz fehlt. Im alten Jerusalem zum Beispiel. Dort gab es nur eine einzige Quelle, deren Wasser durch einen unterirdischen Kanal in die Stadt geleitet und im Teich Siloah gespeichert wurde. Und einmal im Jahr, am letzten Tag des großen Festes, wurde es gefeiert. Da füllten Priester eine goldene Kanne am Teich und zogen mit ihr durch die Straßen der Stadt zum Tempel. Und irgendwann näherten sie sich dem »Wassertor«, dann bliesen dort wartende Leviten auf ihren Trompeten ein dreifaches Signal – erst kurz, dann lang, dann wieder kurz, worauf das Volk in lauten Jubel ausbrach. Die Prozession zog in das Innere des Hofs derweil, umrundete sieben Mal den Altar, auf dem es sonst die Brandopfer waren, die dargebracht wurden. Und einer der Priester, bestimmt durch das Los, nahm die Kanne, stieg mit ihr die Stufen hinauf, hob sie mit beiden Händen in die Höhe, lange, alle sollten sie sehen, und ließ das Wasser sodann in einem gleichmäßigen Strom in eine große, silberne Schale fließen. Dasselbe geschah mit einer Kanne Wein. Dann wurden am Fuß der Schalen die Abläufe geöffnet, so dass sich das Wasser und der Wein in einem langen Lauf zuerst in das Innere des Altars und von dort über die Stufen auf die Erde ergossen und in den Boden sickerten. Unbeschreiblich der Jubel des

Volkes jetzt. »Wer die Ströme des Wassers nicht gesehen hat«, so ein alter Spruch der frommen Überlieferung, »der weiß nicht, was Freude ist.«

Und das Ritual? Kraftvoll und klar: Ja, so Gott, ich weiß! An Kargheit des Landes und Kärglichkeit des Lebens hast du keinen Mangel, mein Volk! Und an Wüsten, Durststrecken und »finsteren Tälern« fehlt es dir nicht! Weder als euch in Ägypten der Pharao bedrängte noch als es später die Großen Babylons und Roms waren, die euch das Land und den Tempel und die Freiheit und die Hoffnung nahmen! Und auch später nicht, quer durch die Jahrhunderte, als man euch heuerte und feuerte, schmähte und verdächtigte, zu Menschen zweiter Klasse machte und euch in die Lager trieb! Und leicht wird euch das Leben auch in Zukunft nicht kommen! Hab euch nie das Schlaraffenland versprochen! Am »frischen Wasser« aber wird es euch nicht fehlen: sollt ihn stillen, euren Durst, eure Wunden waschen, eure Hoffnung stärken! Haltet daran fest!

Jesus muss davon gewusst haben. Das Geheimnis der Kraft und der Schönheit der kleinen Quelle gekannt haben. Stark genug würde sie sein, den Stein zu höhlen, so hart und so groß der auch sei. Und muss auch das gewusst haben: eines Tages würde es auch des Festrituals nicht weiter bedürfen, denn die Quelle würde sich zu einem großen Fluss und gewaltigen Strom ergießen, aus Wüstenlandschaften Gärten machen und aus dem Tod des Toten Meeres lebendiges Wasser, mit Bäumen an seinen Ufern und Fischen darin.

Ja, dieser seltsame Heilige aus Nazareth, aus dem sie nicht schlau wurden und den sie ans Kreuz brachten: der muss von diesem großartigen Wandel gewusst und ihm durch sein persönliches Leben einen Schub gegeben haben, der ausreichte, die einen an die Hoffnung ihres Lebens glauben und die anderen das kraftlose Ende ihrer alten, immer gleichen Litanei erwarten zu lassen. Wie genau eigentlich?

Schwer zu sagen. Mit Sätzen, Gesten, so einfach wie diesen: »Wen dürstet, der komme. Nichts wird ihm etwas anhaben können. Kräfte lebendigen Wassers werden von ihm ausgehen!« Keiner also solle meinen, so mein Versuch zu übersetzen: nur dort sei die Quelle, wo Jerusalem oder die goldene Kanne oder der Altar oder die Priester und die ganze heilige Liturgie versammelt seien. Wenn es darauf ankomme, sei die Quelle dort gerade nicht. Frisch müsse das Wasser sein, unverbraucht, genießbar. Und so auch: ihre Legitimation dürfe sich nicht darauf gründen, dass sie immer schon war und im

Leben nie anders. Darauf würde es ankommen: dass sie tauge, Leib und Seele zusammenbringe, jetzt und vor aller Augen, auch wenn das von einigen gar nicht geschätzt, von den Großen am liebsten verhindert würde. Die Jesus an den Galgen brachten – o doch, sie wussten, was das ist: Gottes Gerechtigkeit. Sie wussten es besser als irgendwer sonst. Doch dass das heißt: den ersten Schritt zum Frieden nicht vom anderen zu erwarten, sondern ihn selbst zu gehen, über den Hunger und das Fremdsein im Land, o ja, sich Gedanken zu machen, aber irgendwann damit aufzuhören und dem Hungernden zu essen geben und den Fremden nicht mehr länger warten zu lassen – das begriffen sie nicht. Von Jesus hätte ihnen aufgehen können, dass Gott nicht an der Stimmigkeit der Menschen gelegen ist, sondern an deren Bedürftigkeit. Nur das Wasser, das wir zu trinken geben, wird uns erfrischen. Nur das Brot, das wir teilen, wird uns sättigen. Nur das Kleid, das wir schenken, wird uns kleiden.

Doch, es gab sie, die begriffen. Unter den Vielen, die nach Leben dürsteten, gab es welche, die spürten: Mein Gott, wie ausgetrocknet, ausgelaugt ich bin! So aber, bitte, nicht länger! Ich will mein Leben anders! Doch, es gab sie, die sie suchten, die Quelle, und fanden. Ganz unaufgeregt. Ganz bodenständig. Gleich um die Ecke: im »Sohn der Maria und des Zimmermanns«. Oder, wie Lukas erzählt: im Tagtäglichen der ersten Gemeinde. Die Alternative? Doch, es gibt sie: lasst uns nicht länger warten!

Wenige nur seien sie gewesen. Sich wieder und wieder getroffen, miteinander gebetet, Brot und Wein miteinander geteilt, sich an Jesus erinnert, seine Geschichten, seine Zeichen, seine Worte fließen lassen, mitten in ihr Leben, als lebendiges Wasser – und durch ihr eigenes in das vieler anderer. Hätten auf bemerkenswerte Weise so auf sich aufmerksam gemacht: bei solchen gerade, die ihnen gar nicht grün waren und sie für gefährliche Narren hielten. Jesu Leben, in seiner Kraft und Frische erst einmal entdeckt, geht über sich hinaus – in immer neues Leben. Und was die Narren von damals anbelangt: wie damals, so kann auf sie auch heute nicht verzichtet werden. Die Bedingungen, klar doch, sind andere geworden. Die Aufgaben auch, die Sprache, die Erscheinungsformen. Fürs Leben entscheidend ist das alles nicht. Fürs Leben entscheidend ist: dass Menschen sind, die auf den Geschmack kommen und mit dem Anfangen nie aufhören!

7. Es werde Licht!

Pfingstcollage in Bild, Text & Musik

George Gessler, »Heiliger Geist«, 1924

Liturgischer Baukasten

■ Gelegenheit

- Gottes Wort im Bild. Nicht alles, was ist, lässt sich in Worte fassen. Bilder können tiefer fassen, »Unsagbares sagen« (Paul Klee).

- Dort vor allem, wo es wie in einem »großen Brausen« über die Erde kommt und alles, was lebt. Und Gott sich in Dimensionen bekannt macht, wie sie noch keines Menschen Auge und Ohren je gesehen hat.

- Das »Ökumenische Literaturforum« (der regionalen Erwachsenenbildung) mochte sich dieser »Bekanntmachung« stellen. Mit Bildern George Gesslers (geboren 1924 in Zürich) und einer sechsteiligen Textsequenz. Das Kommen des Geistes im Spiel des Lichts.

- Das »Literaturforum« lud den kleinen Kreis. Leicht möglich aber, den Kreis zu vergrößern und die Sequenz in einer der gemeindlichen oder interparochialen Erwachsenengruppen zu meditieren. Und möglich auch das: sie in den Pfingstgottesdienst oder die Vesper zu integrieren.

- Sinnvoll auch dies: mit Meditationscollagen dieser Art Mitarbeiter(innen) der Gemeinde(n) und/oder der Region mit den Tiefenschichten kirchenjahreszeitlicher Schwerpunkte vertraut(er) zu machen. Weiterführende Aspekte und Fragen entwickeln sich spontan!

Arrangement, Musik und beteiligte Personen

- Die Sequenz verläuft ruhig. Unterstützt und vertieft durch die Musik. Im konkreten Fall der »Uraufführung« war es ein Akkordeon, das spielte.

- In weiteren Fällen: Flöte, Klarinette, Klavier, Saxophon. Wichtig zu differenzieren: Das Bild und der sich ihm nähernde Text ist die Dominante, die Musik die Subdominante!

- Die Collage wurde »von allen« entwickelt. Und so auch sollte sie sich darstellen: als Bild-Musik-Text für acht Personen.

Pfingstabend des Ökumenischen Forums

Klänge des Akkordeons

(A)

Sprecher(in) 1 Galaxien, Planeten, Sonnen, Fixsterne, Meteoriten/alles in einem/100 Millionen Milchstraßen gibt es im Universum, meinen wir heute/Viele von ihnen sehen wir erst, wenn sie schon gar nicht mehr da sind/Und viele von ihnen sehen wir erst dann, wenn sie entstehen/Wie Musikkreisel in einem gigantischen Karussell/Und irgendwo dazwischen, klein, die Sonne/Auf ihrer Bahn um das Sternbild des Schützen wie die Braut, die sich vom Brautbett erhebt, ihre Planeten bittet, sie zu begleiten, und in rasender Geschwindigkeit dem Sternbild des Herkules und der Leier entgegeneilt und keinen Zentimeter von ihrer Bahn weicht.

(B)

Doch auf die Einzelheiten kommt es dem Maler gar nicht an/ Auf das Licht lenkt er mein Augenmerk/Auf das, das alles durchströmt/es empfängt, es bewegt, es reflektiert/Das ganze kosmische Geschehen scheint nur dazu da, Licht aufzunehmen und weiterzugeben.

Sprecher(in) 2

(C)

Darin ja hat das Licht sein Geheimnis/Dass es sich selbst nicht sichtbar machen kann/Also ungesehen bleibt, solange keiner ist, der es reflektiert/Himmelskörper, Gasmoleküle, Staubkörnchen, Wassertropfen/Licht, sagen die Physiker, braucht ein Medium, um in Erscheinung treten zu können.

Sprecher(in) 1

(D)

Himmelskörper, Gasmoleküle, Staubkörnchen, Wassertropfen/Die aber brauchen das Licht/Treten im Licht aus dem Dunkel erst heraus/Das Licht erst lässt den Mond aufgehen, die Sonne leuchten, die Staubkörnchen tanzen, die Wassertropfen aufleuchten/Das Licht erst bringt diese Welt in Erscheinung/gibt den Dingen ihre Gestalt/entreißt sie der Nichtbeachtung und dem Vergessen.

Sprecher(in) 2

Klänge des Akkordeons

(E)

Deshalb war für die Alten das Licht der Sonne ein Gleichnis für Gott/In die Sonne kannst du nicht sehen, aber ohne sie wäre nichts/So Augustinus, der Kirchenvater, in einer Zeit, als sich eine jahrhundertealte Kultur dem Ende zuneigte und die vertrauten Bilder des Daseins anderen wichen/Im Geheimnis des Lichts fand er das Geheimnis Gottes dargestellt.

Sprecher(in) 1

(F)

In Gott finden die Gestalten des Daseins ins Leben/In Gott finden sie zu ihrer eigenen Gestalt, werden deutlich, wesentlich/Die Himmelskörper, die Galaxien, die Wassertropfen, das Antlitz des Menschen aber auch/In ihm wird alles Lebendige

Sprecher(in) 2

unverwechselbar, gewinnt Anteil an Gott und gibt von Gott, seinem Licht, seinem Geist, an andere weiter.

(G)

Sprecher(in) 1

Damit auch sie zu etwas Besonderem werden/das nicht dem Dunkel, der Nichtbeachtung, dem Vergessenwerden anheimfällt, sondern seinem großen Ziel entgegengeht – einmal »alles in allem« zu sein (Erster Brief des Apostels Paulus an die Gemeinde in Korinth 15) und den Tod nicht mehr fürchten zu müssen!

(H)

Sprecher(in) 2

Alles Lebendige, so Ernesto Cardenal, der Dichterpriester aus Nicaragua einmal, ist ein »großer Gesang. Alle Wesen flüstern oder seufzen, gurren, trillern, pfeifen, brüllen, wimmern, ächzen, schreien, weinen, triumphieren, klagen. Der Gesang der Grillen und Zikaden, das Quaken der Frösche, das Pfeifen der Eichhörnchen, alle Stimmen der Natur sind Gesang und Gebet. Dazu eine einzige Schönschrift des Schöpfers. Der Schriftzug der Meteore am Himmel und die Spur der Kriechtiere im Sand, die Schlangenlinien der Flüsse und die Formationen der Berge und Massive, der Flug der Zugvögel in den Herbstnächten und der Weg der Sonne durch die Wendekreise, die Jahresringe im Stamm der Zeder und das Neuwerden des Lebens im Frühjahr: Zeichen alles, die uns Botschaften übermitteln. Wir müssen nur verstehen, sie zu lesen. Es gibt Menschen, die sich an diesen Zeichen bis zur Ekstase erfreuen und doch verstehen sie nicht, sie zu entziffern. Solche gleichen einem Bauernmädchen, das sich an der Schrift eines alten Manuskripts erfreut, das ihm irgendwie in die Hände geraten ist, ohne zu wissen, dass es sich um einen Liebesbrief des Königs handelt. Wir selbst doch gehören zu diesen Zeichen. Nicht der eine oder andere nur. Wir alle. Jeder und jede einzelne von uns. Ebenbilder Gottes. Widerschein des Lichts.«

Ernesto Cardenal

Klänge des Akkordeons

8. Gottgesellig

Gottesdienst an Trinitatis mit Bildpredigt

Andrej Rublew »Die Dreifaltigkeit«, 1422

Liturgischer Baukasten

■ Gelegenheit, Arrangement, Sonstiges

- Noch einmal ein Anreiz, es mit dem *Einen* im Mehrdimensionalen aufzunehmen.
- Mit einem Bild(Klassiker).
- In liturgischer Kleinform.
- Der Kirchraum wird in der Frühsommersonne liegen. Wohl zu hell, um das Bild an die Wand zu projizieren.
- Ratsam: vom Bild kleine Abzüge zu machen, diese den Feiernden beim Ankommen auszuhändigen und sie ihnen mit auf den Weg nach Hause zu geben.

Liturgische Skizze

Morgenhymnus

(Psalm 145 in Auszügen)

Eine(r) Ich will dich erheben, mein Gott, du König/Deinen Namen preisen immer und ewig!

Alle Jeden Tag will ich dich preisen/Deinen Namen rühmen immer und ewig!

Eine(r) Groß ist der Herr und hoch zu preisen/Seine Größe ist unerforschlich!

Alle Deine Werke kündet ein Geschlecht dem anderen/Deine Machttaten werden sie immer erzählen!

Eine(r) Gnädig und barmherzig ist der Herr/Langmütig und von großer Güte!

Alle Dein Königtum steht für alle Zeiten/Deine Herrschaft währt von Geschlecht zu Geschlecht!

Eine(r) Der Herr hält alle, die da fallen/Alle Gebeugten richtet er auf!

Alle Aller Augen warten auf dich/Du gibst ihnen Nahrung zur rechten Zeit!

Eine(r) Du tust deine Hand auf/Sättigst alles, was lebt, mit Wohltat!

Alle Der Herr ist nahe denen, die ihn anrufen/Allen, die ihn aufrichtig anrufen!

Eine(r) Er erfüllt das Verlangen derer, die ihn fürchten/Er hört ihr Schreien und hilft ihnen!

Alle Mein Mund preist den Herrn/Damit alles Fleisch seinen heiligen Namen segne, immer und ewig!

Gesungen »Laudate omnes gentes«

EG 181, 6 (mehrstimmig)

Gebet

Liebe, ungeliebte: sei geliebt in mir! Liebe, feurige: brenne in mir! Liebe, sehnlich erwartete: lass dich finden in mir! Liebe, zärtliche: tau auf in mir!

Bildbetrachtung

Von allen Sonntagen im kirchlichen Kalender ist Trinitatis der undeutlichste. Nichts zu sehen, nichts zu riechen, nichts zu greifen. Nicht mal sein Name ist ohne Probleme. Da geht es Ihnen, den Hörerinnen und Hörern, nicht anders als mir, der ich zu predigen habe. Hinzu kommt ein ziemlich unangenehmer Verdacht: »Dreierpack«. Gott im Plural. Was soll das? Will ich mich mit Juden und Muslimen verständigen, wird die Sache zusätzlich kompliziert. Und doch: sich dem Gespräch zu stellen, ich glaube, es lohnt sich.
Vielleicht ja hilft uns ein Bild. Das Original ist fast 600 Jahre alt: Die Ikone des russischen Mönchs Andrej Rublew. Gemalt in schlimmen Zeiten: Tatarenstürme verheeren das Land, die Menschen in Angst und Schrecken, Mord und Plünderung, der Garaus an Leib und Seele. Beim Versuch, einzutreten ins Bild, hineinzuschauen ins »Fenster des Himmels«, ist es gut, sich diesen Hintergrund zu vergegenwärtigen. Allererster Eindruck? Einsamkeit ist es nicht, die der Künstler mit Gott verbindet. Er weiß von ihm, kennt seine Geschichte. Mit zu sein, mit auf dem Weg, mit am Tisch, in den Konflikten und Engstellen des Lebens präsent: so ist Gott. Gott in Bewegung, Gott in Begegnung.
Durch die Ikone, so die orthodoxe Liturgie, begrenzen die Betrachtenden die Schwerkraft des Täglichen, nähern sich dem Himmel und dem dort geheimnisvoll Wirkenden. Was kein Auge je gesehen, kein Ohr je gehört hat: die Ikone gibt es »zu schmecken und zu sehen«, ohne das Geheimnis zu verletzen. Hieroglyphe zu sein, Herrschaftswissen, Sonderwelt für Auserwählte: nicht darauf kommt es ihr an. Erkennbar zu werden, erreichbar zu sein, »Stadt auf der Berge« für alle: das ist ihr Ziel. Der Künstler hilft ihr dabei. Der fasst den Hintergrund in Gold: Ausdruck des Mysteriums, darauf aus, sich zu entschlüsseln. Von Gott aus gesehen, dasselbe noch einmal: der Himmel, ja, ist Gottes Raum, mit anderen Räumen, Lebensräumen, nicht zu vergleichen, und doch, Gott hält es dort nicht, er verlässt sein Territorium, begibt sich auf Reise und ist am Ziel erst dort und dann, wenn er das Leben in seinen Höhen und Tiefen, Wundern und Trivialitäten,

Grausamkeiten und Verheißungen durchwandert hat und nichts mehr von ihm getrennt – Gott also »alles in allem« ist (Erster Brief des Apostels Paulus an die Korinther 15). Gott »kommt in sein Eigentum« (Evangelium nach Johannes 1,14) und koste es ihm das Leben. Für den orthodoxen Glauben das ganze Evangelium: Gottes Sein ist im Werden, Gottes »Hütte« die Geschichte des Menschen (Offenbarung des Johannes 20). Dort ist er zu Hause, wo das Leben zu Hause ist. »Propheten und Könige wollten es sehen, sie aber sahen es nicht ...« (Evangelium nach Lukas 10), so Jesus zu seinen Jüngern.

Gottes »Wohnungssuche«? In der Geschichte des Glaubens hat man dafür schon früh nach Bildern gesucht. Eines der ältesten ist dieses: Eines Tages seien zu Abraham und Sarah drei Engel gekommen. Doch dürfe man sich die Engel nicht als drei verschiedene Wesen vorstellen, sondern als Gott, der Eine und Ewige, in seiner ihm eigenen dreifachen Gestalt – als Vater, Sohn und Geist. Nicht im Geringsten seien die drei Seiten voneinander getrennt. Was sie sind und was sie tun, das sind sie und tun sie miteinander. Und doch sind sie nicht gleich. Der Künstler versucht es, ins Bild zu setzen: Gott ist Majestät. Doch nicht als Vater nur. Auch nicht als Sohn nur oder Geist. Überhaupt nicht in der Einzelgestalt. Gottes Majestät ist anders als die der menschlichen und göttlichen Majestäten. Gottes Majestät ist geteilte Majestät. Majestät, die partizipieren lässt. Majestät des Vaters und des Sohnes und des Geistes gemeinsam. »Es müssen wohl Berge weichen und Hügel hinfallen...« (Jesaia 54) Oder: »Beugen müssen sich die Großen vor ihm und alle seine Feinde...« (Psalm 66). Das Blau der Göttlichkeit trägt Gott als Vater und Sohn und Geist. Und auch den Zepter hat der Vater nicht für sich allein. Und doch sind die Drei nicht die gleichen. Deutlich die Unterschiede in Haltung, Gesicht und der Farbe des Gewandes.

Die Einheit und die Unterschiedenheit – beides fließt in Gott zusammen. Die Unterschiedenheit, um vor der Uniformität zu schützen. Die Einheit, um vor Beliebigkeit zu bewahren. Gänzlich draußen: »oben« und »unten«. Verwunderlich ist das nicht. Der Gott der Bibel misst in anderen Maßstäben: »So aber soll es nicht sein unter euch...« (Evangelium nach Lukas 16).

Reizvoll nun aber, an das Gottes-Mosaik, wie es der Künstler meditiert, noch ein bisschen näher heranzutreten.

a) *Gott ist Vater.* Aus der Unmittelbarkeit seines Herzens, ganz in der von ihm ausgehenden Bewegung, wächst der Baum. Im Vater ist Leben. Leben »die Fülle«. Sich vervielfältigendes, teilendes, mitteilendes Leben. Sohn und Geist wenden sich ihm zu: »Abba – Vater – Quelle des Lebens – du!« In Russland »Vater, Väterchen« zu sagen, kommt aus der Tiefe der Seele. Wenn sie »Mütterchen« sagen, nicht anders. Über die nimmermüde »Babuschka« ist die Tradition bis heute lebendig geblieben. Von keinem noch so strammen Materialismus und Dogmatismus hat sie es sich nehmen lassen, ihren langen, mühsamen Weg zum noch so kleinen, eisbeschlagenen Kirchlein zu gehen und vor der Ikonostase ihre Kerze zu entzünden. In Tschetschenien versammelten sie sich vor den Kasernen und forderten von den Generälen ihre Männer und Söhne.

Mit dem Vater sind der Sohn und der Geist von Ewigkeit her. »Vater, Quelle des Lebens: du!« Aber nichts will der Vater für sich. Nicht mal sein Eigenstes. Was er hat, allem und allen voraus, er stellt es zur Verfügung. Illusionen macht er sich keine. Ums Ganze geht es. Um Leben und Tod. Und keiner darf da ohne den Boden und tief in ihm drin die Quelle sein, wenn das Leben wirklich leben und vom Tod nicht überwältigt werden soll. Die Gesichter der Drei sind Ausdruck unendlicher Zärtlichkeit, vertrauensstarker Verbundenheit. Sie suchen sich und – finden sich. Der Ort, an dem ihre Blicke zusammenkommen – der Kelch der gekreuzigten Liebe.

Der Vater in der Mitte. Die Farbe seines Gewandes ist dunkles Gold. Alle Bewegung geht von ihm aus. Die Haltung seiner rechten Hand lässt an einen Akt des Gebens denken – vielleicht auch an Sendung: Geht, bringt ...! Die Liebe hält nichts zurück, nichts fest – das Teuerste ist teuer so, dass es sich auf den Weg begibt und sich dort als gehorsam erweist, wo es sucht und »Wohnung schafft«. »Also hat Gott die Welt geliebt, dass er seinen eingeborenen Sohn gab ...« (Evangelium nach Johannes 3). Aber nicht nur der Sohn bricht auf, auch der Geist tut's. »Über allem will ich meinen Geist ausgießen in jenen Tagen ...« (Joel 3) Nichts soll die Schöpfung vom »Geist der Gotteskindschaft« (Brief an die Gemeinde in Rom 8) getrennt sein lassen – nicht der geringste Verdacht. Nicht Spielball der Mächte und Mächtigen soll sie sein – blühen soll sie, aus totem Holz Zweige treiben!

b) *Gott ist Sohn.* Während der Vater dem Sohn gibt, die Schöpfung ins Leben hinüberzutragen, gibt sich der Sohn dem Vater. Es genügt nicht, die Verschlossenheit des Paradieses zu beklagen – es muss sich Einer aufmachen, das zugefallene Schloss mit dem Schlüssel zu öffnen. Das blutrote Gewand deutet auf den Kreuzweg Jesu – seinen Tod – die

Todesbesiegung: geheimnisvoll Gegenwart in den Zeichen von Brot und Wein am Tisch des Friedens. Darum ist der Sohn für alle Zeit »unser Hoher Priester« (Brief an die hebräischen Gemeinden 10) und trägt die goldene Stola als Zeichen seiner Herrlichkeit.

In Rublews Ikone sticht die Person des Sohnes ganz besonders hervor. Sie ist uns nah wie keine andere. Gleich geworden ist uns Gott in ihr. »Erst dann bist du des Anderen Bruder«, sagen die Indianer ihren Kindern, »wenn du einen ganzen Tag lang in seinen Mokassins gegangen bist!«

c) *Gott ist Geist.* Der Vater reicht den Kelch. Der Sohn segnet ihn. Der Geist aber reicht ihn weiter an die, in denen er fortleben und sein Werk vollenden möchte. »Eines Tages ...« wird es »der Geist der Gotteskindschaft« sein, der den Takt des Lebens bestimmt! Gottes tiefstes Geheimnis, die Liebe – sie mag sie nicht, die Mauern und Blockaden, die Besitzergreifungen, Erniedrigungen, Unterdrückungen. Das Leben ist ihr heilig. Das Kleinste nicht minder wie das Große und Größte. Aufblühen soll es, Zeugnis davon geben, dass es aus einer Wurzel lebt, gegen die der Tod (er mag sich rühren wie er will) nichts ausrichten kann!

Gott in Bewegung. Gott in Begegnung. Das Leben im Werden: durch alle Müdigkeit, durch allen Zweifel, durch alle Schuld, durch alle Angst, durch allen Tod zu immer neuem Leben. Und ich und du und wir und alle: mitten dabei. Gottes ganzes Geheimnis. Trinitatis versucht es, in Worte zu fassen, ins Bild zu setzen. Schwer zu schaffen. Gelingen in Ansätzen nur. Aber darauf kommt es auch gar nicht an. Darum geht's: einzutreten in seine Wohnung, mit zu sein an seinem Tisch, ihm nah zu sein, dem Geist des Lebens, nach Kräften sich von ihm inspirieren zu lassen. Was gibt es Schöneres!?

9. Du, da ist noch Platz für dich!

Trinitatis im Kirchgarten

Liturgischer Baukasten

Gelegenheit

- Mit Trinitatis beginnt die Zeit des Frühsommers und damit die Zeit der Feste. Kindergarten-, Chor-, Schul- und Gemeindefeste.

- Feste der Kleinen und Großen, Alten, Mittleren und Jungen. Derer, die schon immer dabei waren, und derer auch, die neu sind im Ort oder Stadtteil. Das moderne Leben ist ausgesprochen mobil geworden: hier meine Arbeit, dort mein Zuhause und wieder irgendwo anders zu Besuch bei Freunden.

- Hier zum geeigneten Ort zu werden: die Aufgabe ist groß. Doch an Trinitatis und den Wochen danach die geeignete Gelegenheit auch, sich auf der Höhe der Zeit und geistesgegenwärtig zu zeigen. Von »Marginalisierung der Gemeinde« zu sprechen, ist solange fehl am Platz, solange man die Möglichkeiten, die sind, nicht wahrgenommen und ausgeschöpft hat. Noch immer ist ratsam, gut hinzuschauen, sich etwas einfallen zu lassen und sich zu regen!

- Warum nicht mit Zielgruppen? In diesem Jahr könnten es die neuen Konfirmand(innen) und deren Familien sein. Viele sind es nicht in diesem Jahr, gerade mal 24, 14 Mädchen, 10 Jungs. Über eine Wochenendfreizeit (im Odenwaldhaus) sind sie sich ein bisschen näher gekommen, doch in der Gemeinde kennt man sie nicht und umgekehrt auch. Günstige Gelegenheit also, sich in einer eigengestalteten Gottesdienstform näher bekannt zu machen.

- Die Konfirmierten und die »GottesdienstWerkstatt« der Schule würden mit Rat und Tat zur Seite stehen, einen »Gottesdienst im Garten« mit ihnen konzipieren. Termin: Trinitatis. Mit einzubeziehen: die Taufe zweier Konfirmanden.

Raum

- Unter den Bäumen des Kirchgartens. Der Ort ist »erfahren«, hat Platz für rund 300 Feiernde. Bänke, Stühle in dreifachem Halbkreis: ausgerichtet auf den großen Altartisch. Über und hinter diesem: ein altes lateinamerikanisches »Hungertuch« in 3 m Breite und 2,50 m Höhe.

- Der Altartisch selbst: sommerlich geschmückt (Blumen, Kerzen, offene Bibel). Seitlich davor: ein alter Wasserkessel, in Blumen »gepflanzt«, auf einem »Teppich« stehend, darauf der Satz: »Hab dich beim Namen gerufen! Fürchte dich nicht!«

- Dem Ensemble gegenüber: ein großer Tisch mit Schreibpapier darauf und einem Stuhl davor.

■ Arrangement, Musik, beteiligte Personen, Sonstiges

- Ein entscheidender Gestaltungsfaktor für junge Leute: die Musik. Die Lieder und der Sound wurden von ihnen selbst gewählt (nur wenig »von außen« beraten). Ihr Wunsch: statt Orgel heute Klarinette, Gitarren, Drums und Singstimme.

- Manchmal wünschen sich Konfirmand(innen) und/oder deren Eltern, im Rahmen eines solchen Gottesdienstes im Kirchgarten getauft zu werden. Zu einer solchen Gelegenheit kann man auf die Idee kommen, im Garten einen »Taufbrunnen« einzurichten (Folie 2 x 2 m, Steine, Erde, Pflanzen, mit oder ohne Umwälzpumpe). Überlegenswert in einem solchen Fall: die gesamte Thematik auf die Taufe (»Frisches Wasser«, »Wasser aus dem Felsen«, »Brunnquell der Gnad«) auszurichten.

- Neben dem (der) Liturg(in) sind drei Gebets- und Psalm-Sprecher(innen) sowie elf Sprecher(innen) im Erzählspiel beteiligt.

- Wenn dem Gottesdienst ein festliches Beisammensein bei Speisen und Getränken folgen soll, sind entsprechende Vorkehrungen zu treffen. Die Familien der Konfirmanden und Konfirmandinnen, freundlich angesprochen und mit der Gelegenheit vertraut gemacht, helfen gerne.

- Nicht alle sind »die geborenen Sprecher(innen)«. Wichtig: gute Vorbereitung, gutes akustisches Gerät (Mikrophone, Lautsprecher, Verstärker).

- Um sich in den liturgischen Besonderheiten des Tages zurechtzufinden, werden Flyer ausgegeben.

TEIL 1 ICH WERFE MEINE FREUDE

Begrüßung

Sollst den Sonntag eine »Wonne« nennen. Eine »Wohltat«, eine »Lust«. So der Prophet. Geschenkte Gelegenheit, das Geschirr deiner Tage von dir zu tun, dich der Mechanismen, die sich deiner bemächtigt haben, für einen Augenblick zu entledigen und Spielräume zurückzugewinnen: Wahrnehmungs- und Entfaltungsräume, von denen du meintest, es gäbe sie schon gar nicht mehr. Ja, liebe Feiernden: so wünsche ich es uns. Den Sonntag zu feiern: das ist, sich die Zeit nicht länger nehmen, sondern sie neu sich schenken zu lassen und neu sie mit anderen zu teilen. Gnade sei mit euch und Friede von Gott, unserem Vater, und dem Herrn Jesus Christus!

Liturg(in)

Die Musikgruppe nimmt (sacht) die Melodie des Liedes »Herr, ich werfe meine Freude« auf, variiert diese das eine und andere Mal, lässt mit einstimmen.

Gebet

Komm, Gott! Lass uns aufstehen miteinander! Aufstehen und Wege gehen – und unsere Sehnsucht und unseren Mut, unsere Phantasie und unsere Geduld üben! Uns hinsetzen aber auch – ohne Programm – ohne Bedingungen – bei Brot und Wein – Erinnerungen und Träumen – mit Herz und Ohr füreinander – dem Leben zulieb! Komm, Gott, mit deinem Geist: erneue uns!

Sprecher(in)

Noch einmal stimmt die Musikgruppe ein, noch einmal nehmen die Feiernden die Melodie auf. Vielleicht gelingt der Kanon!

Gemeinsames Lied
»Herr, ich werfe meine Freude«
Menschenskinderlieder I, 53

Morgenhymnus
(Nach Psalm 104)

Sprecher(in)	Du Schöpfer des Lebens – der Sonne und des unendlichen Alls – der Milchstraße – des Großen Bären und des klaren Morgensterns ...
Alle	Groß ist deine Güte!
Sprecher(in)	Du Schöpfer des Glühwürmchens – der Mücken und Libellen – der Falter und Rotkehlchen – der Distelfinken, Raben und Spatzen ...
Alle	Groß ist deine Güte!
Sprecher(in)	Du Schöpfer der Steine – der Krumen – der Tropfen und Samen – des Weizens – der Schachtelhalme und der Tränenden Herzen ...
Alle	Groß ist deine Güte!
Sprecher(in)	Du Schöpfer im Licht – im Wetter – im Wind – im Himmel und auf Erden – in den Höhen und Abgründen. Du Schöpfer der Gründe – der Moose und Flechten, der Büsche und Bäume – der Hecken und aller Kreatur.
Alle	Groß ist deine Güte!
Sprecher(in)	Du übst Geduld mit uns!
Alle	Wie sollten wir nicht geduldig sein!?
Sprecher(in)	Du sorgst für uns!
Alle	Wie könnten uns andere gleichgültig sein!?
Sprecher(in)	Du teilst dein Leben mit vielen!
Alle	Wie sollten wir es für uns reservieren!?
Sprecher(in)	Du lässt uns in unseren Gärten wie in deinem Garten, in unseren Häusern wie in deinem Haus wohnen!
Alle	Wie sollten wir nicht dankbar sein!?

Das Ensemble spielt die Melodie des Liedes »Lasst uns miteinander singen, beten, loben den Herrn« und begleitet beim Kanon-Singen.

»Lasst uns miteinander«
Menschenskinderlieder I, 23

TEIL 2 MEIN KLEINER FROSCH

Dreiteilige Szenenfolge

Eine Konfirmandin, ganz in Schwarz, tritt in den Halbkreis, geht dort ein paar
Schritte, bleibt stehen, schaut sich um, geht weiter zum Tisch, setzt sich, wartet
noch eine Weile – und beginnt zu schreiben. Nach einiger Zeit betritt eine andere
Konfirmandin den Raum, geht auf die Schreiberin zu, versieht deren Kopf mit
einem Verband – und geht wieder. Die Schreiberin greift zum Stift, setzt ihre
Aufzeichnungen fort und spricht.

Gratulation! Ihr habt gewonnen! Ich geb meinen Widerstand   Sprecher(in) 1
auf! Hab lange genug versucht, an meinen Vorstellungen
festzuhalten – es hat mir nichts als Ärger gebracht! Von den
Freunden, die ich verloren hab, mal ganz abgesehen!
Schluss damit! Ich werd' s lassen – aufhören damit, den oder
die eines Besseren zu belehren! Werd weggucken, abtauchen,
wenn ich sehe, wie die Menschen miteinander umgehen! Die
Gewalt in dieser Welt – soll sie doch regieren!
Deshalb liege ich da jetzt, in diesem Krankenhaus. Mit einer
Gehirnerschütterung und drei gebrochenen Rippen. Hab mich
eingemischt, in eine Prügelei. Drei aus der Clique haben einen
Anderen, einen Jungen, (ich glaube) aus Ghana, brutal zu-
sammengeschlagen. Warum? Ich weiß es nicht. Einfach so.
Der war einfach dran. Und die Passanten? Sind einfach vor-
beigegangen. Nichts sehen, nichts hören, nichts sagen – wie
die Affen. Keiner hat eingegriffen. Wieso auch!? Jeder ist
sich selbst der Nächste!

Wen interessiert es denn, sag, wie es dem Anderen geht!?
Was vorgeht in einem Menschen, dem seine Heimat wegge-
nommen wurde und in der Fremde es schwer hat!? Wen
interessiert es denn, wie sich ein Kind fühlt, das in der Schule
von seinen Mitschülern nur immer fertig gemacht wird, weil

es keine Markenklamotten trägt!? Oder die Frau, die nur immer missbraucht und wegen eines versalzenen Mittagessens grün und blau geschlagen wird!? Wen interessiert's!?
Nein, auch mich nicht mehr! Ich werde es machen, wie es die Anderen tun. Ich werde wegschauen und den Dingen ihren Lauf lassen!

Ein kleines Bett wird hereingetragen – mit 'nem Bären und 'ner Puppe drin. An einer Schnur werden selbstgemalte Bilder aufgehängt. Pause. Dann:

Im Bett neben mir liegt ein kleines Mädchen. Es ist fünf Jahre alt und heißt Merle. Merle isst gerne Spinat und hat, so sagt sie, ein »durchgebrochenes Bein«. Merles Mutter kommt jeden Tag zu Besuch, aber oft sind wir allein. Um die Langeweile zu bekämpfen, übe ich mit Merle das Alphabet. Und manchmal lösen wir Rätsel und malen bunte Bilder. Wir sind schon richtig gute Freunde geworden. Kurz vor dem Schlafengehen erzähle ich Merle eine Geschichte.
Doch neulich fiel sie mir ins Wort und sagte: »Heute erzähle ich dir eine!« Aus ihrer Nachtischschublade holt sie ein Bild, das sie mir bis dahin noch nicht gezeigt hatte. »Das ist mein Papa. Eigentlich hab ich ihn lieb ...« Sie schluckt und zieht die Nase hoch. »Und das«, fügt sie hinzu und zeigt auf ein schwarzes Etwas, das ich nicht erkennen kann: »Das ist unsere Kellertreppe. Und da hat er mich runter geschubst. Weil er böse auf mich war ... und betrunken.« Merle sinkt in sich zusammen. Das Blatt segelt langsam zu Boden. Vorsichtig beuge ich mich zum Nachbarbett hinüber und streichele den kleinen Arm. Bis das Schluchzen vorbei ist, vergeht eine Weile. Wortlos knipst Merle das Licht aus und dreht mir den Rücken zu. »Gute Nacht« fällt heute aus.
Meine Gedanken springen auf einem Trampolin. Ich kann nicht schlafen. Selbst dieses kleine Mädchen hat schon Probleme mit dieser brutalen Welt – das macht mich fertig. Gibt es denn keinen, der es zu Stande bringt, ohne Gewalt zurechtzukommen? Einen Schritt auf den Anderen zu – so ganz unmöglich?
»Du«, höre ich plötzlich ein leises Stimmchen neben mir. »Meinst du, es wird wieder gut?« Ich drehe mich zur Seite und schaue in zwei große Kinderaugen, in denen die Hoffnung auf ein Ja leuchtet. Kann ich jetzt einfach alles zerstören und nein sagen? Ich hole tief Luft. »Bestimmt ...«, flüstere ich: »ganz bestimmt wird es wieder gut!« »Versprichst du es mir?« »Natürlich«, sage ich – und bin mir auf einmal so sicher

wie nie – und weiß, auch die größte Hoffnung ist nichts ohne den ersten, allerersten Schritt. Und auf den kommt es jetzt an – und wenn du ihn nicht für dich selbst gehen willst, dann geh' ihn zumindest für deinen kleinen Frosch. Ohne deine Hoffnung geht es jetzt nicht: *du musst sie ihm leihen!*

Die Sprecherin legt ihr Schreibzeug weg, nimmt den Verband von ihrem Kopf, erhebt sich von ihrem Platz, begibt sich in die Nähe des Altarkreuzes und verweilt dort (ganz für sich, mit dem Rücken der Gemeinde zugewandt). Fünf andere Konfirmandinnen betreten die Szene und setzen die Folge fort.

Ohne Hoffnung geht es nicht. Doch hab' ich sie denn? Oft doch mache ich die Erfahrung: Jetzt bräuchtest du eine Portion, doch – du hast sie nicht – du greifst ins Leere. Hoffnung? Nein, die hab' ich nicht einfach. Ich muss sie mir leihen. Aus eigenen Geschichten. Von Menschen. Aus deren Geschichten. Aus solchen (zum Beispiel), wie ich sie bei Jesus finde. *Sprecher(in) 2*

Stellt euch vor, so hör' ich ihn sagen: Es ist da einer, der hat 100 Schafe zu hüten. Oder sagen wir: 100 Schüler(innen) zu unterrichten oder 100 Kindergartenkinder zu betreuen oder 100 Patient(innen) zu versorgen oder für 100 Arbeitslose Arbeit zu finden – oder 100 Fremde in seiner Straße oder 100 Gerechte oder 100 Selbstgerechte oder 100 (nun ja, ihr wisst schon). Kann ja sein! *Sprecher(in) 3*

Und einer dieser Menschen verirrt sich: bleibt hängen, sieht keinen Ausweg mehr. Eine oder einer der 100 (Schülerinnen, Schüler, Kindergartenkinder, Patientinnen, Patienten, Arbeitslosen, Fremden, Gerechten, Selbstgerechten, nun ja, ihr wisst schon). Kann ja sein! *Sprecher(in) 4*

Was werdet ihr tun? Werdet ihr eingehen auf den Einen – und die Neunundneunzig zurücklassen? Meint ihr, ihr könnt das? Ihr könntet euch das leisten? Würdet es anders rechnen, euer Einmaleins? Sie anders machen, eure Rechnungen? Ganz anders als sonst? Mit ihm gehen, dem Einen? Wenn's sein soll – in die Wüste, in die Dornen? Ins Unbekannte, Abgründige, durch und durch Ausweglose? Bei ihm sein in seiner Einsamkeit? Seiner Sucht? Seiner Angst? Es aushalten mit ihm in seinen zu Bruch gegangenen Träumen? Seiner ganzen Verzweiflung? Verlässlich ihm Freund sein – und die Anderen, die auf der Sonnenseite des Lebens, zurücklassen? Sagt, kann das sein? *Sprecher(in) 5*

Sprecher(in) 6	Und dann – euch beeilen? Sie zusammenrufen, die Freunde und Nachbarn – ihnen sagen: »Freut euch! Freut euch mit mir! Ich hatte ihn verloren, aber seht – ich habe ihn wieder gefunden! Die neue Welt: es gibt sie – ist mehr nur als ein Märchen – sie zu leben, lohnt!

Die Sprecherin wendet sich den Feiernden zu. Die Instrumente spielen die Melodie von »Kleines Senfkorn Hoffnung« an, variieren sie einige Male und machten neugierig mitzusingen. Noch aber ist es nicht soweit – die Musik bricht ab. Aus ihrer »Auszeit« kommt die Sprecherin des ersten Teils in die Szene zurück. Mit bunten Bändern. Dazu, aus unterschiedlichen Richtungen, Konfirmandinnen, die sich um den alten Taufbrunnen gruppieren.

Sprecher(in) 1	Jesus, du bist anders! Als alle mit dem Finger zeigten, stelltest du dich zur Ehebrecherin. / Als keiner seinen Augen traute, warst du beim Zöllner zu Gast. / Als alle sie wegschicken wollten, wehrtest du ihnen, ließest die Kinder zu dir kommen. / Als alle in Sack und Asche gingen, sprachst du vom Fest. / Als alle dich zum Helden machten, stiegst du vom Tier und gingst zu Fuß. / Und als dich alle alleine ließen, war dir die Sache noch immer wert. / Du fürchtest dich nicht. / Du gehst deinen Weg. / Du gehst ihn bis heute / Du gehst ihn mit mir!

Die Sprecherin geht durch das Halbrund der Feiernden. Sucht ihre Freundinnen, fragt nach ihnen, findet sie nicht. Drüben erst am Taufbrunnen und dessen Ortshinweis: »Hab dich beim Namen gerufen. Kenne dich. Bin mit dir, fürchte dich nicht!« Schmückt sie mit einem bunten Kreppband, das sie ihnen um die Schulter legt. Führt sie ins Halbrund der feiernden Gemeinde und stellt sie vor, denn dort sind sie bis dato noch ganz »namenlos«. Und spricht auch von der Hoffnung, es in den Monaten der Konfirmationsvorbereitung mit Menschen zu tun zu bekommen, in deren Leben Gott nicht nur ein Wort, sondern lebendige Wirklichkeit ist. Das alles dauert eine Weile. Darf es auch. Derweil die Musikgruppe beginnt, in sachten Tönen die Melodie des Hoffnungsliedes wieder aufzunehmen und die Feiernden zum Mitsingen einzuladen. Aus der Gruppe der Konfirmand(innen) trennen sich einige und schließen die Sequenz ab:

Sprecher(in) 7	Nimm meine Hände, als wären sie *deine!*

Sprecher(in) 8	Wer packt mit an, wenn du nicht *durch mich!?*

Sprecher(in) 9	Wer teilt das Seine, wenn du nicht *durch mich!?*

Wer wehrt dem Übergriff, wenn du nicht
durch mich!?

Sprecher(in) 10

Wer nimmt in die Arme, wenn du nicht
durch mich!?

Sprecher(in) 11

Nimm meine Hände, Christus,
als wären sie *deine!*

Sprecher(in) 7

Die Musikgruppe nimmt die Melodie von eben noch einmal auf und lässt ausklingen.

TEIL 3 AUF DEM WEG DER GERECHTIGKEIT

Gebet

Deine Hände, Christus, sind meine Kraft, dein Wort meine
Speise, deine Güte mein Versteck, deine Augen meine Aus-
sicht, deine Klarheit mein Rückgrat, deine Liebe mein Leben.
Nimm mich mit dir auf dem Weg der Gerechtigkeit, auf dem
es den Einen nicht ohne den Anderen gibt, der Einsamkeit
Einhalt geboten ist und der Vergeblichkeit Grenzen gewiesen
sind! Deiner Ankunft in dieser bedrohten, verriegelten Welt,
Christus, lass' mich gewiss sein und dir in Hoffnung und
mutigen Schritten entgegen gehen – und so den großen
Traum schon heute ein Stückchen wahr werden lassen!
In der Stille wenden wir uns an dich. Was uns auf der Seele
liegt: nimm es in dein Erbarmen. Dein Reich komme, dein
Wille geschehe!

Liturg(in)

Stilles Gebet

Vater Unser

Gemeinsames Lied

»Lass uns den Weg der Gerechtigkeit«
Gemeinsam unterwegs, 129

Segen

Ich bin bei euch,
alle Tage,
sagt Gott.

Ich bin bei euch,
sagt Gott,
alle Tage,
auf allen Wegen.

Ich bin bei euch,
sagt Gott,
alle Tage,
mit meiner Liebe,
mit meinem Frieden,
mit meiner ganzen Kraft.

So segne euch Gott, der Vater, der Sohn, die heilige Kraft des Geistes!

Der Garten verwandelt sich in einen großen festlichen Park. Mit Kommen und Gehen, Wiedersehen und Kennenlernen, Tischgruppen, Gesprächen, Spielen, Musik. Getränke werden ausgegeben, wenig später das große Mittagsbuffet eröffnet. Im angrenzenden Kindergartengelände fühlen sich die Kindergartenkinder wie zu Hause. Für die Grundschulkinder wurde ein Spiele-Parcours errichtet. Die Konfirmand(innen) haben sich zur Mithilfe im Parcours, beim Ausschank der Getränke und der Bedienung der Gäste entschlossen. Musikalische Überraschungsgäste (zweier Konfirmandenfamilien): eine Kleinbesetzung der »Neckartown-BrassCompany«.

Teil B

1. Flügel der Morgenröte

Liturgische Kleinformen an Trinitatis

Liturgischer Baukasten

■ **Gelegenheit**

- Bis Pfingsten sind die großen Fest- und Feiertage wie auf einer Perlenkette gereiht. Danach beginnt die Zeit der Kargheit mit (fast nur) kleiner Gemeinde.

- Fürs Gottesdienstfeiern ergeben sich unter dieser Perspektive mindestens ebenso viele Chancen wie Einschränkungen. Vier seien genannt:

  a. *Nicht alle Gottesdienste müssen zur festen Zeit gefeiert werden. Die Zeiten können variieren: frühmorgens ist möglich, am frühen oder späten Abend, am Abend (Sonnabend) davor.*

  b. *Liturgische Kleinformen sind möglich (Kurzgottesdienste, Rundgespräche, Morgenandachten, Abendandachten, Einkehren, Feierabendmahle, Orgelsoirées, Kirchgänge u.a.m.)*

  c. *Gemeinde-Unterwegs kann sein (Gemeinde im Grünen, Gemeinde am Bach, Gemeinde zu Fuß, Gemeinde zu Besuch, Gemeinde auf Reisen)*

  d. *Der Gestaltungsfokus richtet sich auf Einzelne, Projekte und kleine Gruppen (Jubiläumskonfirmationen, »Silberhaar auf Reisen«, Gemeindefest, Dank nach überwundener Krankheit u.a.m.)*

■ **Arrangement, Raum, Musik, beteiligte Personen**

- Die vorliegende Form weicht von der üblichen ab. Sie wurde im Kirchgarten gefeiert, zur gemeindlichen »Normalzeit« (10 Uhr). Sie im Kirchraum und/

oder am Abend zu feiern, ist ebenso möglich. Unterwegs auch. Und/oder ökumenisch.

- Ob man den Sonntagmorgen mit einem Frühstück beginnt, muss man entscheiden und die entsprechenden organisatorischen Vorkehrungen treffen.

- Die Form ist als Grundform mit zwei Varianten beschrieben. In der Grundform sind es vor allem junge Leute, die das Feiern prägen (Konfirmandinnen und Konfirmanden und deren Familien, Mitglieder der ökumenischen »GottesdienstWerkstatt«). In den Varianten wird der Fokus geweitet und auf gemeindliche Erwachsenengruppen ausgerichtet. Allen drei Formen gemeinsam ist, dass die Gemeinde über vorangehende Gottesdienste, über das »Gemeindeblatt« und über Gruppeninfos vom Text des Sonntags Kenntnis hatte (und sich ein wenig »vorbereiten« konnte).

- Entsprechend die liturgisch Mitwirkenden: Neben dem (der) Liturg(in) sind in der Grundform fünf Raumgestalter(innen) am Werk, ein(e) spielende(r) Gesandtin (Gesandter) und sieben Sprecher(innen) beteiligt. In den beiden Varianten: vier Sprecher(innen) bzw. zwei Schreiberinnen & Sprecherinnen.

- In der Grundform waren es Instrumentalisten, die das Feiern musikalisch ausgestalteten, in den beiden Varianten die Kleinorgel.

Sonstiges

- Die Stühle oder Bänke stehen im großen Rechteck oder in Kreisform. In der Mitte: ein großes blaues Tuch (2,50 m x 2,50 m, Helfer(innen) werden es später mit Blumen schmücken, mit Kerzen, einer Christusfigur (ohne Arme und Beine und nur einem halben Gesicht), einer kleinen russischen Ikone und einer ledergebundenen Bibel. Außerhalb der Collage werden auf gesägten Baumscheiben vier große Wasserschalen aufgestellt.

- Einen (geschmückten) Altar gibt es nicht.

- Den Feiernden werden Faltblätter ausgehändigt (mit Liedern und liturgischen Vermerken), dazu, in einem Stoffsäckchen versteckt, ein kleiner Stein.

TEIL 1 ANKOMMEN

Die »Einkehr« am Sonntagmorgen beginnt um 10 Uhr. Ihr voraus geht unter den Bäumen und Sonnenschirmen des Kirchgartens ein sommerliches Frühstück. Die Bänke und Stühle werden in Kreisform oder als Rechteck (mit einem schmalen Zugang) gestellt: Platz für etwa 70 Feiernde. Die Musikgruppe hat ihren Platz ein paar Schritte dahinter. Einen Altartisch gibt es nicht. In der Kreismitte (2,50 m auf 2,50 m) ist ein blaues Tuch ausgebreitet. Am Anfang liegt es dort einfach, später wird es sich füllen und eine Geschichte erzählen: Helfer(innen) werden es mit Blumen, Kerzen, einer Christusfigur (der Arme und Beine und Teile des Rumpfes fehlen), einer kleinen (russischen) Ikone und einer alten, ledergebundenen Bibel schmücken. Außerhalb der Collage werden auf gesägten Baumscheiben vier große Wasserschalen aufgestellt. Liturgische Flyer werden ausgeteilt, dazu (in ein Stoffsäckchen versteckt) ein kleiner Stein.

Die Glocken läuten

Musik

Begrüßung und Einstimmung

Die Nacht ist vergangen.   Liturg(in)
Der Tag ist herbeigekommen.
Lasst uns wachen und nüchtern sein und abtun, was uns
träge macht.
Ins Licht lasst uns treten, in den Raum und die Zeit dieses
neuen Tages.
Und Gott dafür preisen – den Vater – den Sohn – die Heilkraft
des Lebens.
In Psalmen und Liedern, Gesten und Zeichen.
In Gedanken, Worten und Werken.

Gemeinsames Lied
»Dich rühmt der Morgen«
Gemeinsam unterwegs, 18

TEIL 2 DEN ORT BEREITEN

Helfer(innen) schmücken das Tuch in der Mitte des Raumes mit Blumen, Kerzen, der Bibel, dem beschädigten (auf einer Abfallkippe gefunden) Torso einer Christusfigur.

Gebet

Liturg(in)

Gott, du bist stark. Stark und frei, es alleine zu tun. Und doch: du wartest. Willst, dass wir den Anschluss finden: loskommen von uns selbst, uns einlassen auf dich, und weißt, wie schwer uns das fällt. Lass' uns nicht! Komm' uns entgegen! Lös' uns vom Zwang, nur immer mit uns selbst beschäftigt zu sein und unzugänglich für das zu werden, was noch alles nicht entschieden, überhaupt erst werden will! Stimm' uns ein auf deine Stimme! Und lass' es uns hören, Barmherziger, dein Wort: Christus Jesus, in dem du dich selbst uns zuwendest und uns näher bist als alles sonst auf der Welt!

Gemeinsamer Gesang
»Agios o Theos«
EG 185.4

Einladung

Liturg(in)

Loszukommen – sich zu lösen vom Zwang, nur immer mit sich selbst beschäftigt zu sein – sie zu überwinden, die hybride Angst, schon alles zu wissen und von der Zukunft nichts Gutes zu erwarten. Alles das wird nur gehen, wenn ich dem, was mich ängstigt, nicht weiter davon laufe: es anzunehmen lerne als Teil meiner selbst. Und so auch kann Raum entstehen, Gott in mein Leben treten, der Angst wehren, meinem Leben den Atem zu nehmen. »Lass dir an meiner Gnade genügen!« (Zweiter Brief des Paulus an die Gemeinde in Korinth 12, 9) Schwer wie ein Stein wiegt meine Angst. Und wenn ich auch weiß, dass sie da ist: sie verhält sich oft seltsam geheim. Versteckt wie im Päckchen, das ihr vorhin bekommen habt. Worum ich euch bitte? Dass ihr sie sucht, sie ans Licht holt, sie dem »Brunnen der Gnade« überlasst!

Zeichenhandlung

Die Feiernden beginnen, ihre Steine frei zu legen. Sie halten sie noch einen Augenblick in der Hand, erheben sich von ihren Plätzen, gehen auf die Schalen in der

Mitte des liturgischen Kreises zu und überlassen sie dem Wasser. Die Musikgruppe setzt, ganz leise, noch einmal mit dem Gesang von eben ein »Agios o Theos«. Die Feiernden stimmen mit ein.

TEIL 3 HÖREN UND SEHEN

(Variante A)

Die Gemeinde ist darüber informiert, dass in der Einkehr Psalm 29 ausgelegt wird. Was ist sein Kern? Nicht immer ist es der Profi (Pfarrerin, Pfarrer), der biblische Texte zum Sprechen bringt. Es können auch andere sein. Nach einem Gespräch in kleiner Runde und einer Handlung zum Schluss. Der Kern des Psalms (Vers 2) wird textgleich auf zwei Tapetenrollen geschrieben, an Stecken befestigt und (gut lesbar) außerhalb des Stuhlkreises plakatiert: »Bringt dar dem Herrn den Glanz seines Namens!« Nach einer kleinen Pause betritt ein »Gesandter« den Kreis: er verbeugt sich, übergibt ein Geschenk, bleibt ein paar Sekunden, sagt kein Wort und geht wieder.

Anrede

Wer bist du, Gesandter? Woher kommst du und was willst du? Und was war das für eine Gebärde eben, mit der du dich bekannt gemacht hast? — Liturg(in)

Kleine Pause

Der »Gesandte« kommt noch einmal zurück, verbeugt sich, bringt sein Geschenk dar, wartet einen Moment und geht.

Darreichen.

Liturg(in)

Nicht darum ja geht es: ihn zu sehen, den König, irgendwann, irgendwo, sondern darum, ihm zu begegnen und in die Begegnung etwas mitzubringen.
Dem Menschen sind dazu Hände gegeben. In einer weiten Bewegung strecken sich Arme und Hände nach vorn, öffnen sich und reichen dar. »Bringt ihm dar, unserem Herrn: den Glanz seines Namens!« Der Glanz seines Namens? Zu fassen ist der nicht. Nicht von 100 Gesandten gleichzeitig. Doch eines kann ich und will es: dem König mich nähern, ihm, der alles hat mit dem wenigen, das ich habe, Ehre erweisen.

»Ich bringe dar!« Bilder stellen sich ein. Bilder winkender, jubelnder, Arme und Hände reckender Menschen der Prachtstraße entlang, die er nehmen wird, der lange erwartete Gast. Bilder auch, wie der sich dann aufmacht, seine Limousine verlässt, ein paar Schritte an die Absperrung herangeht und Hände schüttelt, ein paar Sekunden nur. Bilder so aber auch: von Händen, die nach dem letzten Stück Brot greifen, dem letzten Becher Reis. Wer weiß, wann er wiederkommt, der Hilfskonvoi, in diese gottverlassene Gegend. Bilder dann auch so: von Händen, die im Casino erst mal auf Schwarz und später auf Weiß setzen, die ganze Nacht lang, und am anderen Tag den großen Gewinn oder vielleicht auch alles verloren haben.

Auf der Straße traf ich neulich einen Mann wieder, der das Darbringen lange schon und ganz außergewöhnlich ausübt. Er ist Schreiner, ungefähr 60 Jahre alt, hat sich entschlossen, ein paar Jahre früher aus dem Beruf zu gehen, und kümmert sich seither um junge Leute, die mit der Ausbildung auf dem üblichen Weg ihre Probleme haben.

Ich muss ans Evangelium denken. Auch dort wird von einem erzählt, der sich nach »Gottes Reich« erkundigt, es wieder und wieder tut und sich darauf vorbereitet wie kein anderer. Und doch: als es darauf ankommt, den entscheidenden Schritt zu tun und sich einzustellen auf Gott, da klammert er und schafft es nicht. Und dann ist da, auch im Evangelium, die ganz andere Geschichte. Die von den drei Königlichen, die dem Stern folgten, irgendwann ankamen auch, sich über alle Maßen wunderten, ihre Hände auftaten und Gold und Weihrauch und Myrrhe ausbreiteten und allmählich, ganz allmählich zu ahnen begannen, dass sie vor einem Kind standen, für das darbringen, sich selbst auch und für andere das Thema seines Lebens sein würde.

»Darbringen. Gold und Weihrauch und Myrrhe. Sich selbst.« Im Gespräch in der kleinen Runde kann sich so manches erschließen. Das geht eine Weile. In einer Zeichenhandlung wird das Spannungsfeld verdeutlicht, in dem sich »Darreichen« vollzieht. Konkret: Zwei nebeneinandersitzende Feiernde nehmen ihren Karton, begeben sich hinter den eigenen Platz bzw. den auf der Gegenseite des Stuhlkreises und rufen sich die »GegenSätze« zu.

Zeichenhandlung

| Sprecher(in) | Ich raffe |
| Sprecher(in) | Ich reiche dar |

Kleine Pause

Ich sacke ein   Sprecher(in)

Ich schütte aus   Sprecher(in)

Kleine Pause

Ich neide   Sprecher(in)

Ich gönne   Sprecher(in)

Kleine Pause

Ich begehre   Sprecher(in)

Ich biete an   Sprecher(in)

Kleine Pause

Ich schließe aus   Sprecher(in)

Ich lade ein   Sprecher(in)

Kleine Pause

Ich horte   Sprecher(in)

Ich teile   Sprecher(in)

Kleine Pause

Ich geize   Sprecher(in)

Ich gebe   Sprecher(in)

Kleine Pause

Ich bringe durch   Sprecher(in)

Ich bringe dar   Sprecher(in)

Zwischenmusik

(Variante B)

Der Gemeinde ist bekannt, dass in der Einkehr des kommenden Sonntagmorgens das Wunder von der Heilung des Taubstummen ausgelegt wird: Evangelium nach Markus 7,31–37. In den Gottesdiensten vorher und in den Gruppen wurden kleine Röllchen verteilt mit dem Text darauf. Dazu der Frage: »Nicht immer wird Jesus Erfolg gehabt haben, doch wenn, dann hatte das Gründe. Welche wohl?«

Mit Jesus unterwegs

(Evangelium nach Markus 7,31–37)

Liturg(in)

Als Jesus den Taubstummen heilte, so Markus im Evangelium, ist er ganz nah herangegangen an diesen Menschen, der nicht hören und nicht sprechen konnte, und hat ihn umarmt. Nicht den Trennungsstrich gezogen zwischen sich und ihm, wie Psychologen das tun oder Medizinmänner, die ihre Gründe dafür haben. Oder ein Seelsorger auch, der »gerade mal eine halbe Stunde Zeit« hat für einen wie ihn. Nein, das alles nicht!

Wie ein Mensch ist er an ihn herangegangen – hat mit dem Finger Speichel aus seinem Mund genommen und die Zunge des Kranken damit gestrichen. Einfach so. Ganz konkret. Erschreckend konkret. Ohne zu zögern.

Speichel, bah! Das geht doch nicht! Das darf doch nicht! Ja, kann das denn überhaupt? Was ist das, mein Gott! Da muss doch einer dazwischentreten! Die Behörde! Das Gesundheitsamt! Worauf wartet ihr noch? Die Hygiene ist in Gefahr!

Und eben das: diese ungeheure Nähe, diese ungespielte Zuneigung löste beim Kranken etwas aus, was er wie noch einmal Leben erfahren haben muss. Längst ja hatte es sich herumgesprochen: wenn einer kommt wie er, dann bewegen sich die Dinge, was eben noch verschlossen war, Augen und Ohren, Herzen und Münder, das öffnet sich da, und die Krankheit eines Menschen wird Gott nicht länger davon abhalten können, dort mit seiner Kraft ganz besonders »mächtig« (Zweiter Brief an die Gemeinde in Korinth 12,9) zu sein – sollen es die, die es besser wissen, doch besser wissen, es wird ihn nicht irritieren!

Das eigentlich war es dann auch schon, was passierte, damals, als Jesus durch die Lande zog. Und mehr brauchte es auch gar nicht. Denn von da an traute sich der Taubstumme, traute sich etwas zu, was er sich sein Leben lang nicht hätte träumen lassen: sie zu nutzen, die Gunst der Stunde, endlich stehen zu lernen zum »göttlichen Funken« (Quäker), den Gott einmal

tief verwahrt hatte, ja, auch in ihm – es also nicht mehr nötig zu haben, an das große Nichts zu glauben und der Hoffnung nur immer quer zu laufen.

Dass ihnen Augen und Ohren, Herzen und Verstand und, ja,
auch ihre Münder aufgegangen sind: ich halte es für ausgesprochen wahrscheinlich! Denn was sie bisher des Redens
und Hörens wert fanden, wird ihnen im Vergleich zu dem,
was sie jetzt zu hören und miteinander zu besprechen hatten,
ausgesprochen seltsam und überflüssig vorgekommen sein.
Wie Stimmengewirr, Geplapper: künstlich und hohl, mit Antworten auf Fragen, die nie welche waren.

Im sich anschließenden Rundgespräch der Gruppen könnte es um die Frage gehen,
was Jesus befähigt, Menschen zu stärken und nachhaltig gesund werden zu lassen. Um die Frage auch, was die Voraussetzung dafür ist, dass Menschen sich
verstehen und Reden nicht zum »Geplapper« wird. Zum Abschluss des Rundge-
sprächs und nach der Musik wird der ursprüngliche Faden noch mal aufgenommen, indem sich vier Mitarbeiter(innen) hinter die Stühle/Bänke begeben und,
leicht gekürzt, einen alten Text von Wilhelm Willms sprechen.

Zwischenmusik

Bekanntmachung

wußten sie schon
auslegung von lukas 8,26ff

wußten sie schon   Sprecher(in)
daß die nähe eines menschen
gesund machen
krank machen
tot und lebendig machen kann
wußten sie schon
daß die nähe eines menschen
gut machen
böse machen
traurig und froh machen kann
wußten sie schon
daß das wegbleiben eines menschen
sterben lassen kann
daß das kommen eines menschen
wieder leben läßt
wußten sie schon
daß die stimme eines menschen

einen anderen aufhorchen läßt
der für alles taub war
[...]

Sprecher(in)
wußten sie schon
daß das zeithaben für einen menschen
mehr ist als geld
mehr als medikamente

Sprecher(in)
unter umständen mehr
als eine geniale operation
wußten sie schon
daß das anhören eines menschen
wunder wirkt
daß das wohlwollen zinsen trägt
[...]

Wilhelm Willms, wußten sie schon

Sprecher(in)
Wie – das alles wussten Sie schon?

Sprecher(in)
Dann sind Sie schon fast am Ziel – und es kommt nur noch darauf an zu begreifen, dass das Wissen um das alles das Eine und das Reden um das alles das Andere – *und beides nichts ist, wenn das Wissen und das Reden nicht zum Tun wird!*

(Variante C)

Der Gemeinde war darüber informiert, dass in der »Einkehr« der folgenden Trinitatissonntage Briefe an Personen »geschrieben« werden, die in der biblischen Auslegungsgeschichte kaum bekannt sind oder stiefmütterlich behandelt werden. Am kommenden Sonntagmorgen werde ein Brief an Martha geschrieben! Am Rande des Stuhlkreises, auf einem alten Tisch, lag er als Rolle vor und konnte durch Eintragungen ergänzt werden.

Sprecher(in)
Lesung
(Evangelium nach Lukas 10,38-42)

Schreiber(in) und
Sprecher(in) 1
Kommt in den Raum, setzt sich an den Tisch, schreibt und liest

Über den Graben der Zeit

Liebe Martha,

einen Brief zu bekommen, von weit her, 2000 Jahre nach deiner Zeit: es wird dich überraschen. Und lustig fanden es nur wenige. Martha: wer ist das denn? Mit Kochlöffel und Schürze sehen sie dich, um es dem Meister ja nur einigermaßen recht zu machen. Denn der ist mal wieder bei dir vorbei gekommen und sitzt mit Maria, deiner Schwester, im Zimmer und redet. Und sie, auch das wie immer, hört zu und kann gar nicht genug kriegen. Und er, der Zimmermannsohn aus Nazareth, den sie Rabbi nennen oder Prophet und wieder andere Messias: der lässt sich nicht aus der Ruhe bringen, tut so, als sei es das Selbstverständlichste der Welt. Doch sag', wann hat es das gegeben, dass ein Rabbi eine Frau zur Zeugin macht und diese sich das auch noch gefallen lässt – eine größere Unverfrorenheit gibt es doch gar nicht!
Anders du! Du bist die ältere Schwester und Herrin des Hauses. Hast eingeladen, und nun muss es stimmen. Du stehst in der Küche, bist ordentlich nervös, weil der berühmte Freund bei Euch vorbei gekommen ist, und willst es gut machen. Klar, willst auch etwas haben von ihm: ein bisschen Abwechslung, ein paar Neuigkeiten, Lob. Aber auf einmal kocht die Suppe und die Sache wird heikel. Du rauschst ins Zimmer, stellst den Meister vehement zur Rede: »Interessiert es dich eigentlich gar nicht, sag', dass meine Schwester mich alles alleine machen lässt?« Er, dem es doch vor allem um die ins Abseits Geratenen geht: müsste der jetzt nicht klar Partei ergreifen und der Schöngeisterei dort, so kurz vor dem Essen, ein Ende bereiten? Und dann das – und das begreife, wer mag: statt Hilfe und Dank nur kühle Zurechtweisung: »Martha, du hast viel Mühe. Auf eines aber kommt es an. Maria hat das bessere Teil gewählt. Und niemand soll es ihr nehmen!«
Diese Abfuhr, Martha, und deine Schürze und deine Traurigkeit: die gehören zusammen! Es ist die Traurigkeit aller Frauen, die sich mühen und sorgen, deren Arbeit zu Hause nie entlohnt und nicht mal gesehen und anerkannt wird. In der christlichen Tradition hast du Schule gemacht. Unter den biblischen Frauen hast du lange Zeit ganz unten rangiert. Deine protestantischen Brüder haben später die Dienstbotenhäuser ihrer Diakonissenanstalten nach dir benannt – und in

ihrer Angst vor Werkgerechtigkeit vor dir gewarnt. »Martha, Martha, weg mit deinem Werk«, zürnt Martin Luther im Streit mit der Papstkirche. Die Frage nur: Von wessen Arbeit wollen die, die so zürnen, dann eigentlich leben!?

Fairer ging die Christenheit mit dir um, wenn sie sich auf ihre sozialen Seiten besann. Für das Praktische warst du immer eine gute Adresse. Wenn die Orden aktuelle gesellschaftliche Nöte entdeckten, Pestkranke zu beerdigen, Asylsuchende zu beherbergen, Laien auszubilden waren, dann warst du gefragt wie sonst nie. Reformklöster baute man in deinem Namen, wo statt Latein die Volkssprache gesprochen, Kleidung in neuem Zuschnitt getragen und alternative Ernährung gepflegt wurde. Nur, warum hat man dich auf »Frau mit Löffel und Schürze« festgelegt? Mit seiner Hausfrauengeschichte im Evangelium hat Lukas dazu mit Sicherheit die Grundlage gelegt. Ich nehme mal an, er kannte dich nicht oder mochte dich nicht besonders. Vielleicht warst du ihm zu stark, zu organisiert, in der frühen Gemeinde zu einflussreich. Es gab ja viele Frauen, deren Talent es war, in unruhigen Zeiten die Dinge beieinander zu halten. Deine Schwester Maria mochte er mehr. Mag sein, er wollte das gar nicht, aber unbewusst tat er's: ein Muster zu liefern, Frauen gegeneinander auszuspielen, indem man aus ihren Unterschieden Gegensätze macht. Spirituell die Eine, weltlich die Andere, Hausfrau diese, berufstätig jene. Die Maler der biblischen Geschichten hatten an solchen Szenen immer schon ein ganz besonderes Interesse. Und dreimal darfst Du raten, wen sie zur »Spielverderberin« erkoren haben!

Kleine Pause

Ihr Platz wird von einer anderen Schreiberin eingenommen.

Schreiber(in) und Sprecher(in) 2	Doch wir wissen mehr von dir, Martha! Im Evangelium erzählt Johannes mit Sympathie und höchster Bewunderung von dir. Nein, in den siebten Himmel gehoben hat er dich nicht. Er hat dich beschrieben, wie du wohl wirklich warst. Auch von Lazarus, deinem Bruder, weiß er – dass er mit euch zusammengelebt hat und irgendwann sterbenskrank geworden ist. Eure Hoffnung hättet ihr auf Jesus, euren Freund, gesetzt – der würde euch helfen und Lazarus wieder gesund machen können. Doch Jesus war weit fort damals, und als er die Todesnachricht bekam, machte er sich auf den Weg. Dir

muss das alles wieder nicht entschlossen genug vorgekommen sein – schicktest noch mal zu ihm mit dringender Botschaft: heiß sei's im Land, und der Leichnam verwese schon. Und als Jesus dann endlich ankam, schien alles zu spät zu sein. Und dann das Wunderbare: Draußen drängen die Totengäste und drinnen zerspringt dir schier das Herz. Und auf einmal beginnst du mit Jesus zu sprechen, kritisch und heftig und voller Vertrauen – entlockst ihm die Worte, die niemals vergingen und wirken bis heute: Auferstehung – nein, das sei nicht irgendwann und irgendwo ... Auferstehung, das sei jetzt und hier ... Er selbst sei's: Auferstehung und Leben ... Und nicht nur das. Du legst ein Bekenntnis ab, eines der ältesten und bedeutendsten überhaupt: »Ich glaube, du bist der Christus, der Sohn Gottes, der in die Welt gekommen ist.« Diese Geschichte ist vergessen worden. Mit Martha ist die Küchenszene, nicht die Auferstehung des Lazarus gemeint. Und doch: Ohne Dich wäre es zwischen Lazarus und Jesus nie zur Begegnung gekommen – und am Ende hätte der Tod triumphiert!

Und noch etwas sollst du wissen: Trotz allem hat es in der Geschichte der Christen Zeiten gegeben, in denen du dich mit Jesus auf Augenhöhe befandest und den Menschen zu einem lebendigen Beispiel geworden bist. Im Mittelalter hattest du berühmte Freunde – Fra Angelico zum Beispiel, den Maler: zusammen mit deiner Schwester wachst du mit Jesus in Gethsemane, während die Jünger schlafen. Nicht ganz ohne – solche Kunst in einem Männerkloster! Und Meister Eckhardt, der Mystiker – deine Klugheit und Reife hat er bewundert: das Bild des Menschen, wie Gott ihn wollte! Und in den Bildern des Lukas Moser trittst du uns entgegen – als Äbtissin eines Klosters, die den müden Lazarus, erschöpft von Bischofspflichten, auf den Knien schlafen lässt. Menschlich und stark, vertrauend und solidarisch haben sie dich in Erinnerung! Und noch etwas später, wenn sie Jesus mit dem magischen Stab malten, mit dem er Lazarus auferweckte, malten sie dich nicht weit davon entfernt! Und irgendwann ging dieser Stab – in deine Hand über, und die Menschen begannen sich Geschichten zu erzählen, wie du damit einen Drachen getötet, Kranke geheilt und Tote auferweckt hast. Was für eine Botschaft in der Welt des Todes und unsäglichen Frauenhasses! Und auch das fällt auf: Anders als Michael und Georg, deine männlichen Kollegen im Drachenkampf, tötest du den Drachen nicht, sondern zähmst ihn und lässt ihn leben. Und anders als sie tust du das alles ganz ohne äußeren Schutz, ganz ohne Schuhe und Rüstung – zeigt, wie man dem Fremden und Bedrohlichen beikommen kann, ohne es erschlagen zu müssen. Wir haben viele Drachen, persönliche und politische – und weil wir uns vor ihnen fürchten, hätten wir sie am liebsten los. Du aber lächelst und sagst, es geht auch anders!

Wie? Vielleicht so, dass wir der Enttäuschung und der Einsamkeit nicht aus dem Weg zu gehen versuchen, sondern sie nehmen, Martha, wie du in der Küche. Und wenn sich alles gegen uns wendet, alle unsere Küchentaten und Heldentaten scheitern und wir noch immer nicht aufhören, auf die Möglichkeiten des Lebens zu setzen wie du beim Tod deines Bruders. Mag sein, Martha, dass du uns Welten voraus bist: von uns getrennt bist du nicht, herzlich nah noch immer!

Elisabeth Moltmann-Wendel

Deine Freundinnen und Freunde aus Mannheim

Die Musikgruppe spielt Improvisationen. Das einsetzende Rundgespräch geht einzelnen Passagen noch einmal nach, fragt nach, regt an, spricht Grundsätzliches an. Das Eine und Andere wird der Briefrolle an Martha hinzugefügt.

Zwischenmusik

Gemeinsames Lied
»Schalom chaverim«
EG 434 (Kanon)

TEIL 4 DEN WEG MITEINANDER GEHEN

Gebet

Liturg(in) Manchmal, Gott, habe ich Angst, mein Leben könnte mir misslingen. So bitte ich dich, im Labyrinth dieser Welt mich meinen Weg finden zu lassen. Mit geliehenen Gedanken kann ich nicht der werden, den du mit mir gemeint hast. Meinen Weg suche ich, auch wenn er sich nur mühsam bahnen lässt und die Bequemlichkeit ausgetretener Pfade zuweilen verlockend ist. Gib mir die Festigkeit, zu dem zu stehen, was ich vor dir als richtig erkannt habe. Gib mir den Mut, mich von Überkommenem zu lösen, wo es nicht mehr trägt, gebaute Zelte wieder abzubrechen, wenn du mich weitergehen heißt, Unbehaustheit zuzulassen, bis neu sich Räume auftun. Ich weiß, Gott, dass ich mich täuschen kann, auch da, wo ich mich von dir geführt fühle. Aber den Irrtum – ich will ihn nicht fürchten, nicht ängstlich stehen bleiben, denn du begleitest und segnest meinen Weg. Das Wagnis ist schön – denn auch über Umwege und Irrwege, so glaub ich, lässt du mich nach Hause finden.

Stilles Gebet

Vater Unser

Schlusssegen

Du Quelle des Ursprungs, der Liebe, des Friedens/
Gott Vater, Gott Sohn, Gott Heilige Kraft des Lebens/Segne uns und lass uns ein Segen sein!

Gemeinsames Lied
»Mögen sich die Wege«
Gemeinsam unterwegs, 158

Die Feiernden erheben sich und geben sich die Hände

Musikalischer Nachklang

2. Halbstundenmeditation

Am Morgen des mündlichen Abiturs

Liturgischer Baukasten

▪ Gelegenheit, Arrangement, Raum

- Unter Schülerinnen und Schülern des Abiturjahrgangs taucht der Wunsch auf, den mündlichen Teil des Abiturs mit einem Morgengruß zu beginnen. Morgenmeditationen sind Bestandteil des Religionsunterrichts.

- Den Morgen des mündlichen Abiturs zu »begrüßen«, war so aber neu, dazu mit besonderen Erfordernissen verbunden. Der Frage zunächst: wo?

- Der »Raum der Stille« könnte sich als zu klein erweisen. Im Freien also? Im Schulgelände? Oder besser noch: drüben im Park, bei der alten Kiefer? Frühmorgens im Juni? Die Sonne würde es (wohl) ermöglichen.

- Eröffnungskonferenz würde um 8.00 Uhr sein. Blieb 7.15 Uhr. Am Tor zum Park. Gemeinsam dann weiter, zum Ort der »Begrüßung«.

- Im vorliegenden Beispiel waren 21 Schülerinnen und Schüler beteiligt. Von 31 Absolventen 21: 12 evangelische, 5 katholische, 4 muslimische und hinduistische Schüler(innen). Dazu: fünf Lehrer(innen).

- Der Platz im Park war reserviert. Papphocker im offenen Kreis. Der alten Kiefer zugewandt. Drumherum: Stauden, Büsche, Bäume. Über allem: die Morgensonne.

▪ Musik, beteiligte Personen

- Ein(e) Liturg(in), ein(e) Sprecher(in), ein(e) Schüler(in) oder Lehrer(in) mit Akkordeon, Klarinette oder Gitarre. Außerdem: CD/Hans-Jürgen Hufeisen/ Quelle der Freude, Stuttgart 2001

Akkordeon

Prolog

Immer nur neu ist anstrengend. Manchmal ist es gut, darauf zu verzichten und das lange schon Bekannte noch einmal zu hören:

Liturg(in)

geburt

ich wurde nicht gefragt
bei meiner zeugung
und die mich zeugten
wurden auch nicht gefragt
bei ihrer zeugung
niemand wurde gefragt
ausser dem Einen

Liturg(in)

und der sagte
ja

ich wurde nicht gefragt
bei meiner geburt
und die mich gebar
wurde auch nicht gefragt
bei ihrer geburt
niemand wurde gefragt
ausser dem Einen

und der sagte
ja

Lesung

Jeremia war ein Prophet. Er hatte es schwer. Von allen uns bekannten Propheten am schwersten vielleicht. Doch ausgerechnet bei ihm, dem höchst Geforderten und in der Wucht der Ereignisse zunehmend Ratlosen, lese ich:

Sprecher(in)

»Gesegnet,
dessen Hoffnung Gott ist.
Wie ein Baum ist der, gepflanzt am Wasser.

Seine Wurzeln strecken sich zum Bach hin aus, und wenn die Hitze kommt,
fürchtet er sich nicht, seine Blätter bleiben grün, und in der Dürre des Jahres
bringt er Frucht ohne Ende.«

(Jeremia 17,7-8)

Meditation

Die Bibel vergleicht den Menschen oft mit einem Baum – nicht nur hier. Aber nicht nur die jüdisch-christliche – viele religiöse Traditionen haben es mit Bäumen zu tun. Mit Götterbäumen, Schicksalsbäumen, Seelenbäumen, der Weltesche, dem Baum der Erkenntnis, dem Baum des Lebens. Seit Urzeiten, so scheint es, wird der Baum vom Menschen als seelenverwandt empfunden. Ich denke an Spaziergänge, Landschaftsfahrten. An der Besonderheit des Baumes, wo er sich abhebt aus seiner Umgebung, an seinem Gesicht, seiner Wucht, seinen Wunden – ich komme daran nicht vorbei. Wenn ich vor ihm stehe, will ich mehr von ihm wissen – ihn umfassen, seine Linien nachzeichnen, seine Geschichte ein Stück weit mit meiner zusammentun. Wurzeln wie er. Mich entfalten wie er. Widerstand leisten wie er. Raum gewinnen wie er. Aufrecht stehen wie er. Mich mit dem Himmel verbinden wie er.
Vor uns, ihr seht, befindet sich ein solcher. Eine Kiefer. Gepflanzt vor gut 30 Jahren. Sie lädt uns ein an diesem besonderen Morgen, ihr Gast zu sein. Für ein paar Momente nur. Aber in denen, so meint sie, habe sie uns etwas mitzuteilen. Kommt etwas näher und schaut und hört!

Sprecher(in)   Gut zwei Minuten Pause

Da stehe ich.
Und sehe dich, Baum.
Deinen Stamm.
Deine Krone.
Deine wie Arme ausgebreiteten Äste.
Deine verwitterten Aststümpfe aber auch: die Zeit hat ihre Spuren hinterlassen.
Und dort das Stück Erde, aus der du nimmst und dich aufbaust von unten nach oben.

Hast deinen Ort.
Deinen Stand.
Tastest nach Nährstoffen, Wasser.
Und das alles, aus den Wurzeln genommen,
Gibst du weiter nach droben und draußen an Triebe und Nadeln.

Blüten sodann und grüne Zapfen.
Und die dann verfärben sich.
Werden braun, werden hart.
Beginnen zu fallen, graben sich ein.
Und aus den Trieben schon bald werden neue Nadeln, neue
Früchte.
Wächst, solange du lebst.
Nur immer weiter dem Himmel entgegen.

Und eines Tages wird es den Ort, an dem du stehst,
nicht mehr geben, und aus dem Baum,
der zu uns spricht, ein Teil dieser Erde geworden sein.

Sekundenpause

Geworden sein?

Sekundenpause

Nein!

Sekundenpause

So!

Sekundenpause

Sich wandeln noch einmal ganz neu!

Einige Sekunden Pause

Wie das ist: mit Gott zu sein? »Wie ein Baum ist der, gepflanzt
an Wasserbächen!« (Psalm 1) Wenn du deinen Weg gehst,
Mensch, so Meister Eckardt einmal, dann meine nicht, zwischen
dir und Gott lägen Welten. Und wenn du es doch meinst, dann
zögere nicht, dir einen Moment lang vorzustellen, Gott habe
allen Grund, dir jetzt, wo du ihn brauchst, ganz nahe zu sein!

Sekundenpause

Dann aber geh und sei getrost!

Zeit lassen. In der Pause wird über den Tonträger Hans-Jürgen Hufeisens »Quelle der Freude« eingespielt. Im letzten Teil der Musik verbinden sich die Töne mit geführten Bewegungen des Körpers und der Arme, die Gestalt des aus der Tiefe sich stärkenden, im Raum sich weitenden und ins Licht sich öffnenden Baumes nachzeichnend.

Kleine Pause

Vertrauenslied
(Psalm 121)

Sprecher(in) Ich hebe meine Augen auf zu den Bergen?
Woher kommt mir Hilfe?

Gruppe Meine Hilfe kommt von Gott.
Himmel und Erde hat er gemacht!

Sprecher(in) Deinen Fuß – er wird ihn nicht gleiten lassen.
Und der dich behütet, schläft nicht.

Gruppe Der Hüter Israels schläft noch schlummert nicht!

Sprecher(in) Gott behütet dich.
Er ist dein Schatten,
Dass dich am Tag die Sonne nicht steche noch der Mond in der Nacht.

Sprecher(in) Gott behütet uns!
Er behütet unsere Seele!
Er behütet unseren Ausgang und Eingang jetzt und alle Zeit!

Segen

Alle fassen bei den Händen

Liturg(in) Euren Weg, den ihr heute geht!
Eure Gedanken,die ihr heute denkt!
Euer Ziel,um das ihr euch müht!

Es segne euch Gott, der Vater, der Sohn, die Kraft des Heiligen Geistes!

Segenszeichen

Geht nun! Tut, was ihr könnt, und tut es getrost!

Während sich die Schüler(innen) so ganz allmählich zur Schule aufmachen, erklingen noch einmal ein paar Takte aus CD/Hans-Jürgen Hufeisens »Quelle der Freude«.

3. Zwei oder drei!

Eucharistische Einkehr am Wochenende

▪ Gelegenheit

- Am Sonntag geht die Gemeinde »auf Reise«. Statt Gottesdienst deshalb nur eine Morgenandacht.

- Am Abend davor wird zur Eucharistischen Einkehr eingeladen. Sie wird (über die Gemeinde hinaus) gerne angenommen.

- Tagesgebete kennt die evangelische Tradition ja kaum mehr. Von Ausnahmen »unterwegs« einmal abgesehen. Warum aber die neue Woche nicht dann erst betreten, wenn ich mich von der vorigen verabschiedet habe? Dann und wann zumindest? Es gibt mit Gott so viel zu »besprechen«, ihm zu danken, ihn zu bitten, sich miteinander neu zusammen zu tun!

▪ Arrangement, Raum, beteiligte Personen, Musik, Sonstiges

- Die Form ist sehr einfach. Ihre Kernstücke: Lied, Gebet, Motivmeditation, Gabenteilung, Fürbitten, Segen.

- Die Feiernden versammeln sich (in der Regel) im Altarraum.

- Manchmal findet sich die eine und andere Familie, die das Brot backt. Manchmal findet sich ein Gast, der die Orgel spielt (oder musikalisch begleitet). Kleinen Überraschungen wird freundlich zugesprochen!

- Beim Gebet und der Austeilung der Gaben helfen ein, zwei, manchmal drei Mitarbeiter(innen).

Orgeltöne

Gruß Liturg(in)

Gnade sei mit euch und Friede von Gott, unserem Vater, und
von dem Herrn Jesus Christus!

Gemeinsames Lied

»Mein schönste Zier«
EG 473

Gebet Liturg(in)

Unser Abendgebet steige auf zu dir, Gott. Und es senke sich
auf uns herab dein Erbarmen. Dein ist der Tag und dein ist
die Nacht. Lass, wenn des Tages Schein vergeht, das Licht
deiner Wahrheit uns leuchten. Geleite uns zur Ruhe der Nacht
und unser Leben zur Vollendung durch Jesus Christus, deinen
Sohn, unseren Bruder.

Amen Gemeinde

Anrede

Der Spruch der Woche soll es sein, mit dem wir aus dieser
Woche gehen und Gott überlassen, was er mit uns getan und
durch uns hat werden lassen. »Kommt her zu mir alle, spricht
Christus: ich will euch erquicken.« (Evangelium nach Matthäus 11,28)
»Erquicken«, »erquickt werden«? Was ist das? Ich habe mich
schon oft gefragt. Das Wort ist alt, und lange schon hätte ich
es gerne durch ein neues ersetzt. Nur: ich habe das richtige
noch nicht gefunden. Am geeignetsten erscheint mir noch
eine kleine Geschichte, auf die ich stieß. Eine chassidische
Legende, wie sie, wie es heißt, Rabbi Mosche Löb seinen
Schülern gerne erzählte. Zwei Bauern saßen in einer Schänke
am gleichen Tisch, tranken einen Schoppen, schauten vor
sich hin und schwiegen. Sie taten es lange und erst, als ihnen
der Wein das Herz und die Zunge bewegte, wandte sich der
eine von ihnen an seinen Nachbarn, sprach ihn an und fragte:
»Liebst du mich eigentlich oder liebst du mich nicht?« Der

darauf, ziemlich überrascht: »Wie kannst du das fragen? Natürlich lieb ich dich. Wie lange kennen wir uns schon? Da zweifelst du?« Darauf der Erste: »Du sagst, du liebst mich, weißt aber nicht, was mir fehlt! Würdest du mich lieben, wüsstest du es, würdest dich zumindest danach erkundigen!« Dem Anderen fiel es schwer, das Gespräch fortzusetzen. Und auch der Erste zog sich ins Schweigen zurück. Dort aber begannen sich ihre Gedanken zu regen. Liebe, so beide für sich: das ist wohl doch nichts fürs Gewöhnliche!

Zwei oder drei. Das ist nicht viel. Bestimmt nicht, wenn der eine blind, der andere taub und der Dritte lahm ist. Zwei oder drei: das ist aber unendlich mehr als einer allein. Bestimmt, wenn der Eine blind, der Andere taub und der Dritte lahm ist. Denn der Blinde wird für den Tauben das Ohr. Und der Taube wird für den Blinden das Auge. Und beide zusammen tragen sie den Lahmen. Und so kommen sie an, wo es für den Einzelnen ganz und gar ausgeschlossen wäre. »Zwei oder drei in meinem Namen«. Das ist Hoffnung, so Jesus einmal im Evangelium. Was zu Ende erscheint, ist zu Ende da gerade nicht, sondern anfänglich wie am ersten Tag. Wo Menschen einander begegnen, sich erschließen, einander Anteil geben, an ihrer Stärke, ihrer Freude, o ja, an der wohl zuerst. Dann aber auch so, an ihrer Schwäche, ihrer Ratlosigkeit, ihrer Hilflosigkeit, ihrem Versagen, ihrer Schuld: dann ist da Hoffnung und die Verheißung lebt. Dann setzt sich da Leben zusammen, Stück für Stück und Teilchen für Teilchen. Und dort, überall dort, ist dann auch Gott nicht weit, der seine Freude daran hat und dem das aus dem Herzen fließt. »Gut« soll es werden mit dem Leben, so früh schon sein Entwurf. Und dort, überall dort, setzt er sich durch und kommt an sein Ziel, hört das Finstere auf dort, finster zu sein, wird das Wasser zu Wein und Steine zu Brot und Menschen müssen einander Feind' dort nicht für immer sein, sondern können und wollen (was hindert dich, es auszuprobieren) zu Freunden werden.

Und wenn wir nun gleich den Tisch decken und das Abendmahl feiern, dann lasst ihn ankommen, diesen »neuen, erquickenden, befreienden Geist«. Den Geist des Anfangs, des Lichts, der Liebe. Im Brot, das wir teilen. Im Kelch, aus dem wir trinken. Lange Wege ist er gegangen, Zeichen gegeben, als Zeichen aller Zeichen am Ende sich selbst. Nichts mehr soll uns fern halten. Nicht mehr von Gott. Nichts mehr von uns selbst. Nichts mehr voneinander. »Also hat Gott die Welt geliebt!« Solches zu schmecken, zu sehen, am Ende der alten, zu Beginn der neuen Woche: wünsche ich uns!

Musikalisches Zwischenspiel

Liturgische Helfer(innen) bereiten im Altarraum den Tisch der Eucharistie. Selbst gebackenes Brot, Wein in Kanne und Krügen. Sommerblumen. Dreifaltigkeitsikone.

Gemeinsames Lied
»Kleines Senfkorn Hoffnung«
Menschenskinderlieder I, 90

Präfation

Liturg(in)

»Sanctus«
Gemeinsam unterwegs, 60

Gemeinde

Einsetzung

Liturg(in)

Friedenszeichen

Gabenteilung

Während der Gabenteilung spielt die Orgel Choralvariationen. Nach der Gaben-teilung bleibt die Gemeinde im großen Kreis um den Tisch stehen.

Dank

Liturg(in)

Brot und Wein, Gott. Tief in uns eingegangen bist du, hast deine Liebe uns neu zu schmecken und zu sehen gegeben: Dank dafür! Dass es das gibt, Gott: einen, der die Dinge dieses Lebens nicht nach Profit und Prozenten bemisst, Dank auch dafür! Wie gut, die Hoffnung der Welt nicht selbst sein zu müssen, sondern sie miteinander und mit dir sein zu dürfen, Dank für deine Treue! Was für eine Auszeichnung auch, ausgerechnet uns, die so wenig Verlässlichen für berufen zu halten, die »Mühseligen und Beladenen« mit deiner Liebe bekannt zu machen! Wir wollen es versuchen, doch bitten wir dich: bleib uns nah und lenk unseren Gang! Was gelang in dieser Woche, dafür danken wir dir! Was uns nur halb oder gar nicht gelang, womit wir anderen weh getan, an ihnen schuldig geworden sind, auch das bringen wir vor dich und bitten dich: erbarm dich, Gott, und lass uns nicht!

Stille

Gemeinde	**Vater Unser**
Liturg(in)	**Segen**

Gott stärke, was in euch wachsen will. Gott schütze, was euch lebendig macht. Gott bewahre, was ihr freigebt. Gott behüte, was ihr weitertragt. So segne euch Gott, der Vater, der Sohn, die heilige Kraft des Geistes.

Gemeinsames Lied

»Ausgang und Eingang«
EG 175 (Kanon)

Musikalischer Nachklang

4. Gast für ein paar Augenblicke
Sommernacht mit der Gemeinde

Liturgischer Baukasten

Gelegenheit

- Wenn Gemeinden Sommerfest feiern, ergibt sich für sie die besondere Chance, mit neuen Gesichtern bekannt zu werden. Für die Neuen, umgekehrt, auch. Vorausgesetzt: man hat die Sensoren gerichtet und findet sich.

- Im beschriebenen Beispiel handelt es sich um eine Gemeinde, in der sich der Wechsel derer, die gehen, und derer, die kommen, in ganz besonderer Weise vollzieht. 25 % der Mitglieder wohnen »mit zweitem Wohnsitz«. In der katholischen Nachbargemeinde nicht anders. In der Mehrzahl: junge Leute, am Ort für ein Jahr, höchstens zwei. Mit Kirche nicht allzu viel am Hut, an den Wochenenden oft gar nicht zu Hause, zugereist viele, aus Regionen außerhalb Deutschlands. Nachbarschaftlich interessiert? Allemal. Der gemeindliche Kindergarten ist da ein Grund unter anderen!

- Wie kann es gelingen, in einer sich verdichtenden Kultur des »Jeder und Jede für sich« die Schwellen tiefer zu setzen und den Kokon des »Berühr mich nicht« zu sprengen? Es mit dem Angebot der traditionellen Gruppen und Kreise eben nicht genug sein zu lassen? Seine Handlungsmotive aus kreativeren Quellen zu beziehen als eingeschriebene Kleingärtnervereinigungen, Tennisclubs oder Orgelbauvereine? Christliche Gemeinde weiß, dass ihr die Haushalterschaft über ein unschätzbares Kapital anvertraut wurde: von der Liebe Gottes und der Schönheit des Lebens zu erzählen, in Gedanken, Worten und Werken?

- Wenn die Gemeinde zum Sommerfest einlädt, liegen ihr die, die sie noch nicht kennt, ganz besonders am Herzen. Man kann es nicht »machen«, aber doch sich bemühen, traditionellen Reflexen nicht immer wieder zu erliegen!

Arrangement, Raum, Musik, beteiligte Personen

- Die Gemeinde feiert ihr Fest »mit Kind und Kegel«. Den ganzen Samstag. Bis spät in die Nacht. Mit Flohmarkt, Kinderfest, Open-Air-Theater, Jazz, Buffet, differenziertem Programm. Zum fortgeschrittenen Abend: Feierabendmahl und Ausklang unterm Sternenhimmel.

- Das Feierabendmahl findet in der geschmückten Kirche statt. Seitlich des Altarraums, links und rechts: zwei frische Birken. Auf dem Altar: Kerzen und leuchtende Sonnenblumen.

- Im Altarraum links: wenige Hocker. Etwas im Hintergrund: ein alter Bauerntisch. Unmittelbar daneben: eine alte Holzkiste mit eisernem Schloss.

- Im Altarraum rechts: eine gespannte Wand aus weißem Tuch (2,50 x 2,00 m). Dahinter, in etwa 40 cm Höhe: eine Bühne. Die Spielfläche ist noch dunkel.

- Das Instrumentalensemble der ökumenischen »GottesdienstWerkstatt« begrüßt die Ankommenden mit Melodien der im »Feierabendmahl« gesungenen Lieder.

- Auf der Leinwand, links im Hintergrund, wechseln sich vier Bilder in Dauerfolge ab: a) Blühende Frühsommerwiese, b) Sternenhimmel, c) Michelangelos »Erschaffung des Menschen«, d) Leonardo da Vincis »Abendmahl«.

- Irgendwann bleibt die Sequenz bei der »Frühsommerwiese« stehen und die Instrumente spielen in die Melodie des alten Liedes ein: »Großer Gott, wir loben dich«.

- Liturgisch beteiligt: der (die) LiturgIn, ein(e) Pantomime (Pantomimin), drei Gebets- und Psalm-Sprecher(innen), drei Erzähler(innen), fünf mal zwei Darsteller(innen), eine kleine Chorgruppe, sechs Abendmahls-Helfer(innen)

Sonstiges

- Den Ankommenden wird ein Gottesdienstflyer ausgehändigt, dem sie die Lieder, den einen und anderen Text und weitere Hinweise entnehmen.

Feierabendmahl

TEIL 1 SICH EINFINDEN

Gemeinsames Lied

»Großer Gott, wir loben dich«
EG 331, 1-3

Begrüßung und Einstimmung

Schön, dass Sie da sind. Noch ist es nicht dunkel draußen. Und
so richtig dunkel wird es heute auch gar nicht werden. Denn
heute ist »Johannis«: Mitte des Jahres. Und die vom Licht. Zur
Erinnerung daran werden wir im Garten gleich nachher das
Feuer entfachen: jahrhundertealter Brauch. Licht ist Leben. Nie
nur Licht, immer auch Schatten. Frage nur: Sehe ich's? Will ich
es sehen, kann ich es sehen?

Liturg(in)

In diesem Augenblick wird Paul Klee's »Angelus Novus« auf die Leinwand projiziert.
Ein paar Sekunden Zeit, um mit dem Bild vertraut zu werden.

Es gibt ein Bild von Paul Klee. »Angelus Novus«. Ein Engel, der
weg will und es doch nicht kann. Steht da mit aufgerissenen
Augen, offenem Mund, weit ausgespannten Flügeln. Wie ge-
bannt. Der Engel des Lebens. Sein Gesicht ist der Vergangenheit
zugewendet. Trümmer, Katastrophe. Er will stehen bleiben, ein-
greifen, die Bruchstücke zusammenfügen, sie wecken – die Toten.
Doch in seinen Flügeln hat sich der Wind verfangen: so stark,
dass er sie nicht mehr schließen kann. Und so treibt er in eine
Zukunft, der er den Rücken kehrt – während sich vor ihm die
Vergangenheit zu einer unüberwindbaren Wand türmt. Wo
komme ich her? Wo gehe ich hin? Und – wer geht mit?

Meditation
(Psalm 121)

An mich glauben,
wenn ich mir fremd bin?
An mich glauben,
wenn ich von meinen Schatten überholt werde,
die Angst mich überkommt?
Dann an mich glauben?
Vielleicht ja war das einmal.

Sprecher(in) 1

Ich will es nicht für ausgeschlossen halten.
Aber wenn das alles nur einmal war und an seine Stelle das Misstrauen getreten ist
und der Zweifel wie mit einer Sense um sich schlägt,
dann an mich glauben?

Sprecher(in) 2   Ich hebe meine Augen auf zu den Bergen/
Woher kommt mir Hilfe?

Meine Hilfe kommt vom Herrn/
der Himmel und Erde gemacht hat!

Er wird deinen Fuß nicht gleiten lassen/
und der dich behütet, schläft nicht!

Wie ein Schatten ist er über deiner rechten Hand/
dass dich des Tags die Sonne nicht steche noch der Mond des Nachts!

Gott behütet dich vor allem Übel/
Er behütet deine Seele!

Er behütet deinen Ausgang und Eingang/
Von nun an bis in Ewigkeit!

Kleine Pause

Sprecher(in) 1   Meine Hilfe vom Herrn?
Der Himmel und Erde gemacht hat?
Meinen Fuß nicht gleiten lässt?
Meine Seele behütet?
Vor allem Übel?

Kleine Pause

Sprecher(in) 2   Vor mir selbst?

Kleine Pause

Sprecher(in) 1   Wer bist du, Gott?
Was willst du von mir?
Wo finde ich dich?
Ich würd gern mehr von dir wissen!

Mehr von mir selbst!

Die Instrumentalgruppe spielt die Melodie des Liedes »Jeder knüpft am eignen Netz« ein. Sehr leise. Einmal, zweimal. Erst ohne Text, dann mit. In Einzelstimme, dann pantomimisch verstärkt. Alles sehr ruhig.

Liedmeditation

(1)
»Jeder knüpft am eignen Netz/
Wer denkt da an Frieden, wer denkt an Schalom?«

(2)
»Jeder fängt ins eigne Netz/
Wer denkt da an Frieden, wer denkt an Schalom?«

(3)
»Einer hängt im fremden Netz/
Er denkt an den Frieden, er denkt an Schalom.«

(4)
»Wir knüpfen ein neues Netz/
Wir beginnen Frieden, wir bringen Schalom.«

Menschenskinderlieder I, 85

TEIL 2 UND GOTT MITTENDRIN

Biblisches Schattenspiel

(Evangelium nach Matthäus 25,31-46)

Die Spielfläche hinter der Leinwand wird hell angestrahlt. Die Darsteller(innen) nehmen ihre Plätze hinter dem Altar ein. Der Leinwand gegenüber stehen der (die) Sprecher(in).

Ich will euch erzählen/   Sprecher(in) 1
eine Geschichte/wie sie Jesus seinen Freunden erzählte/
als sie wissen wollten/
wie es denn sei/wenn er käme.
Stellt euch vor/

begann er/da werden sich die Menschen/
eines Tages zur großen Runde versammeln/
und von seinem Platz aus/
wird der Menschensohn einen Jeden/eine Jede/
sehr genau anschauen/
und sagen:

Sprecher(in) 2   Ich bin hungrig gewesen, ich bin durstig gewesen/
ich bin fremd gewesen, ich bin nackt gewesen/
ich bin krank gewesen, ich bin gefangen gewesen/
was hast du getan?

Und aufgeregt/
werden sie fragen:

Hungrig?

Zwei Darsteller(innen) spielen die Szene hinter der Leinwand. Gut 15 Sekunden.

Durstig?

Zwei Darsteller(innen) spielen Szene 2

Fremd?

Zwei Darsteller(innen) spielen Szene 3

Nackt?

Zwei Darsteller(innen) spielen Szene 4

Krank?

Zwei Darsteller(innen) spielen Szene 5

Gefangen?

Zwei Darsteller(innen) spielen Szene 6. Die Szene bleibt eine Weile stehen.

Sprecher(in) 1   Wann haben wir dich/
gefangen, krank, nackt/
fremd, durstig, hungrig gesehen!?/
Sag es uns, Menschensohn/
Wir wissen es nicht!

Und der Menschensohn wird ihnen antworten/
Wie, ihr wisst es nicht?/
Was ihr getan habt einem meiner Geringsten, das habt ihr mir getan!
Und was ihr ihm verweigert habt, das habt ihr auch mir verweigert und verweigert es alle Tage!

Sprecher(in) 2

Die letzte Bildszene bricht ab.
Die Darsteller(innen) kommen in den Altarraum, stellen sich dort in Zweier-Zuordnungen noch einmal auf.

Vom Urteil getroffen/
standen sie da, lange noch/
Bis heute!

Sprecher(in) 1

Sprecher(innen) gehen nach einigen Sekunden ab

Gemeinsames Lied

»Selig seid ihr, wenn ihr einfach lebt«
EG 667 (Badischer Anhang)

Kyrie-Meditation

Nicht danach werden wir gefragt, ob wir uns groß oder nicht ganz so groß oder eher bescheiden und als völlig bedeutungslos einschätzen. Auch danach nicht, was andere von uns halten. Und auch darauf kommt es nicht an, ob wir Christen sind und uns im Bekenntnis wie in unserer Jackentasche auskennen. Einzig darum wird es gehen und geht es, ob wir gesehen und entsprechend gehandelt haben. »Was ihr getan habt einem meiner geringsten Brüder und Schwestern, das habt ihr mir getan«. Oder anders: »Was sucht ihr den Lebendigen bei den Toten. Sucht ihn im Leben – in denen, die euch brauchen!«

Liturg(in)

Kyrie a

Chorgruppe singt, begleitet von den Instrumenten

»Kehret um, kehret um und ihr werdet leben!«
EG 650 (Badischer Anhang)

Die Liebe geht an die Wurzeln. An der Oberfläche bleiben mag sie nicht. Das ist ihr Ziel: ihn zu begreifen, den Zusammenhang zwischen der Not des Einzelnen und den Bedin-

Liturg(in)

gungen, die herrschen. Nur so würde Not sich wenden lassen. Jesu Gleichnis vom Weltgericht waren politische Zeilen. Von Anfang an. Die ersten Christengemeinden verstanden das. Die römischen Amphitheater aufzusuchen, mieden sie. Denn dort wurden Menschen misshandelt: zur Belustigung der Massen und Zementierung der kaiserlichen Macht. Und wenn es heute die einen waren, die daran glauben mussten, so konnten es schon morgen ganz andere und übermorgen sie selber sein. Viel war es nicht, was sie tun konnten, aber das Wenige sollte es sein. Liebe, so wussten sie, ist mit Konflikten behaftet. Nicht weit von ihr entfernt – das Kreuz!

Kyrie b

Chorgruppe singt, begleitet von den Instrumenten

»Kehret um«

Liturg(in) Gott da oben und ich da unten. Besorgte Kirchenchristen haben beim Gleichnis vom Weltgericht oft große Sorgen: Gottes Majestät könnte Schaden erleiden, seine Herrlichkeit an Glaubwürdigkeit verlieren. Ganz unbegründet, so zeigt sich, waren die Sorgen schon zu Jesu Lebzeiten nicht: Darin erweist sich Gott als Gott, so die Erwartung seiner frommen GesprächspartnerInnen, dass eine Differenz ist zwischen dem, was »im Himmel«, und dem, was »auf Erden« ist. Doch Jesus widerspricht: Gott will keine Gräben. Nicht den zwischen sich und den Menschen, nicht den zwischen Himmel und Erde, nicht den zwischen oben und unten, innen und außen, groß oder klein. Das ist Gottes Interesse, zusammen zu sein mit denen, die ihr liebt und es so zu tun, dass zwischen dem, der gibt, und dem, der nimmt, nicht mehr wirklich zu unterscheiden ist und im Wunder des Teilens und der Nähe das Wunder des Lebens, Gott selbst sich zu erkennen gibt.

Kyrie c

Chorgruppe singt, begleitet von den Instrumenten

»Kehret um«

Mahlvorbereitung

Wenn Christen den Tisch bereiten, dann tun sie es in Erinnerung an den, den sie den Christus nennen. Jesus von Nazareth. Nicht zu richten: zu heilen und aufzurichten sei er gekommen. Die Würde des einfachen Lebens, die Schönheit unbezwingbarer Hoffnung: an nichts war ihm mehr gelegen. Seine Freiheit: nicht einzugrenzen, geradezu ansteckend. Blinden gingen die Augen auf. Gedemütigte begannen, Gott ihren Vater zu nennen. Keiner sollte umsonst gelebt haben, keiner vergebens gerufen, keiner einfach verschwunden sein. Noch der Letzte sollte heimkehren als Sohn. Jesus Christus? Mensch für andere. Mensch wie Brot. Unwiderstehlich.

Liturg(in)

Hymnus
»Unser Leben sei ein Fest«
Menschenskinderlieder I, 33

Die Instrumente spielen die Melodie an. Während des Liedes wird der Tisch in die Mitte des Altarraumes gerückt und festlich geschmückt (Tischtuch, Tonkrüge, Kanne, Kerzenleuchter, Öllämpchen, Schriftrolle, Ikone). Zum Schluss werden selbst gebackene Fladenbrote aufgetragen, die beiden Krüge mit Wein gefüllt und der Tisch mit Wiesenblumen geschmückt. Es wird ein Fest gefeiert!

Einsetzung

In der Nacht vor seinem Tod war Jesus mit seinen Jüngern zusammen. Sie feierten Passah: das Fest der Befreiung. Jesus spürte sein Ende. Seine Freunde wollten davon nichts wissen. Manche ärgerten sich, andere überkam Angst und Traurigkeit. Da nahm Jesus das *Brot*, dankte dafür, brach es in Stücke und sprach: Mein Leben, Freunde, ist wie dieses Brot. Es wird in Stücke zerbrochen. Doch seine Kraft wird bleiben. Ihr werdet mein Leib sein! Danach nahm er den *Kelch* mit dem Wein, dankte dafür, gab ihn und sprach: Auch davon nehmt. Der Wein ist das Zeichen des neuen Bundes, Nichts soll uns trennen voneinander. Und auch nicht euch. Denkt daran und lebt!

Liturg(in)

Anamnese

Im Gedenken an ihn, Gott,
der im Getöse dieser Welt deine Stimme war,

ihr gut war, für sie eintrat, mit seinem ganzen Leben bis zuletzt,
wollen wir uns als deine Zeuginnen und Zeugen erweisen:
verlässlich, mutig, auf der Suche nach Leben!

Vater Unser

Friedenszeichen

Liturg(in) Frieden, Schalom! Schaut um euch, geht Schritte, gebt Zeichen!
Zögert nicht, fangt an! Mit einem kleinen ersten Schritt – einer
Geste – einem Blick – einem Wort!

Gabenteilung am Tisch

In Gruppen zwischen 15-20 Personen versammeln sich die Feiernden am Großen
Tisch im Altarraum und teilen Brot und Wein. Die Instrumente spielen die Melodie
des Liedes »Wenn das Brot, das wir teilen, als Rose blüht« (Gemeinsam unterwegs,
135) ein. Die Feiernden nehmen die Melodie auf, singen (mit Pausen).

Brot/
Wunder aus Erde, Wasser und Sonne/
Leben auf der Zunge/
Brot des Lebens/
Energie und Widerstandskraft/
Wenn wir es teilen, werden Menschen zu Schwestern und
Brüder.

Wein/
Wunder aus Sonne, Wasser und Erde/
Licht auf der Zunge/
Feuer in Geist und Sinn/
Künder der Freude/
Wenn wir ihn teilen, werden Menschen zu Schwestern und
Brüder.

TEIL 4 GIB DER HOFFNUNG EIN GESICHT

Fürbitten

Dieses Gebet korrespondiert mit dem Schattenspiel und der Kyrie-Meditation.

Gott, ich will das nicht, dass meine Taten meine Gebete Lügen strafen! So lass nicht zu, dass ich so tue, als gingen sie mich nichts an, die Menschen, die fremd sind in dieser Stadt, im Stadtteil, im gleichen Haus oder ein paar Straßen weiter. Gib mir zu begreifen, dass es gut ist zu wissen, gut ist für das Leben: neu sein, das Gewohnte hinter mir lassen, mich auf andere verlassen, doch, das geht, ich kann das, kann es mir leisten, mich mit anderen zusammenzutun – in der Hoffnung und dem festen Willen, was nötig ist und gut tut, gebend und nehmend miteinander zu schaffen!

Sprecher(in)

»Mach mich wahrhaftig, Gott!«

Alle

Gott, ich vergesse so schnell. Erinnere mich an Menschen, die ihre Wurzeln nicht freiwillig aufgegeben haben, sondern ihre Heimat verlassen, emigrieren und fliehen mussten. An diejenigen auch, die Fremde durch uns geworden sind und täglich werden: ins Abseits geraten durch Dummheit, Unzugänglichkeit und eine Moral, die immer nur am Gleichen interessiert ist – am eigenen kleinen Ich und daran, dass sich daran nichts ändert!

Sprecher(in)

»Mach mich wahrhaftig, Gott!«

Alle

An die Gefangenen, die Verschwundenen, Gott, erinnere mich! An die Gejagten und Geschundenen in dieser Welt! An die politisch Verfolgten, religiös Diffamierten, weltanschaulich, künstlerisch Geächteten!

Sprecher(in)

»Mach mich wahrhaftig, Gott!«

Alle

An die, Gott, erinnere mich, deren Kinder Hungers sterben! Keiner kennt ihre Zahl. Will sie kennen. An die auch erinnere mich, nicht weniger sie, die in ihrem Leben nur immer Gewalt und Krieg erlebt haben und sich Frieden gar nicht vorstellen können!

Sprecher(in)

»Mach mich wahrhaftig, Gott!«

Alle

Sprecher(in)	An die Völker, Gott, erinnere mich, die den Interessen fremder Mächte ausgeliefert sind und sich dagegen nicht wehren können! Lass' nicht ab davon, bekannt zu machen überall auf deiner Welt, dass du es bist, der uns im Anderen begegnet und spricht: »Wie du's deinen Schwestern und Brüder tust, so tust du's mir«
Alle	»Mach mich wahrhaftig, Gott!«

Die Instrumente warten eine Weile und spielen dann in die Melodie des nächsten (noch nicht so bekannten) Liedes ein. Die Feiernden nehmen auf:

Gemeinsames Lied
»Gib der Hoffnung ein Gesicht«
tvd-Verlag Düsseldorf 1991

1) Gib der Hoffnung ein Gesicht. Geh in Frieden, geh in Frieden. Fürchte dich nicht. Gib der Hoffnung ein Gesicht. In das Dunkel, in das Dunkel trag ein Licht.

2) In das Dunkel trag ein Licht. Geh in Frieden, geh in Frieden. In das Dunkel trag ein Licht. Bring den Menschen, bring den Menschen Zuversicht.

3) Bring den Menschen Zuversicht. Geh in Frieden, geh in Frieden. Fürchte dich nicht. Bring den Menschen Zuversicht. Gottes Liebe, Gottes Liebe werde Licht.

4) Gottes Liebe werde Licht. Geh in Frieden, geh in Frieden. Fürchte dich nicht. Gottes Liebe werde Licht. Gib der Hoffnung, gib der Hoffnung ein Gesicht.

Hans-Jürgen Netz

Segen

Liturg(in)	Gott umhülle euch / dass euch Luft zum Atmen bleibt/dass euch Feuer zum Wärmen bleibt / dass euch Wasser zum Trinken bleibt / dass euch die Erde zum Leben bleibt!

Segenszeichen
Es segne euch Gott, der Vater, der Sohn und die Heilige Kraft des Geistes!

Die Instrumente begleiten nach draußen. Dort findet das Fest unterm Sternenhimmel seinen Fortgang und irgendwann auch sein Ende.

5. Der dort!

Gottesdienst an Johannis

Gelegenheit

- Die Sonne hat ihren höchsten Stand erreicht. Kraftvoller geht es nicht. Und doch der ausgestreckte Finger des Täufers. Was wird? Was, wenn die Kraft nicht ausreicht, abnimmt, dich ganz verlässt? Oder die weitere Entwicklung blockiert, verhindert. Der Täufer ahnt davon, gibt Hinweis: »Einer wird nach mir kommen, gegen dessen Leuchten ist meines nicht mehr als ein Flackern!«

- Längst hat sich auch in evangelischen Gemeinden eingebürgert, den »Tag des Johannes« im Kalender nicht einfach zur Kenntnis zu nehmen, sondern Formen zu (er)finden, ihn zu feiern. Nicht immer an »Johanni« selbst, doch am Sonntag danach.

- Manchmal in einer Vesper. Manchmal im Freien (Kirchgarten, Flusswiese, Waldrand), verbunden mit einem (ökumenischen) Gemeindepicknick und dem Entzünden des »Johannisfeuers«.

- In manchen Regionen verbinden Gemeinden den Gang zu den Gräbern mit einer »Johannisfeier« auf dem Friedhof.

Arrangement, Raum, Musik, beteiligte Personen

- Im vorliegenden Beispiel feiert die Gemeinde am Vormittag in der Kirche.

- Die Orgel spielt.

- Neben dem (der) LiturgIn sind in der Liturgie zwei Sprecher(innen) und der (die) Küster(in) beteiligt.

Sonstiges

- Wie sich der Tag des Johannes mit Kindern des Kindergartens, der Kinderkirche, im Kern auch mit Konfirmandinnen und Konfirmanden, »begehen« und/oder feiern lässt, wird im Folgeabschnitt gezeigt.

TEIL 1 ANKOMMEN

Musik

Prolog

Sprecher(in) Aber ich weiß

War ich ein Falter
vor meiner Geburt
ein Baum oder ein Stern

Ich habe es vergessen

Aber ich weiß
daß ich war
und sein werde

Augenblicke
aus Ewigkeit

Rose Ausländer

Gemeinsames Lied
»Gott ist gegenwärtig«
EG 165, 1.2.6

Gruß und Votum

Liturg(in) Gnade sei mit euch und Friede von Gott, unserem Vater, und
von dem Herrn Jesus Christus. Herzlich gegrüßt, liebe Gemeinde. Dieser Sonntag, der vierte in der langen Reihe der
Trinitatissonntage, ist ein besonderer. Denn heute ist »Johannis«. Tag der Geburt Johannes des Täufers. Was war das für
einer? Warum seinen Geburtstag feiern? Was sagt der uns
noch? Lasst uns sehen. Und mit dem Gottesdienst beginnen.
Wir feiern ihn im Namen der dreieinigen Gottheit, die Leben
schafft, Leben ist, Leben verwandelt.

Hymnus

(Psalm 1 im Wechsel)

Kyrie und Gloria

Gott, es ist wahr/Ich habe in dieser Woche gelebt von dem, was ich hatte und habe von dir/Von all der Fülle, die ich sammelte/Vom Licht des Tages, den Träumen der Nacht/Von den Worten, die ich hörte, und in denen ich sprach/Von der Kraft, die mir zufloss, und der, die ich gab/Von der Arbeit, den Gängen und Gedanken so vieler, die mit mir und um mich waren, so vieler auch vor mir/Von allem Angefangenem, Unfertigen, Schmerzlichen auch/Für alles das, das Große und Kleine, Brunnen der Freundlichkeit, danke ich dir/ Und wenn ich, wie ich es gerne tue, den Dingen davonlaufe, dann hol mich zurück/Dem Leben zuliebe, das Klarheit braucht!

Liturg(in)

»Kyrie eleison«
EG 178, 9

Gemeinde

»Fürchte dich nicht! Ich bin mit dir, weiche nicht, denn ich bin dein Gott! Ich stärke dich, ich helfe dir auch, ich halte dich durch die rechte Hand meiner Gerechtigkeit!« (Jesaia 41,10)

Liturg(in)

»Ehre sei Gott in der Höhe!«

Gemeinde

Gemeinsames Lied
»Nun lob, mein Seel, den Herren«
EG 289, 1

Kollekte

Geh nicht vorbei am Heckenrosenzaun, dem zärtlichen Gruß des Schöpfers an dich, sein Geschöpf/hineingesät in die Tage der Trübsal!/Geh nicht vorbei am Heckenrosenzaun, ohne inne zu halten, einen Atemzug lang!/Du, liebender Gott, gedenkst meiner!

Liturg(in)

Amen

TEIL 2 JAHRESZEIT, GOTTESZEIT

Lesung

Sprecher(in)   Erstes Buch Mose 12,1-4a

Gemeinde   »Halleluja, Halleluja«

Credo

Gemeinde   Die an dich glauben,
gehen durch Wüsten,
finden das Manna, das Wasser im Felsen.
Die an dich glauben,
gehen durch Meere,
trockenen Fußes durch reißende Flüsse.

Die an dich glauben,
gehen durch Flammen,
lebendige Lichter, erkennbar von Weitem.

Die an dich glauben,
gehen durchs Dunkel,
auch durch den Tod und doch nur ins Leben.
Ich glaube an Gott/den Vater/den Sohn/die Kraft des Heiligen
Geistes!

Musik

Gemeinsames Lied
»Wach auf, du Geist der ersten Zeugen«
EG 241, 1.2.8

Predigt

(Evangelium nach Matthäus 3,1-12)

Liturg(in)   Sage keiner, die Trinitatiszeit sei die Zeit ohne Feste! Manchmal ja hört man so, von veritablen Gottesdienstlehrerinnen
und Gottesdienstlehrern. Aber es stimmt nicht, hat auch noch
nie gestimmt. Es gibt Tage, die lebendige Belege dafür sind.
Der Sonntag heute: Tag der Geburt des Johannes des Täufers.
Festgelegt so im fünften Jahrhundert, hundert Jahre, nachdem
man zum ersten Mal Weihnachten feierte. Hochangesehen war
Johannes nicht nur, weil er Jesus taufte, mit ihm wohl auch

einige Zeit befreundet war, sondern als Schutzpatron auch von Dörfern und Städten, gefragt aber auch (bitte fragen Sie mich nicht warum) als Helfer bei Halserkrankungen.

Johannes der Täufer. Kein Mensch der Stadt. Keiner der Konventionen. In der Wüste war er zu Hause. Als Eremit oder in einer Mönchsgemeinschaft mit strengen Regeln. Danach wohl siedelte er ins Steppengebiet, am südlichen Jordan. An seinem Äußeren war ihm nicht viel gelegen. Struppige Haare, struppiger Bart, Kamelhaargewand, Ziegenhautgürtel. Seine Nahrung? Heuschrecken und wilder Honig. »Seltsamer Kauz!«, so manche. »Gefährlich«, so andere. Die Leute strömten, wenn er predigte. Die Zeit sei gekommen! Für die meisten würde es ein Ende mit Schrecken sein! Nur wenige würden dem Gericht entkommen! Kehrt um denn und lasst euch taufen! Ein »brennendes, durchdringendes Licht!«, so die Überlieferung. Ein Feuerkopf, dem es um die Wahrheit ging. Auf die Gassen müsse die, auf die Plätze und Märkte, dürfe sich nicht hinter Mauern verstecken! Umso mehr, wenn es sich um Angelegenheiten der Großen und Mächtigen handele, des Königs, der Privilegierten, der Tempelherren! Das Halbe, das Ungefähre, er mochte es nicht! Es so nicht gesagt oder es doch ganz anders gemeint zu haben, das gelte nicht bei Gott! Nein, Freunde würde er sich so keine machen, er wusste es. Und eines Tages könne es für ihn höchstgefährlich werden, er wusste auch das. Aber die Wahrheit hat ihren Preis! Wie schweigen, wenn Gott spricht!? Johannes gehörte zu den Propheten. Und Propheten rechnen anders.

Sein Tag also. Sommerbeginn. Die Sonne an ihrem höchsten Punkt. Morgen schon nicht mehr. Die Tage werden kürzer. Mit Blumen, Kirschblüten, Wiesen verbinde ich den Tag. Mit Farben, Gerüchen, Festen und Feiern und dem Duft von Heu. Der Psalm kommt mir wieder: »Licht ist dein Kleid! Du breitest den Himmel aus wie einen Teppich, baust deine Gemächer über den Wassern, fährst auf den Wolken wie auf einem Wagen!« (104). Das aber auch: »Das Gras verdorrt, die Blumen welken, wenn Gottes Hauch darüber geht!« (Jesaia 40) Im Fränkischen und anderswo gedenken Gemeinden an »Johannis« ihrer Toten: sie treffen sich zum Gebet auf dem Friedhof und schmücken die Gräber mit Sommerpflanzen. Leben ist Auf und Ab. Werden und Vergehen. Das eine nicht ohne das andere. Ganz nur in beidem. Doppelbewegung die Geschichte des Täufers auch. Der jahreszeitlichen indes diametral entgegengesetzt. Angezeigt im ausgestreckten Finger des Täufers auf der Kreuzigungstafel des Isenheimer Altars. »Die Axt ist den Bäumen an die Wurzel gelegt!«, so der. Nichts wird bleiben, wie es ist! Nein, nicht irgendwann! Bald schon! Jetzt! Durch den dort, schaut! Zur Schande haben sie ihn gemacht, ans Kreuz geschlagen! »Ich bin nicht wert, ihm die Schuhe zu tragen. Er muss wachsen, ich abnehmen!« Jahreszeit und Gotteszeit. Von oben nach unten die eine, von unten nach oben die andere. Heute aber, an »Johannis«: da sind sie für einen Augenblick beieinander. Was für ein Zeichen! Denn so unterschiedlich die beiden Zeitstrecken sind: sie brauchen einander, ansonsten sie ins Leere liefen! Gemeinsamer Nenner? Das Licht. Und wenn es im naturhaft-jahreszeitlichen Abschnitt die Sonne ist, die die Zeit und den Raum erfüllt, Leben schafft, ihm Saft und Kraft verleiht, Hoffnung und Mut, es aufkeimen und blühen, es tanzen und springen, es kriechen und fliegen, heranreifen und Frucht bringen lässt und (kleiner werdend im Herbst und sich verbergend im Winter) im Frühjahr neu sich daran macht, Kräfte zu sammeln und Kräfte zu entfalten, dann ist es im anderen Abschnitt, dem gotteszeitlichen, noch einmal ein ganz anderes Licht. Verbunden dieses mit noch einmal einer Geschichte, einer schier unglaublichen. Mit der Geschichte Gottes mit uns nämlich, seinen Bündnispartnern, auf die er so sehr gesetzt hat und es doch nur so schwer kann, in deren Folge dann auch die Sonne nicht mehr kann: ihre Kraft verliert und »es finster wurde über das ganze Land« (Evangelium nach Matthäus 27,45). Matthias Grünewald noch einmal: Als wolle er ihn wegholen aus der Rolle des Zuschauers, ihn heranholen ans Kreuz, bezieht ihn der Maler des Isenheimer Altars ins Geschehen mit ein. Meine nicht: damals nur! Und meine nicht: die Römer nur und Gaffer damals! Und meine auch das nicht: nur Jesus schreien zu hören! Du auch bist es und ich! Die Täter und Opfer heute auch! Und die Gequälten und Alleingelassenen überall auf der Erde! Schaut es euch an, das Leben, was aus ihm wird, wenn sich Menschen seiner bemächtigen: beleidigt wird es, geschlagen, in den Dreck gezogen, kaputt gemacht! Finsternis über dem Land! Und wen, sag, schert es? Viele nicht!

Den aber! Diesen einen! »Gottes Lamm!« so der Täufer. Dem ist es nicht egal! Nur immer nach der Rendite fragen und sonst sich den Teufel drum kümmern, hält der für keine gute Option! Für hoch an der Zeit stattdessen, dass der Himmel sich aufmache: sich aufmache in sein Eigentum, nach dem Rechten schaue, es scheinen lasse über der Erde, in einem Licht, tausend mal größer und schöner als das der Sonne.

Fürbitte: Brunnen des Erbarmens

Im Übrigen meine ich
möge uns der Herr weiterhin
zu den Brunnen des Erbarmens führen
zu den Gärten der Geduld und
uns mit Großzügigkeitsgirlanden schmücken
Er möge uns weiterhin lehren
das Kreuz als Krone zu tragen
und darin nicht unsicher zu werden
soll doch seine Liebe unsere Liebe sein [...]
Denn wir sind Kinder Gottes: Gottes Kinder
und jeder soll es sehen und ganz erstaunt sein
dass Gottes Kinder so leicht und fröhlich sein können
und sagen: Donnerwetter [...]
Weil die Zukunft Jesus heiße
und weil die Liebe alles überwindet
und Himmel und Erde eins wären
und Leben und Tod sich vermählen
und der Mensch ein neuer Mensch werde
Durch Jesus Christus
Möge der Herr unsere Herzen stärken
Und unseren Willen verdoppeln
Dies alles zu werden und zu sein und zu bleiben
Von Himmelfahrt zu Himmelfahrt. Amen.

Hanns Dieter Hüsch

Jahreszeit und Gotteszeit. Gegenläufig. Zusammen nur heute, am Geburtstag Johannes' des Täufers. Wenn die beiden Linien auseinandergehen, nach unten die eine, die andere nach oben, dann werden sie sich im Auge behalten. Sie können nicht anders: dem Leben zuliebe. Denn wo es sich übernimmt, da braucht es einen, der es mahnt. Wo es nur sich selbst sieht, da muss einer sein, der ihm die Perspektive weitet. Und liegt es wund, dann braucht es Pflege. Verliert es den Mut, dann braucht es den Trost. Kommt es zum Sterben, dann wünsch ich ihm einen, der sich Zeit nimmt und ihm erzählt, dass in der Mitte der Nacht, zwischen Ochs und Esel, einer geboren wurde, über den sie den Tod beschlossen hatten und es doch nicht schafften, denn das Leben: das Leben war stärker. Der Täufer kannte ihn. Auf der anderen Seite des Jahres werden wir, inmitten der Nacht, seinen Geburtstag feiern!

Musik

Gemeinsames Lied
»Komm in unsere stolze Welt«
EG 428, 3+4

TEIL 3 VERBÜNDET

Schlussgebet

Liturg(in)

Großer Gott. Du willst es nicht alleine tun. Du willst dein großes Werk gemeinsam, es mit uns vollenden. So hol uns heraus aus unseren Verstecken, unseren Vorwänden und Halbheiten, in denen wir uns abfinden mit Unrecht und Verlogenheit. So hol uns heraus aus den Fluchtburgen unserer Eitelkeiten, in denen wir uns unserer Möglichkeiten begeben und uns der Verantwortung entziehen. Hilf uns vertrauen, anderen und uns selbst. Gib uns Worte, die gut sind, Zeit, die noch frei ist. Im Urteil über andere mach uns barmherziger, ehrlicher im Umgang mit uns selbst. Und so mit dem Nötigsten versehen, Gott, du offenes Geheimnis, können wir dann auch anfangen, deiner Liebe Verbündete zu sein.

Gebetsstille

Vater Unser

Sendung

Liturg(in)

Wie euch grüßen jetzt? Mit einer Zeile von Günter Grass: »Mitten im Leben denke ich an die Toten, die und gezählten und die mit Namen. Dann klopft der Alltag und übern Zaun ruft der Garten: die Kirschen sind reif!«

Liturg(in)

Segen

Gott segne und behüte uns! Gottes Angesicht leuchte über uns und sei uns gnädig! Gottes Licht erfülle uns und schenke uns Frieden.

Gemeinsames Lied
»Komm, Herr, segne uns«
EG 171, 1-4

Musikalischer Nachklang

6. Blumen und Heu
Johannistag mit Kindern

Die Sommersonnenwende und das Johannisfest liegen zeitlich eng beieinander. Der längste Tag und die kürzeste Nacht im Jahr ist am 21. Juni und die Geburt Johannes' des Täufers auf den 24. Juni festgelegt. »Er muss wachsen, ich aber muss abnehmen!« (Evangelium nach Johannes 3,30) Dieser Satz des Täufers wurde in der Alten Kirche mit der auf- und absteigenden Sonne in Verbindung gebracht. Seit damals liegen sich der Johannistag und Christi Geburt im Kalender genau gegenüber. So weist Johanni mitten im Sommer auf Weihnachten.

Warum nicht mit den Kindern der Kinderkirche (oder den Kindern des Kindergartens oder der Jungschargruppe) am Johannistag einen Ausflug machen und einen bunten Strauß aus Wiesengräsern und Kräutern pflücken? Diese werden mit einem roten Band (Farbe des Tages) zusammengebunden und bis in die Adventszeit an einem geeigneten Ort (im Gemeindezentrum oder der Kirche) zum Trocknen aufgehängt. Vielleicht werden sich die Mitglieder der Gruppe dann über das Krippenspiel an Heiligabend Gedanken machen und sich an das »Johannisheu«, das sie selbst geerntet haben, gerne erinnern. Auf diese Weise kann eine sinnvolle Brücke von der Mitte des Jahres an dessen Ende geschlagen und zugleich der Zusammenhang von Verheißung und Geburt des Christus erfahrbar gemacht werden.

Der Spaziergang kann sich mit einem Picknick verbinden, bei dessen Sortiment die roten Sommerdelikatessen dominieren: Erdbeeren, Johannisbeeren, Kirschen.* (Übrigens: Kirschkernweitspucken gehört noch immer zu den beliebtesten Kinderspielen!)

Die Idee und liebevolle Picknickbereitung geht auf Sabine Bäuerle zurück (MH 105. 86)

7. Mensch Maria!

Heimsuchung Mariae (2. Juli)

Jane Ray »Pachamama«

Arrangement, Raum, Musik, beteiligte Personen

- Im vorliegenden Beispiel war es das »Ökumenische Literaturforum«, das am Abend ins »Fischerhaus am See« einlud.

- Musik: Akkordeon

- Beteiligte Personen: Liturg(in), zwei Sprecher(innen), fünf Buffet-Bereiter(innen).

- Die Realisierung der »Marien-Collage« lässt sich in ganz unterschiedlicher Weise bewerkstelligen. Interessant wäre eine traditionsgeschichtliche »Sequenz durch die Jahrhunderte« (mit Schwerpunkten). Interessant aber auch: die Marien-Kunst der historistischen Malerin Marie Ellenrieder (1791-1863) in Gegenüberstellung z.B. der »Pachamama« von Jane Ray.

Sonstiges

- Die Marienmeditation lässt sich in dieser oder leicht veränderter Form an zahlreiche Orte (gemeindliche, schulische, öffentliche, erwachsenenbildnerische) transferieren. Warum nicht auch als Grundbaustein morgendlicher oder abendlicher Einkehren im Rahmen von Gemeinde- und/oder Seniorenfreizeiten?

Abendeinkehr des Ökumenischen Literaturforums

Musik

Begrüßung

Marienmeditation

»Meine Seele erhebt Gott/ Und mein Geist freut sich Gottes, meines Heilandes/ Denn die Niedrigkeit seiner Magd, er hat sie gesehen/ Siehe, von nun an werden mich selig preisen alle Geschlechter/ Großes hat Gottes Macht an mir getan, heilig sein Name/ Seine Barmherzigkeit währt von Geschlecht zu Geschlecht/ Bei denen, die ihn fürchten!« (Evangelium nach Lukas 1,46-50)	Liturg(in)

Liturg(in) Nicht der Hymnus ist das Erste. Sondern dass da eine, Elisabeth, schon weiter ist. Weiter im Takt dieser unmöglichen Geschichte, die mit zwei Frauen zu tun hat: mit einer sehr alten und einer sehr, sehr jungen. Aber der Anfang ist auch das nicht. Sondern dass die Junge, bevor sie die Alte besucht, den Engel sprechen hört, gar nicht so recht weiß, was da eigentlich vor sich geht und erst einmal Fragen hat: »Wie das? Ich? Ich verstehe nicht!« Maria will wissen.

Dann aber weiß sie: ja, ich, Maria, bin gemeint! Wie genau es sein wird und was es bedeutet, sie erfasst es noch immer nicht so ganz, doch sie will, ist bereit, singt den Hymnus und preist Gottes Namen. Nicht im Stil der Tempelgelehrten. Auf ihre Weise. Sie spricht von Erfahrungen. Ihren Erfahrungen: ja, Gott, du segnest, hältst zu mir, machst aus einer kleinen, ängstlichen, erniedrigten Frau eine starke, bedeutende, mutige, verleihst ihr die Kraft, das Aussichtslose in Verheißungsvolles zu verwandeln. Was sie erlebt, am eigenen Leib, ist die Umkehrung der Werte der Gottesherrschaft: das Schwache wird erhöht, anders als in der Agenda der »Welt«, wo das Recht des Stärkeren und ökonomisch Privilegierten gilt und alles andere sich unterzuordnen hat. Maria gewinnt Gestalt, wird stark gemacht. Ihr Name ist neben Pontius Pilatus der einzige, der im Glaubensbekenntnis genannt ist.

Ihre prophetische Kraft aber beweist die Gesegnete darin, dass sie ihre erfahrene Erhöhung nicht für sich behält, sondern sie für die Welt als ganze ansagt. Sie ist eine Prophetin, deren Leidenschaft für Gott aus der Leidenschaft für das Leben kommt.

Sprecher(in) »Gott tut machtvolle Dinge mit göttlichem Arm/
Gott zerstreut, die hochmütig sind in ihrem Herzen/
Gott stößt die Gewaltigen vom Thron/
Und erhebt die Niedrigen/
Die Hungrigen füllt er mit Gütern/
Und lässt die Reichen leer ausgehen.«
(Evangelium nach Lukas 1,51–53)

Liturg(in) So soll es sein. So wird es sein. Die sozialen Unrechtsgefüge? Sie mögen sich nicht täuschen. Die Gottesherrschaft wird sie umkehren. Barmherzigkeit will sich erweisen: ihren Ausdruck in barmherzigen Lebensordnungen finden. Die Hungrigen und Armen? Freikommen sollen sie von ihrem prekären Los. Mit Gütern sollen sie ausgestattet werden. Der Text ist hier sehr klar: Was in der Vergangenheit geschehen ist, wird zur aktuell gültigen Ansage. Gott hat eine fundamental andere Wertung des Menschen vorgenommen, und dies ist gültig und bleibt es. Durch die prophetische Arbeit solcher »erhöhten Mägde« wie Maria und anderer, die ihr folgten und folgen bis heute, setzt sich dieser Prozess der Würdigung und Befreiung fort. Gottes Gegenwart in der Geschichte wird in der Gegenwart der Gotteskinder erfahren. Sie sind die einzigen Lebewesen, die »Gottes fähig sind« (Heinz Zahrnt). Nicht dass Gott nicht auch außerhalb des Menschen existierte. Im Menschen allein aber gibt er sich zu erkennen. Durch ihn bahnt sich Gott in der Weltgeschichte seinen Weg.

Die große Provokation aber kommt erst jetzt: Um gotteswürdige Beziehungen unter den Menschen zu schaffen, muss die von den Menschen aus dem Lot gebrachte Waage der göttlichen Gerechtigkeit wieder eingelotet werden. Die Mächtigen müssen herbsteigen, und wenn sie nicht aus Einsicht gehen, werden sie gestoßen. Das ist keine rachsüchtige Ansage der Zukurzgekommenen, auch kein Strafgericht Gottes. Das ist die der Gottesherrschaft innewohnende Dynamik. Maria sieht sie. Um den Ausgleich zu schaffen, müssen diejenigen, die ihm im Weg stehen, von der Bühne abtreten. Nicht als Naturschauspiel. Sondern so, wie Gott immer wirkt: durch menschliche, geschichtliche Arbeit. Nicht aber das ist der Ausgleich, dass die Armen die verlassenen Throne der Macht besteigen, um das alte Spiel in neuer Besetzung weiterzuspielen. Niemand wird auf Thronen sitzen, es sei denn: die schöne Gerechtigkeit Gottes.

Auf die Reichen aber wartet die Freude eines Zachäus, des Steuereinnehmers. Jesus war in seinem Haus und die Nacht war lang. Am Morgen aber, als sie sich trennen, spürt er sein durch die Geschäfte stumpf gewordenes Herz wieder und er tut, wozu er gar nicht erst aufgefordert werden muss: er gibt das Ergaunerte mehrfach zurück. Er will der Gottesherrschaft nicht länger im Weg stehen. »Heute ist diesem Hause Heil und Rettung und Befreiung widerfahren!«, so Jesus. Die Kraft solcher »Bekehrungen« können sowohl die »schwachen« Marias wie die reichen Zachäusse dieser Welt erfahren, die wir ja beide in uns tragen, Frauen wie Männer.

»Gott erinnert sich der Barmherzigkeit/ Sprecher(in)
Und hilft seinem Diener Israel auf/
Wie Gott geredet hat zu unseren Vätern und Müttern/
Abraham und Sarah und ihren Kindern in Ewigkeit.«

(Evangelium nach Lukas 1,54-55)

Die Umkehrung der Verhältnisse. Selbst im Schlusssatz werden sie noch einmal deutlich. Nicht der Knecht dient dem Herrn, sondern der Knecht nimmt sich des Knechtes an. Die Erinnerung an den großen Bund Gottes wird wachgerufen. Schluss mit den Lügen, dem Stehlen und Morden und Ausbeuten und der ewigen Sucht, nur alles zu überbieten, kost es, was es wolle. Gottes- und Menschenwürdige Beziehungen stattdessen: Freiheit, Ehrfurcht, Achtsamkeit.

So erhebt sich Maria zu prophetischer Größe ohnegleichen. Furchtlos benennt sie die Umwälzungen der Gottesherrschaft in dieser Welt. Sätze wie diese, mutig und klar, kommen uns in ihrer Radikalität noch immer nur schwer von den Lippen. Die europäischen Theologien der Jahrhunderte haben für eine Menge »Wenn« und »Aber« gesorgt. Sei's drum: Maria hat vom Engel gehört, und der hat in ihr eine kühne Vision gefestigt, und ihre Stimme spricht zu dem in ihr wachsenden Kind. Oder spricht dieses Kind bereits aus ihr? Mit ihrem Kind ist sie auf prophetisch-messianischem Weg. Und heute, am »Tag der Heimsuchung«, zu Gast bei uns. »Sei gegrüßt, Begnadete!«

Musik

Mariencollage

Marienbilder der historistischen Malerin Marie Ellenrieder (1791-1863) im Gegenüber zu »Pacharnama« von Jane Ray

Rundgespräch

Tanzlied

Abendgebet

Segen

Gartenbuffet und Ausklang

8. Kommt einer

Anspiel im Taufgottesdienst

Gelegenheit

- Im Gottesdienst wird ein Kindergartenkind getauft. Die Kindergartenkinder werden die Taufe mitfeiern und haben ein Segenslied eingeübt. Die Kinder der Kinderkirche helfen.

- Proprium des sechsten Sonntags nach Trinitatis ist die Taufe und Tauferinnerung. Warum das Thema nicht interaktiv (im Spiel) angehen?

Arrangement, Raum, Musik, beteiligte Personen

- Ein kleines liturgisches Ensemble aus Konfirmandinnen und Konfirmanden, Mitgliedern der jungen Gemeinde und Eltern hat ein Anspiel vorbereitet.

- Spielbeteiligt: ein(e) erwachsene(r) Erzähler(in), Philippus und der Fremde (zwei Konfirmanden), Diener (Konfirmandinnen und Konfirmanden).

- Spielgerät: eine große (alte) Papierrolle, ein paar Steine als Quelle, eine Wasserkanne.

- Durch den Mittelgang kommt ein Kutschenwagen, gezogen von Dienern. Auf dem Rücksitz: ein vornehm gekleideter Mann (mit Sonnenbrille). Er hat eine dunkle Hautfarbe und scheint eine weite Reise hinter sich zu haben. Er lässt anhalten, legt eine Pause ein, sucht Schatten unter einem Baum, die Hitze ist groß. Er hat nicht viel Zeit. Schon bald will er die Reise fortsetzen. Er erlebt seine Überraschung.

- Die Szene wird durch das Lied der Kindergartenkinder abgeschlossen, begleitet durch Kleinpiano oder Keyboard.

»Ich würde gern begreifen!«

Einstieg

Erzähler(in)

Wer ist dieser Mann? Von hier ist er nicht. Aus Afrika, schätz ich. Äthiopien, Somalia. Aber von dort kommt er auch nicht. Aus Jerusalem kommt er. War im Tempel, beim großen Fest dort und hat gebetet. Wie seine Väter und Mütter schon. Irgendwer ist er nicht, man sieht es ihm an. Er ist reich, kann es sich leisten, hat was zu sagen. Geschäftsmann, Mann der Regierung? Man munkelt. Genaueres weiß man nicht. Im Tempel hat er eine Schriftrolle gekauft. In Leder verwahrt und einem Papier der ganz besonderen Art. »Größeres gibt es nicht ...«, sagten sie zum ihm: »nimm und lies!« Also nahm er und begann zu lesen. Wie aber verstehen, in der Flut der Dinge die Übersicht behalten: den Sinn entdecken? Und wie er so dasitzt und nicht weiterkommt, kommt Philippus vorbei. Philippus? Einer von denen, ihr wisst, die es auch erst nicht glauben mochten, aber dann, als er zu ihnen kam, durch Mauern und verschlossene Türen ging und »Frieden« sagte und »Fürchtet euch nicht«, von Herzen zu begreifen begann: die Totmacher, nein, sie schafften es nicht – Jesus lebt!

Philippus

Was liest du da, Fremder!

Fremder

Ach, eine heilige Rolle. Ich habe sie geschenkt bekommen. Sie haben es gut gemeint in der Stadt. Und deshalb haben sie sie mir geschenkt. Aber ich verstehe sie nicht. Kannst du mir helfen?

Philippus

Na ja. Mal sehen, ob ich sie verstehe. Aber sag: willst du mich nicht ein Stückchen mitnehmen? Ich könnte dir vorlesen. Und wir könnten miteinander reden. Und heute Abend wären wir schon ein Stückchen weiter, du fast schon am Ziel.

Beide steigen in den Wagen und fahren ein Stückchen durch den Altarraum

Fremder

Schau, hier. Ich versteh das nicht. »Wie ein Schaf, das zur Schlachtbank geführt wird, hat er es auf sich genommen. Und am Ende waren das Kreuz und das Grab, bewacht von Wächtern. Aber Gott ließ ihn dort nicht: holte ihn zu sich und gab ihm viele Kinder ...« Was ist das? Was bedeutet das?

130

Nimmt die Rolle an sich

Philippus

Nun mal langsam. Ich kenne die Geschichte. Von dem sie erzählt, ist Jesus. Jesus von Nazareth. »Die Menschen wissen es noch nicht, vor allem tun sie es noch nicht, aber sie sind mehr als sie wissen und mehr als sie tun – sie sind Goldstücke, Gotteskinder. Ich bleibe dabei – und wenn sie mich töten.« Und sie töteten ihn. Und er wehrte sich nicht. Er hätte davon laufen können, aber er tat es nicht. Seine letzten Worte? »In deine Hände, Vater!« Der aber hat ihn zu sich geholt. Und alle, die sich an ihn erinnern, nicht aufhören wollen mit der Geschichte der Kinder des Lichts – wie eine Familie sind die – nun ja, im Entstehen noch, aber heute schon deutlich größer als gestern: es zählt jeder Einzelne!

Ich möchte auch dazu gehören. Wie kann ich das?

Fremder

Wie du das kannst? Dich berühren lassen. Dich berühren und von Gott mitnehmen lassen. Komm, lass dich taufen! In der Quelle dort, schau! Das Wasser? Wie eine unsichtbare Hülle ist es: sie schützt dich, macht dich stark, legt sich wie ein Mantel! Komm, probier's!

Philippus

Sie steigen vom Wagen und gehen zur Taufquelle

Taufe

Seht – sie steigen vom Wagen und gehen zum Teich!

Erzähler(in)

Philippus begießt den Fremden drei Mal mit Wasser

»Ich taufe doch auf den Namen des Vaters und des Sohnes und des Heiligen Geistes.« Fremd, Fremder, bist du jetzt gar nicht mehr. Du gehörst zu Jesus. Die Familie ist größer geworden.

Philippus

Geht ab

Als der Fremde aus dem Wasser steigt, ist Philippus verschwunden. Aber der Mann ist nicht traurig. Er sagt:

Erzähler(in)

| Fremder | Ich bin getauft. Ich gehöre zu Jesus. Was kann mir noch passieren? |

Auch er geht ab, setzt sich in den Wagen, fährt durch den Mittelgang nach hinten

| Erzähler(in) | Fröhlich fährt er davon. Er hat noch eine große Strecke vor sich. Aber vergehen wird die wie im Flug. Und zu Hause wird er allen erzählen, dass er zur Familie Gottes gehört. So wie Leon, den wir gleich taufen werden, und so wie ihr alle. Ihr seid getauft und gehört dazu. Wenn das kein Grund ist, »Halleluja« zu singen!? |

Schluss

Lied der Kinder

»Stellst unsere Füße, Gott«
Menschenskinderlieder II, 103

9. Du neigst dich zu mir und machst mich groß

Einkehr zu Hause nach langer Krankheit

Liturgischer Baukasten

■ Gelegenheit

- Frau NN (48 Jahre) hatte einen schweren Verkehrsunfall. Mit ihr waren drei andere Personen beteiligt. Die Verletzungen aller Beteiligten waren schwer. Lange Zeit war unklar, ob NN wieder auf die Beine kommen würde. Eine Kette von Operationen war zu überstehen. Immer die Schmerzen. Immer die Unfallbilder. Und immer wieder die Angst: wie würde es werden?

- Ihr Mann, die beiden Kinder, die Schwester, der Schwager, die Freundinnen und Freunde, Nachbarinnen und Nachbarn. Viele waren es, die NN über die Monate zu begleiten versuchten. Und dann, als es soweit war und sie im Sommer nach Hause durfte, wollte sie ihr Nach-Hause-Kommen als »Einkehrfeier«.

- Unter den Bäumen im Garten, an einer großen Tafel. Und mit ihr alle, die ihr lieb und wert waren. Die »Einkehr« fand in Form einer Agape statt, an die sich ein Wiedersehen mit Kaffee und Kuchen anschloss.

- NN selbst. Ihr Mann, die Kinder, aber auch andere Geladene wollten sich an der Liturgie des Nachmittags mit eigenen Texten, Bildern, Gebeten und Musik beteiligen.

■ Arrangement, Raum, Musik, beteiligte Personen

- Unter den Bäumen des Gartens sind die Tische in Hufeisenform gestellt und festlich mit Blumen und Blättern geschmückt. Tischkarten liegen aus. In der Mitte steht (im Wind-Glas) eine große Kerze. Ein Geschenk der Kinder. Daneben (etwas erhöht auf einem Stein): ein Astkreuz. Daneben: zwei Brotkörbe mit Brotstücken und ein Tonkrug mit Eiswasser, dazu sechs Tonbecher.

- Am Ast des Baumes hängt ein großformatiges Plakat des alten Fußboden-Labyrinths der Kathedrale zu Chartres.

- Flyer liegen bereit, die beim Singen und Mitsprechen der Texte helfen.

- Die Geladenen gehen nicht gleich zu den Plätzen, stehen noch eine Weile auf der Terrasse. Die Gastgeberin begrüßt.

Gartenliturgie

TEIL 1 ANKOMMEN

Gruß und Einführung

Liturg(in)
Die Gäste sind versammelt. Die Gastgeberin hat willkommen geheißen. Die Tische sind bereitet. Die »Einkehr« kann beginnen. Sie hat schon begonnen, liebe Frau N. Denn Gott, der mit Ihnen war die ganze Zeit, wartet schon.

Ein Mädchen zündet die Kerze an

Am Ast dort, Sie sehen: ein großes Plakat – ein Labyrinth – das Kreuzlabyrinth im Eingang der Kathedrale von Chartres – 12. Jahrhundert. Gleich werden G und L auf ihren Instrumenten das Lied von der »Freude« spielen. Einladung, ein Stückchen näher an das Labyrinth heran zu treten. Dort wird M stehen und uns auf dem Weg in die Mitte begleiten. Gehen Sie ihn. Und wenn Sie ihn gegangen sind, nehmen Sie bitte Platz an einem der Tische.

Das dauert eine Weile – soll es auch. Die Instrumente spielen derweil die Melodie von »Herr, ich werfe meine Freude wie Vögel an den Himmel«. Dann, wenn alle ihre Plätze gefunden haben:

Gebetsmeditation

Liturg(in)
Auf dem Weg durchs Labyrinth war wohl jeder und jede ziemlich mit sich selbst beschäftigt. Und doch werden die Gedanken vor allem bei K gewesen sein: Warum, Gott? Warum? Warum nicht wie immer? Warum vor knapp einem Jahr so schrecklich anders? Bin ich dir davongelaufen? Hast du mich aus den Augen gelassen? Und später: Warum so mühsam? So schmerzhaft? Von einer zur nächsten Operation? Du hast es mir schwer gemacht mit dem Glauben. Zu schwer

auch. Da konnte ich nicht mehr. Verwünschte dich nur. Du aber? Ließest dich nicht trennen von mir, holtest mich heraus, machtest die Luke auf, »hast dich mir zugeneigt«!

Gemeinsames Lied

Kurze Intonation

»Ich werfe meine Freude/
wie Vögel an den Himmel/Die Nacht ist verflattert!
Ein neuer Tag/
von deiner Liebe, Herr/Wir danken dir!
Ein neuer Tag/
von deiner Liebe, Herr/Wir danken dir!«

Gebete aus Afrika.34

Hymnus
(Psalm 18 im Wechsel)

Ich will dich rühmen, Gott, meine Stärke/ — Liturg(in)

Gott, du mein Fels, mein Retter, meine Feste, in der ich mich berge/ — Alle

Die Fesseln des Todes umfingen mich, die Fluten des Verderbens erschreckten mich.
In meiner Not rief ich zu Gott/ — Liturg(in)

Und in seinem Heiligtum hörte er mich, hörte mein Rufen/ — Alle

Mein Licht, Gott, lässt du erstrahlen, machst hell meine Finsternis/ — Liturg(in)

Du führst mich ins Weite und befreist mich/ — Alle

Du gibst mir deine Hilfe zum Schild und schützt mich mit deiner Rechten/ — Liturg(in)

Du neigst dich zu mir und machst mich groß. — Alle

Gemeinsames Lied
»Laudate omnes gentes«
EG 181, 6

135

TEIL 2 UND FLÖGE ANS ÄUSSERSTE MEER

Bildbetrachtung

Vor Ihnen liegt ein Bild. Paul Klee hat es gemalt. 1929. Sein Titel? »Hauptweg und Nebenwege« Eines der »ägyptischen« Bilder des Künstlers. Kurz zuvor hatte er sich mit einer Reise nach Ägypten einen alten Wunsch erfüllt. Sie dauerte nur eine Woche, doch muss sie einen starken Eindruck auf ihn gemacht haben. Die Bilder weisen eine Reihe von Gemeinsamkeiten auf. Sie erscheinen wie ein Geflecht paralleler, sich über die Blattfläche legender Farbbänder, geschnitten durch Senkrechte, Schrägen und Kurven, woraus sich ein Netz unterschiedlich langer und unterschiedlich breiter Felder bildet. In den jüngeren Bildern des Künstlers wird dieses Schema mit äußerster (mathematischer) Genauigkeit durchgeführt. »Kunst«, so Paul Klees bekannt gewordenes Wort, »gibt nichts Sichtbares wieder, sondern macht sichtbar.« Nicht darauf kommt es ihm an, momentane Realitäten abzubilden, sondern im Zufälligen das Wesentliche zu zeigen.

Im Zufälligen das Wesentliche. Waagrechte Linien ziehen sich über die Bildfläche. Nicht alle gehen durch. Jede hat ihren eigenen Verlauf. Durch die Brechung verschieden geneigter Vertikallinien entsteht ein Gitterwerk von Bändern, die sich nicht nur in ihrer Länge und Breite, sondern auch in ihrer Dichte stark voneinander unterscheiden. Schon so haftet dem Bild der Eindruck starker Bewegung an, durch die Farbwirkung zusätzlich verstärkt. Die Bewegung hat eine Hauptrichtung: der obere Bildrand. Eine Bahn in der Mitte springt besonders ins Auge. Sie ist breiter als die anderen, an den Rändern gleichmäßig und gradlinig und verjüngt sich nach oben. Die sie charakterisierenden Flächen sind größer als die anderen. Auch in ihrer Farbigkeit unterscheidet sie sich: sie ist hell wie eine Lichtbahn. Die anderen nach oben strebenden Bahnen sind deutlich ungleichmäßiger, verengen und verbreitern sich, entfernen sich und finden sich wieder, erwecken den Eindruck von Winkeln und Stufen. Wo sie am schmalsten sind, sind ihre Farben am intensivsten. Nur ab und zu findet sich eine lichte Stelle wie in der Bahn in der Mitte. Die Farben insgesamt sind relativ hell – sie bilden ein Ensemble aus Gelb und Blau mit eingesprengtem Rot. Beim Betrachten des Bildes fällt es nicht schwer, an das Schachbrettmuster ägyptischer Nilwiesen zu denken, die durchgehenden Blaustreifen am Bildrand oben an den breit dahinfließenden Nil.

Paul Klee »Haupt- und Nebenwege«

»Hauptweg und Nebenwege«. Klee hat dem Bild den Titel erst später gegeben. »Der Maler weiß sehr viel«, so der Künstler einmal, »aber er weiß es erst nachher.« Was ist es, was er weiß – aber erst eine Weile danach? Was wir sehen, sind eine Vielzahl von Wegen, die sich in eine Richtung erstrecken. Der »Hauptweg« ist breit, gradlinig, hell. Die »Nebenwege« schmal und verwinkelt, mit Ecken und Stufen, sich verengend und weitend. Ihre Farben sind intensiver, wirklicher. Und wenn sie sich dort als ausgesprochen gangbar, privilegiert präsentieren, tun sie es hier als hügelig, furchig und abschüssig – als ein Terrain, vor dem man sich besser in Acht nimmt. So aber ist es, das Leben! Die Widersprüche kreuzen sich auch hier. Da wollen wir natürlich den Boulevard: den ausgeleuchteten, den verlässlichen, den Weg ohne Sorgen – den wir kennen, schon tausendmal gegangen sind und nie ein Problem damit hatten – den wir unseren Kindern wünschen und allen, die uns lieb sind – von dem wir meinen, so sei er, der Weg des Schöpfers mit uns, seinen Geschöpfen. Und dann so ganz anders. Dann ist es die Lichterbahn gerade nicht. Dann sind es die eckigen und engen, die abschüssigen und in jeder Beziehung unheimlichen Wege, die wir zu gehen haben. Und

Gott (oder was wir von ihm glauben), es ist nicht mehr! Der Eindruck der Frauen am Ostermorgen? Auffallend ähnlich die Nachricht aller Evangelisten:

Alles zerbrochen,
Die Träume zerronnen,
Die Hoffnung dahin.
Nichts war ihnen geblieben.
Trauer nur, stumme Verzweiflung.
Bloß nicht nachdenken jetzt! Sich verstecken, sich unsichtbar machen!
Im Leben gibt es Zeiten, da ist es gut, dir selbst der oder die Nächste zu sein!
Ihr habt Recht, so die Stimme im Grab:
Geht fort von hier!
Aber achtet darauf wohin!
Rennt euch nicht davon!
Eure zerbrochenen Träume:
Nehmt sie mit euch, in euer Leben!
Ihr werdet mich finden!

Kleine Pause

An einer Tafel der Krankenhauskapelle war zu lesen:

Gott, ich habe dich um Kraft gebeten, um erfolgreich zu sein. Du hast mich schwach werden lassen, damit ich lerne, mich aus der Mitte zu nehmen. Ich habe dich um Gesundheit gebeten, um große Dinge zu vollbringen. Du hast mir die Krankheit geschickt, damit ich für das Einfache aufmerksam werde. Ich habe dich um Freundschaft gebeten, um nicht alleine zu sein. Du hast mir ein Herz gegeben, damit ich lerne, nach den anderen zu fragen. Nichts von dem, worum ich gebeten habe, habe ich bekommen. Hast mir gegeben, Gott, was ich brauchte. Und einiges mehr. Wie sehr ich dir danke!
Ich kann mich an einen Tag im vergangenen Spätherbst erinnern, als es nach der ersten und nach der zweiten Operation noch einmal zur Verlegung kommen sollte. Die Beratungen der Ärzte zogen sich hin. Die Einschätzung hätte nicht unterschiedlicher sein können. Dann, eines Morgens, der Beschluss: Die Patientin bleibt! Und Sie, Frau NN, ich erinnere mich noch gut:
O ja, ich bleibe. Ich nehme ihn als meinen Ort. Das Leben? Hier will ich es einatmen, es durchatmen zu allen Verletzun-

gen hin. Hier will ich lernen, meine zerschlagenen Glieder zu mögen. Ihnen Gutes wünschen, Gutes tun, sie Gottes Segen anvertrauen, sie einüben, um sie kämpfen. Sagen lernen: alle meine Quellen sind in dir. Wenn du es, Gott, so willst!

Liturg(in)

»Hauptweg«, »Nebenweg« ? Wir können es uns nicht aussuchen. Gott selbst ja sucht sich seine Wege nicht aus. Er geht sie einfach: geht sie und sucht nach uns und stellt sich uns zur Seite. Und wenn es der Weg in die Freiheit ist, dann kommt er dort mit uns zusammen, und wenn es der Weg durch die Angst und den Abgrund ist, dann verbündet er sich dort mit uns zum »Immanuel«, zu dessen rätselhafter Art es gehört, am Ziel dieses Lebens nur mit uns zusammen ankommen zu wollen. Nein, es ist wirklich nicht »auszudenken, was Gott aus den Bruchstücken unseres Lebens machen kann« (Blaise Pascal, 17. Jahrhundert)!

Gemeinsames Lied

»Ich singe dir mit Herz und Mund«
EG 324, 1-3.13

TEIL 3 DAS STÜCK BROT

Hymnus
(Aus Psalm 103)

Zwei Freundinnen im Wechsel

Lobe den Herrn, meine Seele, und was in mir ist, seinen heiligen Namen!/

Freundin 1

Lobe den Herrn, meine Seele, und vergiss nicht, was er dir Gutes getan hat!/

Freundin 2

Der dir alle deine Sünde vergibt und heilet alle deine Gebrechen!/

Freundin 1

Der dein Leben vom Verderben erlöst und dich krönt mit Gnade und Barmherzigkeit!/

Freundin 2

Freundin 1	Der deinen Mund fröhlich macht und du wieder jung wirst wie ein Adler!
Freundin 2	Barmherzig und gnädig ist der Herr, geduldig und von großer Güte!

Respons

NN	Barmherzig und gnädig! Zu Hause! Nach Wochen, nach Monaten wieder zu Hause! Ich kann mich bewegen! Den Rücken gebrauchen! Die Beine, die Füße! Ich gehe durch die Wohnung, den Garten, den Wald! »Wie ein Adler!« Nun ja, nicht ganz!

Kleine Pause

Ich kann wieder denken! Hab keine Schmerzen mehr!
Mein Gott: keine Schmerzen mehr! Sie hatten mich, hielten mich, schnürten mich ein!
Ich hatte für anderes gar keinen Sinn mehr!

Kleine Pause

Und heute?
Die Frische der Luft, der Blumen, der Bäume.
Die Freundlichkeit der Menschen, der kleinen, der großen, der nahen und nächsten!
Deine Freundlichkeit, guter Gott!
Wie danke ich euch!

Brot und Wasser

Tochter und Sohn gehen mit den Brotkörbchen an den äußersten Rand der Tische und geben den Gästen ein Stückchen zu essen. Dabei sprechen sie: »Von der Stärkung, die du mir warst, gebe ich dir ein Stückchen zurück. Zum Dank!« Am Ausgangspunkt angekommen nehmen sie den Tonkrug, füllen Eiswasser in die Becher und gehen ihren Weg noch einmal. Diesmal mit den Worten: »Von der Erfrischung, die du mir warst, gebe ich dir ein Quäntchen zurück. Zum Dank!« Danach geben sich die Beiden selbst vom Brot und vom Wasser und sprechen: »Wie sich ein Vater über seine Kinder erbarmt, hat Gott sich über uns erbarmt – Schalom!«

Gebet

Ehemann, Sohn und Tochter im Wechsel

Manchmal, Gott, träume ich von einem Leben wie heute. *Ehemann*
Nicht eingebunden in Termine und tausend Verpflichtungen.
Mit Raum für Gespräch, für Begegnung, für Besinnung und
Dank. Dann denke ich mir ein Leben aus, in dem nicht mehr
zählt, was einer hat, sondern was er ist, für sich selbst, für
andere – ein Leben, in dem nicht den Konventionen gehul-
digt, sondern dem Herzen gefolgt wird.

Wieviel menschlicher, Gott, wäre das Leben, in dem alle *Sohn*
gleich viel gelten, ob Mann oder Frau oder Kind. In dem es
keine Schande ist, schwach zu sein, Angst zu haben und die
Hilfe anderer zu brauchen. Ich stelle mir vor, wenn niemand
mehr das Glück gegen den Kick des Augenblicks eintauschte
– wenn niemand mehr Dingen nachjagte, die er gar nicht
braucht – und unter uns die Freude entdeckt würde, auf dieser Welt eine Aufgabe zu haben, für die es lohnt sich einzu-
setzen.

Gott, wie danke ich dir für alle Menschen, die mich ahnen *Tochter*
lassen, was es heißt zu leben! Wie danke ich dir, dass du
meine Mutter, nein, auch damals nicht, als der Unfall geschah, aber auch in den ganzen Wochen und Monaten danach nicht eine Sekunde aus den Augen gelassen – und sie
uns heute zu neuem Leben wiedergegeben hast: mit neuer
Kraft, starkem Mut und Erfahrungen aus allererster Hand!
Lass sie uns als Gaben deiner großen Liebe verstehen, mit
der du dieses Leben liebst – wir bitten dich!

Vater Unser

Segen

Die Gäste geben sich die Hände

Zwei Freundinnen im Wechsel

In deine Hände, Gott, lege ich meinen Weg. *Freundin 1*
Begleite ihn!

Freundin 2	In deine Hände, Gott, lege ich meine Zeit. Erbarme dich!
Freundin 1	In deine Hände, Gott, lege ich meine Angst. Erhöre mich!
Freundin 2	In deine Hände, Gott, lege ich meinen Dank. Heute und alle Zeit!

Gemeinsames Lied

»Dona nobis pacem«
EG 435 (Badischer Anhang)

Nach dem liturgischen Fest wird das Wiedersehen mit einer großen Kaffeetafel fortgesetzt. Die Tische werden entsprechend gedeckt. Kleine »Adressen« werden gesprochen. Die Kinder haben ein buntes Bild gemalt und stellen es aus. Die Musiker haben eine kleine Tafelmusik mitgebracht. Gegen Abend findet das Wiedersehen sein Ende.

10. Wüstenblühen

Sommersonntagmorgen mit Agape-Picknick

▪ Gelegenheit

- Um 10 Uhr am Sonntagmorgen zum Gottesdienst zu kommen und vorher schon gefrühstückt zu haben, ist für viele Menschen (für Familien mit kleinen Kindern vor allem) eine hohe Hürde. Einmal in der Woche ausschlafen zu können, ohne Eile aufzustehen und Zeit zu haben, stellt die oft bevorzugte Alternative dar.

- Ein Feriengottesdienst mit Agape-Picknick (vielleicht auch erst um 11) käme dem Bedürfnis nach einer feiertäglichen Verlangsamung des Lebens erheblich entgegen.

▪ Raum, Arrangement, Musik, beteiligte Personen

- Im Freien (nahegelegener Park, Kirchgarten, Flusswiese, Waldrand) ist ein solcher Sonntagmorgen natürlich am schönsten.

- Beim Feiern in der Kirche oder im Gemeindehaus müsste Raum für Tische und Sitzgruppen geschaffen, darüber hinaus ein Buffet für Zubereitetes und Mitgebrachtes eingerichtet werden.

- Als gemeinsame Aktion für Kinder, Jugendliche und Erwachsene könnte die Dekoration des Raumes und der Tafel, dazu das Anrichten und Auftragen der Speisen und Getränke arrangiert, als »Besonderheit des Tages« ein fruchtiger Begrüßungstrunk und ein leckerer Obstsalat gepresst, geschnipselt und zubereitet werden. (Aber auch so könnte es geschehen: die Gäste wurden gebeten, Zubereitetes von zu Hause mitzubringen.)

- Grundvoraussetzung: eine gut aufeinander eingespieltes Team von Mitarbeiterinnen und Mitarbeitern sowie eine breitgestreute, zeitlich nicht zu knapp gehaltene Information und Einladung im Gemeindebrief, der Tagespresse, den gottesdienstlichen Ansagen etc.

- Mögliche Trägergruppen des Tages: Mitglieder der Chöre, Familien der Kindergartenkinder, der Kinderkirche, der Konfirmandinnen und Konfirmanden.

- Im vorliegenden Fall war es die Gruppe der Jubiläumskonfirmandinnen und Jubiläumskonfirmanden, die sich bei der Gemeinde für den Tag ihrer »Goldenen Konfirmation« bedanken wollten. Die Agape erstreckte sich auf etwas mehr als drei Stunden (10 – 13.30 Uhr).

- Beteiligt: Bläserensemble, Liturg(in), zwei Sprecher(innen), zwei erzählende bzw. spielende Sprecher(innen), sechs Raum-Kulissengestalter (Konfirmandinnen und Konfirmanden)

■ Die Tradition der Agape

- Das griechische Wort Agape kommt im Neuen Testament in dreifacher Bedeutung vor. Zum einen meint es die »Freundlichkeit unter Menschen« (Brief des Paulus nach Rom 12,9). Des Weiteren die »Liebe Gottes« (Erster Brief des Johannes 4,9). Sodann verweist es auf das Liebesmahl der urchristlichen Gemeinde, die sich im gemeinsamen Essen als große, offene Familie darzustellen pflegte. Zurückgehen könnte der Brauch zum einen auf die Mahlzeiten, die Jesus mit seinen Jüngern und Jüngerinnen hielt, zum anderen aber auch auf Jesu Wunderspeisungen (z. B. Evangelium nach Markus 6,30). Zu ihrem »Familienessen« luden die Gemeinden mit Vorliebe die Armen und Witwen ihres Umkreises ein. Tertullian (160 – 220 n. Chr.) beschreibt dessen Verlauf so: »Bevor man sich bei Tisch niederlässt, labt man sich an einem Gebet zu Gott. Es wird nur so viel gegessen, dass der Hunger eben gestillt ist, nur so viel getrunken, wie es bescheidenem Bedürfnis entspricht. Die Gespräche sind so, dass man spürt, diese Menschen wissen, Gott hört zu. Nachdem das Wasser zur Reinigung der Hände (nach der Mahlzeit) gebracht wurde, werden die Lichter angezündet und jede(r) wird aufgefordert, aufzustehen und Gott zu preisen, entweder so, wie es das Herz ihm eingibt oder wie es in der Heiligen Schrift geschrieben stehet. Dann endet das Festmahl wie es begann: mit einem Gebet.« Einzelne Gestaltungsmerkmale lassen sich auf die konkrete Situation des Sommersonntagmorgens gut übertragen.

Im Kirchgarten

TEIL 1 ANKOMMEN

Der Sommersonntagmorgen beginnt um 10 Uhr unter den Bäumen des Pfarrgartens. Die Glocken läuten. Das Bläserensemble spielte freie Melodien. In einem großen

Halbkreis waren Tischgruppen arrangiert, ausgerichtet auf ein Birkenkreuz, davor ein mit Blumen geschmückter Altartisch. Die Feiernden wurden persönlich begrüßt. Mitarbeiter(innen) boten frisch gepressten Fruchtsaft an, für die Kinder in bunten Bechern Apfelsaft, dazu ein Stück selbst gebackenen Kuchen.

Begrüßung und Einstimmung

Heiteres Willkommen der ganzen Gemeinde. Warum nicht mal in Mundart? Gottes Freundlichkeit kann ausgesprochen herzhaft daherkommen.

Liturg(in)

S' Liessche in der Eil

Su, de Dippe in de Owe,
e Stick Raachflaasch ningeschowe,
schnell 's Gsangbuch in die Hand
un dann in die Kerch gerannt.
Wie se en de Kerch kam aa',
hän se elle Läch geschlaa',
denn de Lies trug en de Raasch
unner'm Arm 's gräuchert Flaasch.
Nix wie haam, su doocht se da,
doch wie se in de Dippe sah,
schwamm vergnügt in dem Klimbim
ihr Gesangbuch drin erim!
Mündlich überliefert

In wenigen Sätzen könnte sodann auf die besondere Tradition der Agape und die eine und andere Besonderheit an diesem Sonntagvormittag aufmerksam gemacht werden.

Gemeinsames Lied
»Du, meine Seele, singe«
EG 302, 1-3

Psalm im Wechsel
(Aus Psalm 104)

Lobe den Herrn, meine Seele!
Herr, mein Gott, wie groß du bist!

Liturg(in)

Glanz und Hoheit sind dein Gewand!
Der du das Licht wie ein Tuch um dich schlingst, den Himmel wie ein Zeltdach spannst!

Gemeinde

Liturg(in)	Der du im Wasser deinen Hochsitz baust! Dir Wolken zum Fahrzeug, Flammen und Feuer zu deinen Dienern machst!
Gemeinde	Der du die Erde auf Pfeiler gründest! Dass sie fest stehen und nimmermehr wanken!
Liturg(in)	Wie zahlreich, Gott, sind deine Werke! Alle warten auf dich, dass du ihnen gibst!
Gemeinde	Öffnest du deine Hand, so werden sie satt! Verbirgst du dein Angesicht, so erschrecken sie!
Liturg(in)	Sendest du deinen Atem, so werden sie erschaffen! Nimmst du ihn von ihnen, so zerfallen sie zu Staub!
Gemeinde	Gott will ich singen, solange ich bin! Ihn preisen, ihn loben mein Leben lang!

Gloria

»Ach, ich bin viel zu wenig«
EG 302, 8

TEIL 2 MEIN STÜCKCHEN HIMMEL

Mitarbeiter(innen) markieren zwischen den Tischgruppen die Umrisse einer Landschaft. Von Norden nach Süden den ins Tote Meer fließenden Jordan (bemalte
Tapetenrolle plus bemalte Papierfläche). Im oberen Abschnitt, mit der Land-
schaftsbezeichnung »Jesreel« versehen, wird ein großer Opferaltar errichtet (bemalte Schuhkartons). Im unteren Abschnitt, mit dem Ortsschild »Beerscheba«
versehen, wird eine Felsenhöhle platziert (bemaltes Dämmmaterial). Zwischen
»Beerscheba« und der Südspitze des Toten Meeres, schon ganz im Wüstengebiet,
wird ein Ginsterstrauch eingepflanzt. Alles das dauert eine Weile.

Sprecher(in)	**Lesung** Auszüge aus dem 19. Kapitel des Ersten Buches der Könige (in der Übertragung »Bibel in gerechter Sprache«)

Erzählung

Gefährliche Zeiten für Elia. Seit Tagen auf der Flucht. Von oben im Norden nach unten in den Süden. In der Wüste, so seine Hoffnung, würden sie ihn ja wohl in Ruhe lassen. Na ja. Und als er dann schon fast gerettet war, da war er noch überhaupt nicht am Ziel, da ging das von hier nach dort geradewegs weiter, denn Gott hatte etwas vor mit seinem Volk und dazu brauchte er ihn und keinen anderen.

Doch nicht davon will ich euch jetzt erzählen. Was ich euch erzählen will, ist, wie ein anderer, von dem in der Geschichte wenig, ja, fast gar nicht die Rede ist, das Ganze erlebt. Schaut dort, der Ginster! Der soll jetzt sprechen! Elia wird ihn auf seinen Wegen schon bald vergessen haben – er den Elia bis heute nicht!

Sprecher(in)

Kleine Pause

Sprecher(in) geht zum Ginster. Geht ein paar Schritte, schaut suchend umher, setzt sich, sucht weiter.

Elia, wo bist du? Weißt du noch, damals: die Wüste, der Sand? Er hat sich an dir fest gemacht, bis in die kleinste Pore deines Gewands, du hast ihn nie so recht rausgekriegt.

Ich weiß nicht mehr, wie lange du bei mir warst. Ein Tag? Zwei Tage? Ich bin geblieben. Geblieben bis heute. Ich bin nur ein Ginster. Mit Wurzeln. Einen Weg für mich gibt es nicht. Ich will mich nicht beklagen. Meine Wurzeln sind stark. Sie reichen tief in den Boden. Und doch war da manchmal auch der Gedanke »nun ja, das wird es dann gewesen sein, die Wüste ist roh«.

Ich weiß nicht, was du von mir erwartet hast. Schatten? Ich? Verlang nicht zu viel von mir. Schau mich doch an. Ich muss mich nach der Decke strecken, mich abfinden mit den Verhältnissen. Jeder muss es. Klagen hört dich hier keiner. Hier, Elia, von Beerscheba einen Tag entfernt, regiert der Tod. Er liegt hinter den Sandhügeln und wartet auf dich. »Komm nur, komm!« so lockt er und streckt seine Glutfinger aus. »Mein heißer Atem, gleich wird er dich zu Boden werfen!« Dass es der Tod ist, der so spricht, das weißt du natürlich nicht: du würdest ihn dir ja sonst nicht wünschen!

Ganz nah lagst du bei mir. Dein Kopf ein bisschen unter mir. Doch kühlenden Schatten konnte ich dir nicht geben. Nicht weiter schlimm, so damals mein Gedanke. Mein Mitleid, das braucht der nicht. Es wird irgendeiner von diesen Machern sein, von denen man hört: gestern noch auf der Bühne bewundert, heute schon vom Gefühl befallen, von keinem wirklich geliebt zu werden, gestern noch voller Ideen, heute schon kleinlaut und leer.

Elia? Wer bist du? Was treibt dich? Ich sah Blutspuren im Sand. Was sich zutrug am Karmel, dort droben, ich ahnte es. Die Schreie der Opfer, der Wind hat sie mir zugetragen. Deine Angst dann vor der Königin. Deine Flucht aus Jesreel. Deine Tage in der Wüste.

Nun also lagst du da. Bei mir, dem Ginster. Deine Klage, ich hörte sie sehr wohl. Doch mich zu erschüttern vermochte sie nicht. Wo der Tod regiert, kann man sich keine großen Gefühle erlauben. Wolltest sterben schließlich, du fühltest dich am Ende. Während im Westen die Sonne unterging und die Hügel lange Schatten warfen, hab ich das wohl registriert. Es wurde Nacht. Du hattest Zeit gewonnen. Der Tod zog sich zurück, nahm seine Glutfinger von dir. Wie ein Zelt überspannte der Sternenhimmel die unendliche Weite. Du und ich darin wie verloren. Und doch: ich mit festen Wurzeln im Sand, du dem Sterben preisgegeben!

Aber gestorben bist du nicht. Nicht am nächsten Tag und auch nicht danach. Inzwischen tragen dich deine Beine durch fruchtbares Land. Denn in dieser Nacht, da geschah etwas, womit nicht zu rechnen war. Der neue Tag sah dich als einen anderen. Wo er dich als einen Todgeweihten erwartete, hatte er es mit einem Lebendigen zu tun. Und wenn die Glutfinger auch weiter nach dir suchten, deinen Weg zum Horeb konntest du gehen, ohne den Verlockungen des Todes zu erliegen. Was ist da nur geschehen? Leben mitten im Tod! Es ist mir bis heute geblieben.

Und hab ich es so nicht selbst widerfahren? Nur dass ich geblieben bin, Wurzeln geschlagen habe, mich mit Dornen abgeschottet habe, um den zugreifenden Glutfingern zu entgehen? Und das auch: mich mit Gleichmut gewappnet habe, um das Leben tief in mir aufzubewahren und festzuhalten. Ich habe mich unangreifbar gemacht, tief in mich selbst vergraben: irgendwann, so meine Überlebensgeschichte, würde es wahr werden und die Wüste sich in eine fruchtbare Oase verwandeln!

Deine Geschichte, Elia, hat andere Kurven genommen. Du hast auf die Sicherheiten verzichtet, bist losgegangen. Mit Leben im Herzen, das man geschenkt bekommt, von irgendwoher, irgendwem, der will, dass ich bin. Wasser und Brot und »fürchte dich nicht«. Mehr hast du nicht gebraucht in dieser Nacht!

Und dann? Wie weiter? In eine Oase hatte sich die Wüste nicht verwandelt. Und vom Blitz erschlagen wurde die Königin auch nicht. Und Gott und du selbst waren dir noch immer ein schreckliches Rätsel. Aber den Weg von ihm fort, Elia, den fandest du. Und irgendwann führte der dich zur Quelle. In eine Höhle. Und deine alten Antworten zerbrachen – und am Ende war das Rätsel gelöst und Gott und du neu miteinander verbunden.

O ja, Elia. Ich erinnere mich gut. Es kommt und geht ja so einer nicht alle Tage. Die Kargheit bestimmt den Takt der Wüste. Und doch: mein Gleichmut von damals, er ist nicht mehr. Ich habe Tage, da brodelt es in mir. Mein Leben tief nur verwahren, es warten lassen bis »ans Ende«, das gelingt mir dann nicht: da will ich wie du, Elia, aus mir heraus. Und dann schau ich um mich, in mich, an mir herunter – und wage kaum zu atmen. Und entdecke an meinen Zweigen – Blüten und Knospen, die sich öffnen. Und dann bin ich – fast schon am Ziel meiner Träume. Und vielleicht ja, vielleicht kommt mal einer vorbei – wie du damals, Elia, den meine Geschichte interessiert. Und mit dem dann möchte ich mein Stückchen »Himmel« – gerne teilen!

Das Ensemble intoniert die Melodie »Der Himmel geht über allen auf«. Mitarbeiter(innen) nehmen den Ginsterstrauch und pflanzen ihn an einer sonnigen Stelle des Pfarrgartens in den Boden. Nach der Aktion kommt die Gruppe mit ihren Gartengeräten zurück und spricht einen Gruß.

Gruß

Geh nicht vorbei
am Ginsterstrauch,
dem zärtlichen Gruß des Schöpfers für dich, sein Geschöpf,
hineingesät in die Tage der Unrast und Traurigkeit.

Geh nicht vorbei
am Ginsterstrauch,
ohne inne zu halten einen Atemzug lang:
»Du, Gott der Liebe, willst, dass ich bin!«

Sprecher(in)

Gemeinsames Lied

»Der Himmel geht über allen auf«
Menschenskinderlieder I, 7

TEIL 3 DER BEREITETE TISCH

Gebet

Liturg(in)

Guter Gott, was ist, kommt von dir. Geschaffen hast du es um deines Namens willen.
Du gibst uns Menschen Speise und Trank zur Erquickung.
Du gibst uns Gemeinschaft und Freude zur Stärkung. Dafür danken wir dir!

Sprecher(in)

Hinweise zur Eröffnung des Buffets

An einer langen Tafel werden Speisen und Getränke ausgegeben. Die Feiernden lassen sich Zeit. Das Ensemble spielt (mit Unterbrechungen) Melodien und Lieder. Irgendwann werden die Feiernden eingeladen, einen einfachen Kanon miteinander zu probieren: »Du stillst unseren Hunger« (Materialheft 85, Zentrum Verkündigung)

Fürbitten

Sprecher(in)

Teil aus, Lebendiger!

Sprecher(in)

Teil Liebe aus.
An alle Ungeliebten.
Gib uns dein weites Herz, einander in Liebe zu begegnen.

Sprecher(in)

Teil aus, Lebendiger!

Sprecher(in)

Teil Brot aus.
An alle Hungrigen.
Lebendiges Brot lass uns sein und Recht austeilen in der Welt.

Sprecher(in)

Teil aus, Lebendiger!

Sprecher(in)

Teil Wein aus.
An alle, die nach Frieden dürsten.
Zum lebendigen Rebstock lass uns werden und Wurzeln schlagen in deinem Boden.

Sprecher(in)

Teil aus, Lebendiger!

Sprecher(in)

Deine ganze Fülle.
An alle, die leben.
Deine Schöpfung soll sich auf uns verlassen können.

Teil aus, Lebendiger!
Brot und Wein, Feiern und Arbeiten, Frieden und Gerechtigkeit!

Sprecher(in)

Eine schöne Idee, bei Gelegenheiten wie diesen zu Fürbitten zu kommen, habe ich bei Eugen Eckert (MH 83 Zentrum Verkündigung Frankfurt) gefunden. In einem mündlich überlieferten Rezept für jeden Tag heißt es dort: »Man nehme zwölf Monate, putze aus ihnen Bitterkeit, Geiz, Pedanterie und Angst, zerlege jeden Monat in dreißig, einunddreißig Teile, so dass der Vorrat reicht für das Jahr. Jeder Tag wird einzeln angerichtet aus einem Teil Arbeit und zwei Teilen Frohsinn und Humor. Drei gehäufte Esslöffel Optimismus, einen Teelöffel Toleranz, ein Körnchen Ironie und eine Prise Takt füge man bei und übergieße die Masse mit reichlich Liebe. Am Ende schmücke man das Gericht mit zahlreichen Aufmerk-samkeiten und serviere es Tag für Tag mit Heiterkeit.«

Wegesegen

Gott segne uns und beschütze uns/
Gott erhelle das Dunkel, dass wir seinen Weg für uns erkennen/
Gott bleibe uns freundlich zugewandt und schenke uns Frieden!

Liturg(in)

Musikalischer Nachklang

Teil C

1. Siehe!

Maria Magdalena (22. Juli)

Benjamin West (1738–1830) »Er ist nicht hier«

■ Gelegenheit

- Was genau weiß man eigentlich von ihr, der »anderen« Maria? Aus Magdala, von Nazareth nur wenig entfernt? Wie Jesus und die anderen an seiner Seite aus Galiläa, dem rebellischen Norden des Landes?

- Magdalena ist Kronzeugin. Eine der ganz Wichtigen, mit Jesus tief Verbundenen. Maria blieb, als es die Jünger schon nicht mehr taten. Sie blieb bis zuletzt und »alles vollbracht« war und war, Tage danach, bei den Ersten, die sich mit der Frage auseinander zu setzen hatten: »Was sucht ihr, sagt, den Lebendigen bei den Toten?« Allzu viel mehr von ihr zu erfahren, lassen die frühen Geschichten nicht zu. Anders später. Die neuere Bibelforschung weiß von einer ganz eigenen, eigenständigen Magdalenentradition im südlichen Frankreich: in deutlichem Gegensatz zur frühkirchlich-mittelalterlichen, die Maria Magdalena mit der »großen Sünderin« der Lukaserzählung (7) verbindet und zur Schutzpatronin problematischer Mädchen gemacht hat.

- In Gemeinden machen sich immer wieder Gruppen auf die Suche nach der Unbekannten. Ökumenische Gruppen. Kreative Gruppen. In der Dresdner Gemäldegalerie »Alte Meister« ist die »Büßende« gerade im beschwörend-ekstatischen Gestus des spanischen Manieristen El Greco (1541–1614) zu sehen. Was sie finden, ist immer auch Anlass, öffentlich einzuladen, das Gefundene weiterzusagen und miteinander zu feiern.

- Es sind oft nur kleine Gruppen. Der »Tag der Maria Magdalena« liegt knapp vor (oder bereits in) den Sommerferien.

Arrangement, Raum, Musik, beteiligte Personen

- Im vorliegenden Beispiel waren es zwei Frauengruppen (eine evangelische und eine katholische), die die Gemeinden und Interessierte zur »Ökumenischen Abendeinkehr« einluden. Sonnabend, 22 Uhr.

- In ganz kleiner Form: Schmücken des Altars – Kerzen entfachen – Musik einspielen – Bild des Engels projizieren (Seitenwand des Altarraums) – Begrüßung – Sätze zur Besonderheit des Tages – Bildmeditation – Lied – Sendung – Segen – Musikalischer Nachklang

Bildbegehung

Maria Magdalena Kronzeugin der Auferstehung zu nennen, ist nicht ganz unproblematisch. Denn der Gekreuzigte ist vielen erschienen. An unterschiedlichen Orten, zu unterschiedlichen Zeiten. Die Evangelien erzählen davon, spätere Geschichten ebenso. Und doch ist es mit Maria etwas Eigenes. Die Hinweise sind spärlich. Wir wissen nicht viel von ihr. »Von sieben Dämonen« habe sie Jesus geheilt. Und als sie ihn kreuzigten, sei sie mit anderen Frauen geblieben. Am ersten Tag der Woche dann, »frühmorgens«, sei ihr am Grab der Gekreuzigte erschienen, und als die Anderen weg waren, ihr, Maria aus Magdala, noch einmal: allein. Kronzeugin? Vielleicht doch. Dass man sich an sie bald kaum mehr erinnerte, bezeichnet die Entwicklung der späteren, ausgesprochen »männlichen« Jahre der frühen Kirche. Auch von den anderen Frauen der Anfangsjahre blieb kaum mehr was übrig. Von Jesus so gewollt war das nicht.

Dürfen wir uns zu dir stellen, Maria, dort ans Grab, wo du stehst und mit deinen zerbrochenen Hoffnungen allein bist? Dürfen wir eintreten mit dir in ein Geschehen, in dem es dir hart ergeht, du dich am Ende aber findest, wiederfindest? Mit einem Bild wollen wir es versuchen, das der amerikanische Künstler Benjamin West 1801 als Lithografie geschaffen hat, einer damals noch ganz jungen Darstellungstechnik. Überaus kühn fasst er den dritten Tag in eine einzige Bildformel. Kein Künstler vor ihm hat die Auferstehung so gesehen. Vor dem Grab zu sehen ist auch eigentlich keiner. Nicht Maria. Nicht die anderen Frauen. Nicht die Jünger. Die Wächter auch nicht, die vom Statthalter dazu abkommandiert waren, alles zu tun, den Tod zu bewachen.

Nicht daran ist dem Künstler gelegen, etwas nachzuerzählen. Was er sieht, macht er zum Bild. Er macht den Blick frei so auf etwas, was zu sehen eigentlich gar nicht ist: der Engel der Todesüberwindung. Das Geheimnis des leeren Grabes: er enthüllt es und verbirgt es. Betrachtend erfahren wir etwas, was auch Maria erfährt. Sie sucht den Gekreuzigten, doch nicht Jesus erscheint, sondern der Engel. Der jünglingshafte Bote, so scheint es, hat einen weiten Weg hinter sich. Er kommt nicht aus dem Grab. Er kommt aus einer anderen Welt. Vom Himmel. Von Gott. Und er kommt auch nicht einfach. Er braust daher, direkt auf uns zu. Er schaut uns in die Augen.

Er breitet die Flügel aus. Haare und Gewand sind heftig in Bewegung. Ein himmlisches Stürmen. Um den Tod zu sichern, haben sie einen Stein vor das Grab gewälzt: der Engel setzt sich über ihn hinweg, als sei der gar nicht. Eine Erscheinung »wie ein Blitz«. Mit einem Gewand »so weiß wie Schnee«. ER SELBST erscheint im Engel. Im Zeichen der Wolke über dem geöffneten Grab. Die Wolke? Uraltes Bild göttlicher Präsenz. Erinnerung an Mose und die Zeit des Volkes am Sinai. Die Wolke zeigt und verhüllt. Sie lässt Anwesenheit spüren und verbirgt. Erschiene Gott selbst: die Menschen ertrügen es nicht. Erdbeben und Rauch begleiten sein Erscheinen in archaischer Zeit. »Der ganze Berg Sinai rauchte, weil der Herr auf den Berg herab fuhr im Feuer. Und der Rauch stieg auf wie der Rauch des Schmerzofens, und der ganze Berg bebte.« (Zweites Buch Mose 19,18) Der Engel ist Gottes Herrlichkeit: sein Ja gegen das Nein des Todes. »Kommt und seht, wo er gelegen hat!«, so die eine Hand: rückwärts nach unten, ins Dunkle gerichtet. »Er ist nicht hier, er ist auferstanden!«, so die andere: vorn nach oben, ins Helle gestreckt. Abstieg des Gekreuzigten ins Totenreich. Gehalten und verherrlicht von Gott. Im Engel kreuzen sich die Linien.
So aber klären sich die Verhältnisse. Im Hintergrund geht die Sonne auf. Am Bildrand beginnt es zu blühen. Längst ist er unterwegs, der Gärtner. Elementare Zeichen. Das Leben bricht durch. Der Engel aber stürmt auf uns zu, springt uns geradezu an. Halten wir ihm stand? Wer schon kann es? Die Wächter erschrecken, zittern und liegen wie tot. Auch die Frauen erschrecken, halten sich aneinander, wollen schon gehen. Auch Maria erschrickt, erkennt IHN erst gar nicht, auf seine Anrede dann aber doch: »Rabbuni!« Wer wie sie nach Golgatha zog, wer wie sie von Golgatha kommt, wer wie sie der Liebe folgt, die sich treten lässt für das Leben, die sich anklagen lässt für das Leben, die sich fertig machen lässt für das Leben, die es nicht sich selbst und keinem anderen überlässt, einzig EINEM, Gott und der Liebe, dem wird der Engel begegnen: »Fürchte dich nicht!« Den Tod vor dem Leben zu bewachen? Wie soll das gehen, Wächter!? Bei Gott geht das ganz grundsätzlich nicht: denn Gott ist das Leben und an nichts ist IHM mehr gelegen, als es bekannt zu machen wo immer auf der Welt und lange und längste Wege dafür zu gehen. »Also hat Gott die Welt geliebt, dass er seinen eingeborenen Sohn gab!« (Evangelium nach Johannes 3,16)
»Mirjam! Fürchte dich nicht!« Ein Wort wie ein Blitz. Nichts mehr ist, wie es war. Sie ist nicht aufgegangen, eure Rechnung!

Verräter und falsche Zeugen, Folter und kurzer Prozess, Soldaten und Grabsteine: das Spiel von Intrige, Macht und Gewalt, es ist ausgespielt. Ihr könnt die Hoffnungen zertrampeln, den Glauben zerbrechen, Vertrauen in Verzweiflung verkehren, ihr könnt töten, quälen, begraben, ihr könnt euch auf der einen Seite der Welt mit Geld vollpumpen und auf deren anderer Seite die Menschen verhungern lassen. Gott in seinen Geschöpfen kreuzigen? Ja, das geht. Ihr könnt das gut und zeigt es alle Tage. Aber eines könnt ihr nicht: IHN daran hindern, sich seiner Verheißung zu erinnern und den Tod, wie immer der heißt, wo immer der's treibt, in Leben zu verwandeln. Das Kreuz des Christus durchkreuzt, was ist, und macht alles neu. »Siehe, ich bin bei euch alle Tage, bis an der Welt Ende!«

Zwischentöne

Gemeinsames Lied

»Du lässt den Tag, o Gott«
Gemeinsam unterwegs, 17

Sendung

Sprecher(in)

Stark genug/
Der Engel des Herrn/
Auch dir den Stein hinweg zu wälzen vom Ort/
Da er begraben ist unter den Scherben deiner Hoffnungen!

Stark genug/
Der Engel des Herrn/
Den Todesschatten von deinem Antlitz zu nehmen/
Zu lösen die Fessel unendlicher Trauer!

Nur einen Atemzug weit weg das Grab/
Nur einen Atemzug weit weg der Engel des Herrn!
Sabine Naegeli

Segen

Liturg(in)

Liebe,
die in sich ruht.

Liebe,
die sich verströmt.

Liebe,
die stärkt und neues Leben schafft.

Liebe,
nur Liebe, bist du, Dreifaltiger Gott.

Segne und behüte uns,
jetzt und alle Zeit!

Musikalischer Nachklang

2. Orgelsommer
Musikalische Wochenenden

▪ Gelegenheit

- Was tun im Sommer, wenn alle was anderes zu tun haben, auf Reisen sind und keiner mehr kommt? Was anfangen mit dem frisch heraus geputzten alten Kirchlein und seiner wohlklingenden historischen Orgel? Einfach nur nichts? Und alles so sein lassen, wie es ist?

- Nicht mit uns, so trotzig und einfallsreich die kleine friesische Gemeinde. Sillenstede mit Namen. Teil der Verbandsgemeinde Schortens, zwischen Jever und Wilhelmshafen gelegen. Der Gemeinde gehört eine jahrhundertealte kleine Feldsteinkirche mit sehenswürdigem Altar und barocker Orgel (Johann Adam Berner) mit (fast) originalem Klang. Noch hat sie einen eigenen Pastor und eigenen Gemeindekirchenrat. Der Gottesdienstbesuch hält sich in Grenzen. Dort nicht anders begründet als anderswo.

▪ Arrangement, Raum, Beteiligte

- Die Gemeinde beklagt das nicht. Sie feiert ihre sonntäglichen Gottesdienste mit schönen Liedern und Texten und leistet sich und den (örtlichen und regionalen) Feriengästen an den Sonnabenden zwischen Juni und September etwas Besonderes.

- Sie lädt ambitionierte Organisten und Musikerinnen, »gestandene« Leute mit Rang und Namen, ganz junge Leute aber auch, Musikstudentinnen und Musikstudenten (mit einem Radius schon weit über die Region hinaus) zu einem musikalisch facettenreichen »Orgelsommer« ein. Mit Orgel-, Instrumental- und Vokalmusik quer durch die Epochen und Stilrichtungen.

- Der Eintritt ist frei. Am Ausgang wird um eine Spende gebeten zur Ermöglichung der Reihe und zum Erhalt der historischen Orgel. Es muss nicht immer das ganz Große sein, das einen Ort und eine Stunde (zum Ausklang der Woche) zu etwas Besonderem macht.

- In der Mitte des Programms wird ein Psalm gesprochen. Am Ende das Vater Unser und der Segen. Wer mag, kann sich im Anschluss mit einem oder einer der Gemeindemitarbeiter(innen) zusammentun und sich vom »Äußeren ins Innere« des Kirchleins führen lassen und (mit einer Überraschung und einem kleinen Schubs verbunden) wieder zurück.

▪ **Sonstiges**

- Nur eines noch: sich anstecken zu lassen von dieser sehr einfachen, würdigen, für viele höchst willkommenen Idee!

Eröffnungsabend

Eröffnung

Begrüßung

Dietrich Buxtehude (1637-1707)
Präludium und Fuge g-moll

Dietrich Buxtehude (1637-1707)
Choralvorspiel zu »Komm, Heiliger Geist, Herre Gott«

Lesung
Psalm 100

Johann Sebastian Bach (1685-1750)
Präludium und Fuge g-moll (BWV 535)

Johann Sebastian Bach (1685-1750)
Partita zu Choral »O Gott, du frommer Gott« (BWV 767)

Vater Unser – Segen

Johann Sebastian Bach (1685-1750)
Fantasie G-Dur (BWV 572)

3. A Dieu!

Ökumenischer Schulgottesdienst vor den großen Ferien

■ **Gelegenheit**

- Das Schuljahr war lange. Passiert ist so einiges. Und bald werden es Wochen sein, die einen ins Weite ziehen und voneinander trennen. Und für viele werden es die letzten Tage sein, am Ort oder in der Schule, denn die Linie ist erreicht und dahinter geht es anderswo weiter.

- Das Leben ist groß. Warum es nicht, in Dank und Bitte und Fürbitte, mit dem »besprechen«, der es einem geschenkt hat und »zumutet«?

- Im Schulzentrum waren es die Schüler(innen) der beiden Sekundarstufen, die sich daran machten, eine Form zu finden.

■ **Arrangement, Raum, Musik, beteiligte Personen**

- Nicht in einer der Nachbarschaftskirchen sollte gefeiert werden, sondern im großen »Hof unter den Platanen«.

- Eingeladen: die ganze Schul-Community. Ökumenisch also. Interreligiös.

- Federführend (in diesem Jahr): Schüler(innen) der »Zehnten«, unterstützt von der ökumenischen »GottesdienstWerkstatt«, der nicht nur Schüler(innen), sondern immer auch der eine und die andere Lehrer(in) angehören.

- Im Schulhof werden Stühle und Hocker für rund 300 Schüler(innen) in der Form dreier ineinander liegender Hufeisen gestellt.

- In den Raum zentral mit einbezogen: ein in den Jahren des Umbaus der Schule am Leben gebliebener alter Ahorn(baum).

- Den Stühlen gegenüber: der Altartisch, geschmückt mit Kerzen und Blumen (unter dem Dach eines Zeltes, durch ein Bühnenteil leicht erhöht, von den Plätzen so gut sichtbar). Auf beiden Seiten neben dem Altar, dazu im hinteren Teil des Raumes: mit schwarzem Tuch überzogene Bühnenteile, mit einem Mikro ausgestattet.

- Vor dem Altar, den Innenraum der Stuhlreihen ausfüllend: eine gekurvte

- Flusslandschaft (mit sprudelnder Wasserquelle und einem Flusslauf aus Stoffen, Krepp, Steinen, Kiesel, Sand, Pflanzen und vier Buchten).

- »Der Fluss« wird nachher der Schauplatz des Bühnenstücks sein. Titel: »Und ob ich schon wanderte im finsteren Tal!«

- Seitlich im Raum: die Verstärkeranlage und das Klavier. Der Gesamtraum wird durch große, leicht transportable Plakatwände markiert, auf denen Jahreserinnerungen zusammengetragen sind, die ihre Bedeutung im Kontext des Spiels erhalten.

- Tagesflyer mit Liedern und kleinen Texten werden ausgegeben. Gottesdienst, so soll sich erweisen, geht nur in Interaktion.

- Die Feier eines solchen Schulgottesdienstes erfordert nicht nur gründliche »innere« Vorbereitung (Ideenfindung, szenische Umsetzung, Spiel- und Sprechübungen, musikalische und künstlerische Ausgestaltung). Am Tag selbst sind eine Reihe von äußeren Vorkehrungen zu treffen (davor und danach), die im Vorhinein zu berücksichtigen sind und eine große Zahl umsichtiger und tatkräftiger Helfer(innen) erfordert.

Sekundarstufe I und II

Teil 1

Die Schüler(innen) und Lehrer(innen) kommen aus ihren Klassenräumen »unter den Ahorn«, nehmen ihre Plätze ein. Bunte Blätter werden ausgeteilt, auf denen die beiden Lieder stehen, die gesungen werden, dazu ein alter Wegesegen.

Begrüßung

Begrüßen möchte ich euch alle jetzt, ihr Jüngeren und Älteren,   Liturg(in)
ihr Großen und Ganzgroßen. Zu übersehen sind wir ja wirklich
nicht. Und zu überhören oft noch viel weniger. Denn zu sagen
gibt es viel, in der Schule, aber längst nicht nur dort. Und zu
machen noch viel mehr. Wir sind es, so lehrt man uns und so
sind wir es auch gewohnt: wir, um die sich die Dinge drehen.
Und tun sie es mal nicht, dann werden wir schnell nervös, fühlen uns seltsam, einsam, traurig auch, werden aggressiv gegen
andere, uns selbst. Aber dass das alles nur die eine Seite der
Münze ist, die wir da in der Hand und im Herzen haben, und

es noch eine ganz andere gibt, das sehen wir oft gar nicht, haben es lange vergessen, auch nie gelernt. Und von dieser ganz anderen Seite möchten wir euch heute Morgen, diesem letzten im alten Schuljahr, erzählen und spielen. Wisst ihr eigentlich, was war heute früh, als ihr noch fest in euren Kissen gelegen und geschlafen habt? Hört mal hin und fühlt es!

Musikalisches Morgengebet

»Morning has broken«
CD Cat Stevens

Überleitung

Liturg(in) Und so haben Menschen gesprochen, lange vor uns, die sich noch nicht so dick in den Mittelpunkt stellten. Die noch Platz neben sich hatten. Und unter sich und über sich auch. Die noch staunen konnten. In denen es noch kribbelte, wenn nach einer langer Nacht die Sonne wieder kam. Hört euch das mal an. Indianer sind es, aber in der Bibel und im Koran und anderen Geschichten der Völker könnte es auch stehen:

Indianischer Hymnus

Sprecher(in) Die Morgenröte kleidet sich in ihr Lichtgewand/
Sie will Ehre erweisen dem Schöpfer der Menschen.

Sprecher(in) Der Himmel legt die Decke seiner Wolken von sich/
Er verbeugt sich vor dem Schöpfer der Menschen.

Sprecher(in) Die Sonne, die Königin unter Sternen/
Sie breitet ihre Strahlen aus wie goldenes Haar.

Sprecher(in) Wenn der Wind über die Erde geht/
Streichelt er auf seinem Weg die Wipfel der Bäume und wir hören ihn reden in den Zweigen.

Sprecher(in) In den Bäumen, hört, singen die Vögel/
Und bringen ihr Lied dar dem Schöpfer der Erde.

Sprecher(in) Und die Blumen breiten ihre Farben aus, seht/
Herrlich ihr Duft, was gibt es Schöneres auf der Welt?

So rühmt auch mein Herz dich/
Gott, du Quelle des Lebens, bei jeder Morgenröte neu!

Sprecher(in)

TEIL 2

Nach einer guten Pause beginnt in der Flusslandschaft die Quelle zu sprudeln.
Über die Anlage wird meditative Musik eingespielt. Das geht eine Weile.

Überleitung

Sich ein bisschen raus zu nehmen. *Nicht alles sein zu wollen.*
Platz zu lassen: ein Stückchen neben sich, unter sich, über
sich. Wisst ihr, wo ihr das üben könnt? Gleich hier, gleich
jetzt. Schaut mal, der Ahorn hier. Eingeladen hat er uns. An
seine Seite. In seinen Schatten. Und wie er uns heute früh
einlädt, so tut er es mit vielen Hunderten, Tausenden die
Wochen des Jahres und der Jahre über, immer dann, wenn
Pause ist. Keiner hat es vermocht, ihm das Leben zu vermie-
sen. Nicht mal die Bagger und Kräne und Maschinen der
vergangenen drei Jahre, als die Schule umgebaut wurde: da
ist er, hat überlebt und grüßt euch. (Wisst ihr was? Sagt ihm
doch einfach mal »Dankeschön«, indem ihr ein paar Sekunden
lang ganz still seid, ihn anschaut und einen guten Gedanken
für ihn habt!)

Kleine Pause

Was aber ist das hier? Diese Quelle, dieser Fluss? Ich weiß
nicht so recht. Ist da wer, der uns das erzählen kann?

Liturg(in)

Quelle und Fluss
(Erzählspiel nach Psalm 23)

Die Erzählerin kommt mit einem tragbaren Mikro, betritt die Flusslandschaft,
schaut sich um.

Was sehen? Hier? Zu sehen ist da ja zunächst mal überhaupt
nichts. Ich hör was: Wasser. Ja. Plätscherndes, rauschendes
Quellwasser. Frisch und klar und reichlich. Und diese Quelle,

Erzähler(in)

schaut: sie bahnt sich den Weg, wird zum Bach und dann zu einem großen Fluss.

Die Erzählerin geht ein paar Schritte den Wasserlauf entlang.

Wie der Neckar oder der Rhein. Aber nicht einfach so, strichgerade. Dieser Fluss, der geht in Kurven, in Windungen. Mal hierhin, mal dorthin. Bildet Buchten, bildet Inseln. Schaut hier, schaut dort. Und überall geschieht etwas.

Geht die Buchten und Inseln entlang.

Und wie es mit diesem Fluss ist, den ihr seht, so ist es mit dem Schuljahr. Vor knapp einem Jahr hat es begonnen. Und heute, da geht es zu Ende. Ihr werdet euch vielleicht noch erinnern, wie das war am Anfang. Und vielleicht auch daran, was sich die Dinge so über die Wochen und Monate entwickelt haben. Manchmal gut, ganz überraschend sogar. Aber manchmal überhaupt nicht gut, ganz gefährlich sogar und traurig. Gut, nicht alles voraus zu wissen. Man würde sich dann oft nicht trauen. Aber dann, wenn es gewesen ist, dann siehst du es an seinen Spuren: wie hier beim Fluss!

Kleine Pause

Die Erzählerin geht zum Ausgangspunkt zurück, sieht Leute ins Spiel eintreten, irgendwo bei der ersten Bucht. Sie tritt ihnen entgegen und fragt:

Hallo! Wer seid ihr?

Gruppe A

Die Sprecher(innen) dieser Gruppe haben Erfahrungen des Jahres gesammelt, mit denen sie nie gerechnet haben, ihnen das zu Ende gehende Schuljahr aber zu einer großen Freude gemacht haben. Erfahrungen der Schule werden vorgetragen, aber ganz persönliche auch.

Klaviermusik. Grundtöne der Freude: »Ich werfe meine Freude wie Vögel an den Himmel«.

Die Sprecher(innen) geben der Erzählerin das Mikro zurück und setzen sich auf die Papphocker.

Und wer seid ihr?

Gruppe B

Die Erzählerin gibt das Mikro weiter und geht ein Stückchen aus dem Raum

Die Sprecher(innen) dieser Gruppe haben Erfahrungen des Jahres gesammelt, die sie traurig gemacht und erschüttert haben. Wieder können es Erfahrungen der Schule sein, aber auch persönliche.

Klaviermusik. Grundtöne des Erschreckens: »Tell me why«.

Die Sprecher(innen) geben der Erzählerin das Mikro zurück und setzen sich auf die Papphocker.

Und was war für euch das vergangene Jahr?

Gruppe C

Die Erzählerin gibt das Mikro weiter und geht in den Hintergrund des Raums.

Die Sprecher(innen) kommen auf ein sie bewegendes Weltereignis zu sprechen. Auf den Einsturz des Fabrikhauses in Bangladesh. Oder den nicht enden wollenden Bürgerkrieg in Syrien.
Und wir? Was ist, wenn die Schlagzeilen wieder verschwinden? Ändert sich etwas? Oder bleibt alles, wie es ist?

Über CD ein paar Takte karibische Musik.

Die Sprecher(innen) geben der Erzählerin das Mikro zurück und setzen sich auf die Papphocker.

Und woran erinnert ihr euch?

Gruppe D

Die Erzählerin nimmt das Mikro, gibt es weiter und geht zur Seite.

Die Sprecher(innen) erzählen z. B. von einer gelungenen Woche im Landschulheim oder erinnern sich an ihr mehrwöchiges Schulprojekt: »Tränen unterm Regenbogen. Wenn Kinder trauern«.

Klaviermusik. Grundtöne der Hoffnung.

Die Sprecher(innen) geben der Erzählerin das Mikro. Alle gehen zu ihren Plätzen zurück.

Überleitung

Liturg(in)

Wie ein Fluss ist das Leben. Und in diesem Fluss ist nicht nur Schönes zu finden, Freundliches, Gelingendes, immer nur Leichtes und Lockeres. Wer das meint, der weiß nichts vom Leben. Glaubt ihnen nicht. Im Leben, da ist auch das andere – das ganz und gar nicht Lockere, ganz und gar nicht Freundliche, ganz und gar nicht Gelingende, ganz im Gegenteil: das ziemlich Misslingende auch, ordentlich Traurige, mich ganz und gar Schüttelnde. Aber schaut – die Quelle. Und schaut – den Ahorn. Das ist einer – da ist eine – der oder die gibt auch dann noch ihr Wasser und seinen Schatten. Und der euch das sagt, liebe Große und Ganzgroße, das sind nicht wir, die wir für euch diesen Morgengruß ausgedacht haben und feiern, nein, das ist ein ganz anderer: die großen Geschichten der Menschen nennen ihn oder sie Gott oder Licht oder Brunnen und was der Namen mehr. Und von dem hört ein Lied, das schon über 3 000 Jahre alt ist!

Alter Psalm

Sprecher(in) auf
Bühne A

Gott ist mein Hirte/Mir wird nichts mangeln/
Er weidet mich auf einer grünen Aue/Er führt mich zum frischen Wasser/
Er führt mich den rechten Weg um seines Namens willen!

Kleine Pause

Sprecher(in) auf
Bühne B

Und ob ich schon wanderte im finsteren Tal/
Ich fürchte kein Unglück/Dein Stecken und Stab trösten mich/
Du bereitest mir den Tisch ganz im Angesicht des Feindes/
Du salbst mein Haupt mit Öl und schenkst mir voll ein!

Kleine Pause

Sprecher(in) auf
Bühne C

Gutes und Barmherzigkeit werden mir folgen/
Mein Leben lang und ich werde bleiben in Gottes Haus immerdar!

Gemeinsames Lied
»Morgenlicht leuchtet«
EG 455

TEIL 3 SCHLUSSGEBET

Liturg(in)

Noch vor ein paar Tagen wussten wir nicht, was wir am Ende dieses »Morgengrußes« beten sollen. Ideen hatten wir manche, aber wir brachten sie nicht zusammen. Und dann kam ein kleiner Brief bei uns an, und der war von einem von euch. Aber genannt werden will er oder sie nicht. Und so nehme ich die Rolle, wickle sie auf und lese das Gebet jetzt einfach vor. Es ist so schön, dass es für uns alle spricht:

Ist das jetzt nur so im Märchen,
dass leicht wird, was eigentlich schwer ist?
Der Goldklumpen, die Schulaufgabe, den Streit begraben?
Mich wirklich mal anstrengen, nicht immer alles besser wissen?
Entschuldigung sagen und wie ich's getan habe nicht wieder tun?
Wenn du mir hilfst, Gott: vielleicht ja wird es.
Vielleicht ja wird's. Ich wünsche es mir.
Was meinst du?

Amen

Vater Unser

Segen

Menschen, die aus der Hoffnung leben, sehen weiter/
Menschen, die aus der Liebe leben, sehen tiefer/Menschen,
die aus dem Glauben leben, sehen alles in einem anderen
Licht!

Geht eure Wege!

Es segne euch der barmherzige Gott/
der das Leben schafft/der das Leben verwandelt/der das Leben
ist!

Gemeinsames Lied

»Komm, Herr, segne uns«
EG 170

Musikalischer Nachklang

Liturg(in)

4. Eines fehlt!

Familiengottesdienst mit Kindergartenkindern

▪ Gelegenheit

- Die Kinder des Kindergartens haben sich in den vergangenen Wochen mit Erfahrungen und Geschichten des Verlorengehens und Wiederfindens beschäftigt. Dabei sind sie auch schon mal auf die biblische Geschichte vom verlorenen Schaf gestoßen.

- Das Thema gehört für Kita-Kinder zu den ganz elementaren. Sich von der Mutter oder dem Vater oder sonst einem besonderen Menschen zu trennen, erfahren sie jeden Tag, wenn sie sich zur Kita verabschieden. Oft geht das ganz leicht und dann auch wieder nicht und wird nur so erträglich, wenn das Versprechen, »später« wieder da zu sein, verlässlich ist: Hand und Fuß hat. Doch oft kommt etwas dazwischen und dann tut das »Später« weh. Und weh tut es dann vor allem, wenn sich die Trennung (krankheitsbedingt, verlustbedingt, krisenbedingt) durch das Leben der Familie zieht und kaum oder nur mit Mühe überbrückt werden kann. Was ist mit mir? Wo bleibe ich? Wem kann ich trauen?

- Kinder wollen es wissen. In ihrer eigenen Zeichenwelt, für Erwachsene nicht immer ganz leicht zu entschlüsseln. Im Gottesdienst soll dem näher nachgegangen werden.

▪ Arrangement, Raum, Musik, beteiligte Personen

- Die Kinder kennen sich mit Gottesdienst schon etwas aus. Sie finden in der Gemeinde gut sieben Mal pro Jahr statt. Oft sind es Spielfiguren, die sich mit ihnen in Verbindung setzen. Heute werden es »Hannes« und »Florinchen« sein.

- Im vorliegenden Beispiel geht der Gottesdienst nur, wenn die Kinder dazu etwas mitbringen. Zum Gottesdienst heute werden Schafe aus Stoff oder Fell benötigt.

- Zum Gottesdienst werden die Kinder persönlich eingeladen. Durch Karten, über die auch die Eltern eingeladen werden.

- Ab Montag sind Sommerferien. Der Gottesdienst findet dieses Mal nicht an einem Freitagnachmittag, sondern am Sonntagvormittag, 10 Uhr, in der Kirche statt.

- Die Kinder treffen sich mit den Mitarbeiter(innen) im Kindergarten. Wenn die Glocken läuten und die Instrumente spielen, ziehen sie in einem großen Zug in die Kirche in, wo sie von ihren Familien und Freunden zum gemeinsamen Feiern erwartet werden.

- Im Halbkreis um den Altar sind Matten gelegt, kleine Bänke und Stühle gestellt.

- Kulissen: alte Kiste im Altarraum, zwei Spielpuppen (»Hannes« und »Florinchen«), Hut, Hirtenstock, alte Kleider (im Sack), Stoffhund, einige Obstkisten & Stangen

- Liturgisch beteiligt: Liturg(in), zwei Gitarre spielende Erzieher(innen), ein(e) Erzähler(in), ein Hirte, ein(e) stimmsichere(r) Gebet- und Lied-Anleiter(in)

- Musiker(in) an Kleinorgel, Klavier oder Keyboard

Evangelium nach Johannes 10,1-11
in Verbindung mit Psalm 23

TEIL 1 DIE GLOCKEN LÄUTEN.

In der Mitte des Altarraums eine alte Kiste mit den Spielfiguren »Hannes« und »Florinchen« darauf.

Instrumententöne

Gemeinsames Lied
»Unser Leben sei ein Fest«
Menschenskinderlieder I, 33

Die Kinder und Mitarbeiter(innen) haben ihre Plätze eingenommen.

Begrüßung und Einstimmung

Herzlich willkommen! Mein Name ist NN. Viele von euch kennen mich ja schon. Zusammen mit euren Gruppenleiter(innen)   Liturg(in) haben wir euch wieder zu einem Gottesdienst hier in der Kirche eingeladen. Moment mal: da sind ja noch welche. (Namen nennen, kurz vorstellen.) Sie haben uns beim Aufbau geholfen und machen für uns die Musik. Ja, und hier, fast hätte ich sie vergessen: da sind »Hannes« und »Florinchen«. Ihr kennt sie ja schon, vom letzten Mal. Im Gottesdienst werden noch ganz andere Personen in Erscheinung treten. Aber von denen will ich jetzt gar nicht sprechen. Lasst euch überraschen!

Zwei Mitarbeiter(innen) kommen in den Raum, nehmen »Hannes« und »Florinchen«, grüßen mit »Hallo«

»Eines fehlt!«
So unser Thema heute.

Geht weiter nach hinten, »Hannes« und »Florinchen« in die Mitte

Hannes »Eines fehlt« O ja, ich erinnere mich. Neulich erst, noch gar nicht so lange her, da war ich mit Papa im Stadion. Wir schauten uns das Fußballspiel an. Aber dann wollte ich ein Eis. Und Papa ging los, mir eines besorgen. Aber irgendwie dauerte das so lange. Und also ging ich los, Papa hinterher. Aber wir fanden uns nicht. Immer nur neue Gesichter, fremde Gesichter. Und dann war da einer, dem kam das komisch vor, wie ich da immer auf und ab ging und suchte und suchte.

Florinchen Gut, dass da einer war, der nicht nur nach dem Ball geguckt hat. Du hättest sonst noch lange gesucht. Und dein Vater natürlich auch. Aber so habt ihr euch gefunden. Und dein Eis hat dir dann, hoffentlich, geschmeckt! Und Papas Mannschaft hat auch, hoffentlich, ein Tor gemacht!

»Hannes« und »Florinchen« zugewandt

Liturg(in) Verloren zu gehen? Das kann einem so recht in die Glieder fahren. Eben noch alles o.k. Aber auf einmal: alles ganz anders, fremd und verwirrend, überhaupt nicht o.k. – ziemlich viel Angst. Setzt euch mal zu den Kindern dort und ruht euch aus. Und schaut euch mal die Geschichte an, die wir mitgebracht haben – auch da geht es um einen, der verloren geht. Aber erst mal wollen wir miteinander ein Lied singen!

»Wir sind die Kleinen in den Gemeinden«
Menschenskinderlieder I, 105

TEIL 2

Jetzt sind wir alle so recht da. Angekommen hier in der Kir- Liturg(in)
che. Übrigens Kirche: wisst ihr eigentlich, wozu die da ist?
(Ideen entgegennehmen.) In der Kirche ist Gott zu Hause. Und
wenn der uns sagen will: Hey, ich bin da, bin bei dir, bei
euch, fürchtet euch nicht!, dann sagt er das auch, wenn ihr
im Kindergarten seid, und auch, wenn ihr heute Abend von
eurer Mutter oder eurem Vater eine Geschichte vorgelesen
bekommt, aber dann sagt er das auch für alle – hier in der
Kirche. (Oder drüben auch in der Moschee und ...) Und deshalb begrüßen wir ihn, stehen dazu auf und sagen:

Guten Tag, lieber Gott!

Hände zum Himmel hoch

Schön, dass du bei uns bist!

Hände auf die Brust

Wir denken an dich!

Hände an die Schläfen

Wir singen dir und machen Musik!

Hände als Trompeten

Wir freuen uns und danken dir!

Hände klopfen aufs Herz

Alle setzen sich wieder

Erzählspiel

Erzähler(in)

Die Geschichte, die wir erzählen, haben wir nicht erfunden. Sie ist wirklich passiert und passierte oft. Jesus hat sie erzählt. Und sie handelt von einem Hirten, der sich am Morgen aufmachte, mit seinen Schafen ein Stückchen weiterzuziehen. Dem Bach entgegen. Seine Tiere hatten einen langen Weg hinter sich. Und sie waren durstig. Ach, da ist er ja, unser Hirte!

Ein(e) Mitarbeiter(in) kommt in die Mitte. Er (Sie) trägt einen Sack mit Kleidern, schüttet sie aus, verkleidet sich. Hut und Hirtenstock liegen bereits im Raum.

Erzähler(in)

Hirte zu sein: einfach ist das nicht! Er muss sich auskennen in der Gegend. Muss wissen, wo es Gras gibt und Wasser. Wissen auch, wo er gehen kann mit seiner Herde und wo er vorsichtig sein muss, weil es zu steil ist, zu abschüssig. Die Gegend, müsst ihr wissen, war felsig, steinig und kahl. Wie Wüste manchmal. Wilde Tiere gab es: Wölfe, Wüstenlöwen, Schakale. Gegen alles das musste er sich selbst schützen, aber vor allem seine Tiere. Menschen, die ihm dabei halfen, waren da nicht. Er musste es alleine tun. Klar doch: sein Hund. Auf den konnte er sich verlassen! Manchmal hatte er mehrere.

Stoffhund wird gezeigt

Erzähler(in)

Aber dann: die Schafe natürlich. Eine ganze Herde war es. 100 Tiere. Viele von ihnen, schaut mal, sind hier. In euren Armen. Auf eurem Schoß. Schlafend, auf dem Boden. Meint ihr, ihr könnt die mal hoch halten und zeigen? Aber seid vorsichtig! Und wenn eines schläft, dann weckt es nicht auf und lasst es schlafen!

Stofftiere werden hoch gehalten

Erzähler(in)

Ja, und dort drüben, schaut: da steht er nun, der Hirte, und baut für seine Tiere den Pferch, damit alle sicher sind in der Nacht!

Mitarbeiter(innen) helfen dem Hirten, mit Obstkisten und Stangen einen Raum abzustecken

Erzähler(in)

Geschafft! Zeit jetzt, die Tiere in den Pferch zu treiben. Wie das geht? Achtet mal auf den Hund. Der weiß es! Vielleicht helft ihr ihm ein bisschen! Kommt und bringt eure Tiere in den Stall!

Kinder bringen ihre Stofftiere in den Stall

So, das offene Gatter schnell zu jetzt. Die ersten Tiere haben ihren Platz schon gefunden. Die anderen sind gerade dabei. Zeit jetzt, ganz genau zu zählen! — Erzähler(in)

97, 98, 99 ... Da stimmt doch was nicht! Nochmal: 97, 98, 99 ... Es müssen doch 100 sein! Da fehlt doch eines! Was ist mit ihm? Ich muss es suchen! — Hirte

Den Kindern zugewandt

Kinder, ein Schaf fehlt. Ich muss es suchen. Ich kenne meine Schafe genau. Manchmal gebe ich ihnen sogar einen Namen. Nele fehlt! Klein ist es, gerade ein paar Wochen alt, immer ein bisschen neugierig, klettert gern. Vielleicht hat es sich zu weit hoch getraut und kommt jetzt nicht mehr runter vom Felsen. Oder es ist in eine Felsspalte gefallen und schafft es nicht nach oben. Hoffentlich ist nichts passiert. Ich werde gehen, rufen: meine Schafe kennen meine Stimme. Vielleicht könnt ihr mir dabei ein bisschen helfen? »Nele, Nele!« — Hirte

Kinder legen ihre Hände an den Mund und rufen laut. Nach einer Weile:

Was ist das? Ich hör was! Ihr auch? — Hirte

Von weit hinten im Kirchraum, ganz leise: »Mäh! Mäh!«

Der Hirte legt die Hand ans Ohr, ruft noch mal, ganz sacht: »Nele!« Er geht der Stimme nach, geht Wege, Umwege, sucht, findet »Nele«, freut sich von Herzen, zu »Nele« gewandt:

Da bist du ja! Ist dir etwas passiert? — Hirte

Den Eltern und Kindern zugewandt:

Gott sei Dank! Alles gut! — Hirte

Er läuft zur Mitte zurück, bleibt dort stehen

Erzähler(in)	Eines fehlt! Von den 100 eines! Und der Hirte fackelt nicht lange und geht los und findet es. Und dann nimmt er es in seine Arme und trägt es heim zu den anderen. Und ist der glücklichste Mensch auf der ganzen Welt – denn seinen größter Schatz, er hat ihn wieder!

Kleine Pause

Erzähler(in)	So ist das bei Gott: Ich bin ihm teuer. Teuer wie der teuerste Schatz. Jeder Mensch ist es. Die Kleinen vor allem!
Hirte	»Ich bin der gute Hirte«, so Jesus: »Meine Schafe hören meine Stimme. Ich kenne sie. Keiner wird sie aus meiner Hand reißen.«
Erzähler(in)	»Meine Schafe hören meine Stimme. Keiner wird sie aus meiner Hand reißen.« Die Freude ist riesig beim Hirten. Und schaut mal, den Hund: auch der freut sich! Gelegenheit also, alle die Nachbarn und Freunde einzuladen, alle Großen und Kleinen, und ein großes Fest zu feiern.
Hirte	Schaut, Freunde, schaut: »Nele« ist wieder da. Es hatte sich verlaufen, aber seht: da ist es, ich hab es wieder gefunden! Kommt und feiert, dem Himmel sei Dank!

Die Kinder holen ihre Tiere aus dem Pferch und kommen zum großen Fest

Erzähler(in)	Und es kamen so viele Menschen, dass im Haus kaum Platz mehr war. Und alle wollten die Geschichte hören. Und jeder hatte eine eigene zu erzählen. Und irgendwann stieg der Hirte auf den Stuhl und sagte: »Gut jetzt wollen wir Gott danken, in den Versen eines alten Gedichts!«

Flüsternd jetzt

Erzähler(in)	Und das tun jetzt die Großen für euch. Und vielleicht ja kennt ihr schon den einen und anderen Satz, dann sprecht kräftig mit:

Psalm 23

Musikalisches Zwischenspiel

TEIL 3

Liturg(in)

Ja, so war das mit »Nele«. Und so ist das mit Gott und dir und mir und einem jeden von uns. Und so, denke ich, lässt sich leben: jeden Tag neu, gestärkt und guter Hoffnung und dann auch so, von der eigenen Kraft und der eigenen Hoffnung an andere weiter zu geben. Das Leben, kann ich mir vorstellen, hat seine gute Zeit dann noch vor sich!
Jetzt aber lasst uns gehen und uns Gott um seinen Segen bitten. Wir tun es in einem Lied, das wir singen und in Gebärden gestalten.

»Herr, wir bitten«
EG 610 (Badischer Anhang)

Liturg(in)

Lasst uns aufstehen dazu und einen großen Kreis bilden. Die Kinder gleich hier, die Eltern von weiter hinten im Raum. Jeder kann jeden gut sehen.

Bis alle ihren Platz gefunden haben, dauert es eine Weile. Dann die Erläuterung.

Ausgangspunkt
(Hände als Schale geöffnet)

Erste Zeile »Komm«
(Hände öffnen und weit offen halten)

Zweite Zeile »Frieden«
(Hände über der Brust kreuzen)

Dritte Zeile »Segen«
(Hände als Dach über dem Kopf)

Vierte Zeile »Kraft«
(Hände reichen zum großen Kreis)

Zeilen werden wiederholt. Stehen bleiben.

Segen

Liturg(in)

Gott segne und behüte euch!
Gott lasse seine Angesicht leuchten über euch und sei euch gnädig!

Gott erhebe sein Angesicht auf euch und schenke euch Frieden!

Alle   Amen

Instrumentenklänge begleiten nach draußen

5. Zweimal, Dreimal, Viermal
Sommerliche Predigtreihen

Liturgischer Baukasten

▪ Gelegenheit

- Während der Sommerferienwochen kann es für die Gemeinden nicht nur eine besondere Gelegenheit, sondern für die in den Gemeinden tätigen Prediger(innen) eine enorme Entlastung sein, sich zu mehrwöchigen Predigtreihen zu verabreden.

- Reizvoll für die Gemeinden: zwei-, drei-, viermal in Folge sprechen unterschiedliche Prediger(innen) oder Gruppen zu *einem* Großthema.

- Reizvoll für den (die) Prediger(in): im vereinbarten Großthema habe ich in zwei, drei oder vier Gemeinden »das mir wichtige Kleine und Besondere« zu predigen (und mit der Gemeinde in der sich daran anschließenden Runde kommunikativ auszutauschen).

- Für die Einen die persönliche Erfahrung, dass es biblisches Verstehen nie nur mit diesem einen Zugang des Verstehens zu tun hat, sondern Wahrheitsfindung immer nur heißen kann, sich auf das Ausschreiten des einen und anderen Weges einzulassen und sich im Übrigen ermuntert zu sehen, den vielen kleinen und anderen Facetten der Wahrheit meine eigene hinzuzufügen und sie mit den anderen »ins Gespräch zu bringen«.

- Für die Anderen die Chance, sich aus der Taktung der Sonntage zu dispensieren und das Große mittels *meines partikulär Besonderen und Vorläufigen* auszuleuchten.

▪ Themen, Arrangement, beteiligte Personen, Sonstiges

- Reihentauglich erweisen sich Motive, Zusammenhänge, aktuelle Themen, biblische Teile und Großerzählungen in kreativ-großer Zahl. In Anlehnung an die Unabhängigkeit von der Ordnung der Perikopen.

- Perikopen-orientiert bietet sich eine mehrwöchige Reihe zu den »Seligpreisungen« an. Oder: »Überraschungsbesuche« (ganz unterschiedlicher Personen).

- Perikopen-unabhängig wäre an eine Reihe zum »Glaubensbekenntnis« oder »Vater Unser« zu denken. An eine solche auch zu den »Vätern und Müttern des Glaubens«, zu den »Sieben Tagen der Schöpfung«, zu den »Propheten und Prophetinnen«, zum »Leben der ersten Gemeinden«.

- Vielleicht lässt sich eine Gruppe finden, die das Sonntagsbesondere mit der Gemeinde betet, singt, spielt oder malt?

- Sommerferiensonntage können zu »starken Gelegenheiten« mit kräftigem Nachklang werden. Es auszuloten, lohnt!

- Wichtig nur: In den Nachbarschaftsgemeinden werden die sonntägliche Reihe und deren thematische Kerne so kommuniziert, dass klar ist: so erst wird der Sonntag zu deinem!

Zum Beispiel

REIHE A ZU BESUCH!

1 Gelehrtenbesuch

(Evangelium nach Markus 12,28-34)

Das Leben ist groß. In die Irre zu gehen, nicht ausgeschlossen. Sag, Meister: so oder so oder doch ganz anders? Der Mann will es wissen. Die Evangelien haben Verständnis dafür. Die Geschichte gleich dreimal. Markus so:

Textlesung

Gelehrtenbesuch. Im Tempel wohl oder ganz in der Nähe. Ein Gespräch unter Fachleuten. Um die Gebote geht es. Was ist das höchste? Das Judentum ist eine irdische, dem Leben zugewandte Religion. Entsprechend die Weisungen. 613 an der Zahl. Manche von ihnen sind auf das tägliche Handeln ausgerichtet: »Lass das Morden, das Stehlen, das Ehebrechen!« »Sei den Fremden gut, den Witwen und Waisen!« Manch andere das Frömmigkeitsverhalten: »Vergiss nicht dein tägliches Gebet!« Manche Gebote beziehen sich auf die Bebauung des Landes: »Lass es ruhen im siebten Jahr!« Und wieder andere haben mit dem Opfer und dem Tempel in Jerusalem zu tun.

Es gibt Gebote nur für die Männer und nur für die Frauen. Da kommt eine ganze Menge zusammen, zusammengefasst in den heiligen Schriften. Nie aber so, dass alles für alle Zeit gesagt und versiegelt ist. Debatte muss her, Auseinandersetzung, Übertragung ins Heute, geklärte Übereinkunft. So erst wird aus dem Buchstaben Gottes Wort. Nicht anders, später auch, im Neuen Testament. Und so steht im Mittelpunkt der Auseinandersetzung Jesu mit dem Gelehrten, einmal mehr, die Frage nach dem »Reich Gottes« und der Höchstpriorität, an ihm teilzuhaben.

Und Jesus? Das wichtigste Gebot ist, du weißt: »Höre, Israel! Der Herr, unser Gott, ist Herr allein! Deinen Herrn sollst du lieben mit ganzem Herzen, mit ganzer Seele, mit all deinem Verstand und all deiner Kraft!« Das andere kommt dazu: »Du sollst deinen Nächsten lieben wie dich selbst« Kein anderes Gebot ist wichtiger als diese beiden!

Zunächst der Hinweis also auf den Text der Schrift, wie er sich in Israel zum »Gebet der Gebete«, zum kurz gefassten Glaubensbekenntnis gar, entwickelt hat. Das »Höre, Israel«. Dem Gebot folgen zwei weitere Sätze: Schlussweisungen. »Und diese Worte, die ich dir heute gebiete, sollst du dir zu Herzen nehmen, deinen Kindern einschärfen und davon reden, wenn du in deinem Haus sitzt oder unterwegs bist, wenn du dich niederlegst und aufstehst. Und sollst sie binden zum Zeichen auf deine Hand, ein Merkzeichen sollen sie sein zwischen deinen Augen und sollst sie schreiben auf die Pfosten deines Hauses und an die Tore.« Noch heute wird dieses Gebet so in jedem jüdischen Gottesdienst gesprochen, den Kindern gelehrt und den Toten in den Tod mitgegeben. Es hat dem jüdischen Volk durch die Jahrhunderte jene Kraft gegeben, ohne die sie sich in den Gefahren, Schrecken und Abgründen ihres Lebens gar nicht hätten zurechtfinden können. Aber auch das nicht: ihnen hätte Hinweis sein können darauf, dass da ein Anderer ist, ihnen sehr vertraut, der sie kennt und sie hütet wie seinen »Augapfel« (Psalm 17,6).

Aus dem 2. Jahrhundert wird von Rabbi Akiba berichtet, der vom römischen Gouverneur zum Tode verurteilt wurde, weil er nicht aufhörte, seine Schüler zu unterrichten. Man führte ihn auf den Richtplatz und folterte ihn mit eisernen Kämmen. Als er es nicht weiter ertrug und sein Ende vor sich hatte, sprach er mit seiner letzten Kraft das »Schema Israel, Adonai Elohenu, Adonai Echad! Höre, Israel, der Herr, unser Gott, ist Herr allein!« Keine Chance, die Übermacht des Todes ist gewaltig! Und doch ist da einer, der Eine und Ewige: über das

Vorletzte hinaus hält er dein Leben ins Höchste! Fürchte dich nicht! So auch ein anderer. Gershom Scholem. Meister jüdischer Mystik, geboren in Berlin, frühes 20. Jahrhundert, aufgewachsen in einem liberalen, nichtreligiösen Elternhaus. Als junger Mann entdeckt er die religiöse Tradition des Judentums und beginnt, Hebräisch zu lernen. Wohl um zu zeigen, dass sie weiß, worum es sich handelt, spricht ihm seine Mutter, für die Religion keine Bedeutung hatte, eines Tages das »Höre, Israel« auf Hebräisch vor. Sie kennt den Text, hat das »Schema«, auch wenn sie die Religion schon verloren hatte!

»Gott ist dein Herr!« Dreierlei klingt durch in diesem Satz: *Erinnerung zunächst.* Vergegenwärtigter Anfang. Chaos herrschte. Aber Gott setzte dagegen. Schuf Licht. Schuf Leben. Verband sich mit den Vätern und Müttern. Segnete sie, Befreite sein Volk aus Ägypten. Schenkte ihm die Thora. Die Geschichte der Welt ist gottbezogen. Der Macht der Mächte entzogen. Kursklärung dann. Gott will sein Volk als Gemeinschaft der Freien. Was bindet euch, so seine Frage. Woran hängst du? Was bestimmt dich? Was treibt dich? Denk daran: »Woran dein Herz hängt, das ist dein Gott!« (Martin Luther) Der Götter sind viele. Hör nicht auf, dir darüber klar zu werden! Hoffnung schließlich. Es werden die Mächte nicht aufhören, ihre alte Macht wiederzuerlangen. Verbündete werden sie suchen, woher auch immer. Der Tod ist »gebunden«, noch immer nicht tot. Aber Gott, der den »Anfang« gemacht, seine Geschichte begonnen hat, der wird nicht lassen davon: sein Werk vollenden. Nicht wie ein »Sonnenkönig«. Durch Menschen, die »Gott lieben mit ganzem Herzen, ganzer Seele, mit allem Verstand und aller Kraft«. Und dann ist da noch etwas: Der Satz ist zu Israel gesprochen. Es ist der »Gott Israels«, um den es sich handelt. Kein anderer. Schon gar nicht einer, der sich losgesagt hat von »seinem Volk«, um sich ein »neues« zu suchen. In der jungen Kirche wurde das vertreten, bis in die Schriften der Bibel hinein, mit wirren, gefährlichen, menschenverachtenden Folgen bis in die jüngste Geschichte hinein. »Gott, dein Herr«? Wenn auch wir ihn, die Christen, Gott »unseren Vater« nennen, dann deswegen, weil er es so will und sich uns bekannt gemacht hat durch »sein Volk«. »Nicht du trägst die Wurzel, sondern die Wurzel trägt dich!« (Brief an die Gemeinde in Rom 11,18) Gott mit deinem ganzen Menschsein zu lieben, das aber geht nur, wenn du die andere Seite mit meinst: »Liebe deinen Nächsten wie dich selbst!« Originär christlich auch das nicht, auch wenn wir's uns gerne auf die Fahne schreiben. Nein, auch dazu sind wir gekommen, weil »Israel« bereit ist, es mit uns zu teilen. »Liebe deinen Nächsten«, so übersetzt Martin Buber, der jüdische Religionsphilosoph, »denn er ist wie du« (3. Buch Mose 19,18). So also: Sieh in dem Menschen, der dir begegnet, den, den Gott so gewollt hat und liebt! Du wirst ihn nicht immer gut finden, ihn oft auch nur schwer verstehen: achte ihn, begegne ihm mit Respekt, er hat seine Würde aus Gott!

Zurück dann noch einmal zum Anfang. Zu Jesu Disput mit dem Tempelgelehrten. Ein Disput, so zeigt sich, ist es ja gar nicht. Wir mögen es so erwartet haben, aber es kommt nicht dazu. Es gibt ihn nicht, den unüberwindlichen Gegensatz zwischen Jesus und seinen Zeitgenossen. Der Schriftgelehrte stimmt ihm zu: »Meister, du hast Recht!« (Vers 32). Und dann noch einmal grundsätzlich: »Gott«, so der, »ist Herr allein! Es gibt keinen anderen außer ihm! Ihn mit ganzem Herzen, mit aller Einsicht und Kraft zu lieben und seinen Nächsten wie sich selbst, das ist mehr als alle Brandopfer und Schlachtopfer!« (Vers 33) Für uns nichts Besonderes, für Jesu Zeitgenossen aber (der Tempel stand ja noch, und täglich wurden dort Speis- und Trankopfer dargebracht) etwas ganz und gar Ungewöhnliches!

Juden, Christen. Vieles unterscheidet uns. Die Traditionen sind alt. Sie prägen unser Gedächtnis, unseren Glauben, unser Leben. Und doch sind da Kerne, Farben und Klänge, Ansätze und Verläufe, die sich nicht einfach sortieren lassen, dieses nach hier und jenes nach dort, sondern sich zu Perlenketten zusammensetzen, ganzen Landschaften und Kunstwerken, voller Erfahrung, Hoffnung, Präsenz und jenem ganz, ganz besonderen Reiz, vom Gleichen nicht gleich, sondern in geschwisterlicher Ungleichheit zu sprechen. The same but different. Längst sind die Geheimnisse nicht alle geborgen. Noch ist da viel zu entdecken, einander zu erzählen, voneinander zu lernen, einander einzugestehen. Grund genug also, aufeinander zu achten und die besondere Beziehung zu pflegen.

2 Arztbesuch
(Evangelium nach Johannes 5,1-9)

Seine Beine nicht gebrauchen zu können, nicht stehen, nicht gehen, kaum sich bewegen zu können! Schon achtunddreißig Jahre, sein ganzes Leben lang!

Dort vorne: da hockt er. In der Halle am Teich. Von irgendwem am Morgen dorthin gebracht. Irgendwer, so hofft er,
wird ihn dann auch wieder zu den Anderen bringen, bei den
Gräbern draußen vor den Toren der Stadt. Hockt dort und
wartet. Wartet darauf, dass es sich bewegt, irgendwann, das
Wasser, von dem man sich Wunder erwartete. Vielleicht ja:
vielleicht würde es das auch für ihn einmal geben, dass einer
hinträte zu ihm, ihm aufhülfe, ihn hineinführte. Vielleicht.
Hier die Geschichte, wie Johannes sie erzählt:

Textlesung

Wie? Ob ich gesund werden möchte? Was für eine Frage,
Mann! Lieg du mal da und warte! Und alle rennen an dir
vorbei! Und keiner hat Zeit, auch nur einen einzigen Moment!
Und wenn dann doch einmal, dann ist da schon ein anderer
im Wasser, und alles war umsonst!
Dann: ja, dann liegst du da und kannst dich nicht regen und
siehst nur immer die, die es können, können und dürfen,
dürfen und können und du eben nicht. Dann kannst du nicht
mehr, ist dir alles zu viel. Dann kannst du auch solche Fragen
nicht mehr hören. Dann tut dir nur alles noch weh und du
wolltest nur einfach alles wegschütteln von dir, aussteigen,
raus aus dieser Tretmühle, diesem ewigen Zirkel um dich
selbst. Das bisschen Mehl, das bisschen Kraft, das bisschen
Öl, das bisschen Saft. Nein, von Leben ist da nicht mehr viel.
Leer die Seele, leer der Kopf. Alles, was nur sprechen kann,
spricht gegen dich. In so viel Dunkel fällt kein Licht!
Und plötzlich das: da bleibt einer stehen, unterbricht seinen ge-
timten, nach links und rechts abgeschotteten Kurs, setzt sich zu
dir, sieht dich an, spricht mit dir, geht in sie ein, in deine Welt,
in die du dich zurückgezogen hast, schreitet sie aus mit dir – und
tut es doch nicht über die Maßen. Denn irgendwann, so weiß er,
verläuft man sich dort. Und wenn nicht klar ist, wohin ich will,
dann nützt auch die größte Nähe nichts und ich gehe, wie eben
noch, im Kreis. »Was also? Es geht um dich. Willst du gesund
werden?« Fragt so. Und fragt noch einmal. Und will es wissen.
Von mir. In diesem Augenblick. Vor aller Therapieberatung. Vor
allen den Leuten, die ja auch nur alle das Eine wollen: gesund
werden. Gesund werden: ja, das geht über Etagen. Da kommt
vieles zusammen. so manches, was kann, so manches, was muss.
Aber darauf kommt es vor allem an: dass es aus dir selbst kommt
und du für das, was sein soll, die Verantwortung übernimmst.
Nur so wird sich was ändern. Was also!?

Ob mir sonst noch etwas auffiel an diesem Mann? Nein, eigentlich nicht. Nur: dass er wie gerufen kam. Ich war es ja ganz anders gewohnt. Wie es mir gehe, fragten mich die, mit denen ich sonst zu tun hatte. Aber nicht, weil sie es wissen wollten, sondern um möglichst schnell an mir vorbei zu ihren Geschäften oder Terminen zurückzukommen und mich in meiner gelähmten Hoffnung allein zu lassen. Dort vorne der Teich, ja! Aber wie hin kommen!?

Bei ihm war das anders!

Von ihm ging etwas, das dich wollte, ganz wollte, nicht länger zerstückelt, auf einen Rest reduziert, festgelegt auf alle Zeiten. Nein, sich heillos zu halten, von Gott und allen guten Geistern verlassen, das ging bei ihm nicht. Der bittet dich, fordert dich geradezu auf, so spürte ich, von deinem Leben groß zu denken, es frei zu machen für die Hoffnung, die will, dass du bist. Und dann noch eines, auch auf die Gefahr hin, dass du jetzt, wie ich mir vorstellen kann, nur noch wenig verstehst: von eben dem Zeitpunkt an, wie wir so dasaßen beim Teich, miteinander warteten, auf das Wunder dort im Wasser, da war mir, als würde ich, gestützt von tief drinnen, erste eigene Schritte machen und der Lähmung entkommen. Das bisschen Mut, das bisschen Kraft, das bisschen Öl, das bisschen Saft: es wird reichen für dich, er wird reichen für mich, es wird reichen im Weinen, es wird reichen im Lachen, es wird reichen, aus einem Armen einen Reichen zu machen!

»Willst du gesund werden?«

Ja, Gott, ich will. Ich trau deiner Gerechtigkeit. Du stellst meine Füße auf weiten Raum. Und weil einer da sein muss, den Weg mit mir zusammen zu gehen: brauch mich, brauch uns. Brauch uns wie den, den du damals schon gebraucht hast: für den dort beim Teich!

REIHE B SELIG!

1 Selig die Armen

(Evangelium nach Matthäus 5,1-3)

Auf dem Berg, zu Mittag, unter Bäumen stand er da, »tat seinen Mund auf und sprach«. Unten der See. Droben, alles überdeckend, der Himmel. Ein junger Mann mit seinen Freunden. Gekommen von irgendwoher. Dort sitzen sie, schlafen und träumen. Stille. Ein paar Vögel noch. Vom See her ein leichter Wind. Nichts sonst. Mittagshitze. Mittagsruhe. Der junge Mann? Er sitzt noch immer. Nichts geschieht. Irgendwann erhebt er sich, geht ein paar Schritte. Weg von den einen, hin zu den anderen: »Selig die Armen im Geist. Ihnen gehört der Himmel!«

»Und er tat seinen Mund auf und lehrte sie.« So klingt es beim Evangelisten: Schweigen, das zur Rede wird. Stille, die zu rufen beginnt. Lied vom Glück.

Wie? Was? Hören wir recht? Der junge Mann stellt die Welt auf den Kopf! Nicht den Reichen, den Klugen, den Frommen gehört der Himmel: den Armen gehört er! Den Armen? Wir haben schon viel gehört, aber so noch nicht! Ein starkes Lied. Widersprüchlich. Spannungsgeladen: »Arm bin ich, seht, und doch beschenkt! Kein Haus und doch geborgen! Nichts auf der Liste und doch geliebt. Keine Chance, die aber nutze!« Längst haben wir uns dazu gesetzt, sind Auge und Ohr. Wer andere seligpreist, muss selber selig sein. Wer die Armen glücklich nennt, muss selber arm sein. Was wir sehen an diesem himmelblauen, sommerheißen Mittag, ist die Seligkeit dessen, der sich über Gott nicht lange den Kopf zerbricht, sondern sie lebt: erfüllt ist Sehnsucht, von Kraft, von Liebe und Leben. Die Welt, wie sie war, die Maßstäbe der Herkunft, die Regeln der Hierarchien: sie sind nicht mehr. Arm? Ja, er ist es, war es nie anders. Und darin: frei. Frei für den Himmel. Gelernt nicht in der Schule. Auch davor nicht, zu Hause. Gelernt in der Stille. In der Wüste, im Gebet. Vierzig Tage, so der Evangelist. Wer nie geschwiegen hat, weiß nicht, was es sein kann, das Wort.

»Selig die Armen!« Wir sehen die Armut. Einen Sparstrumpf hat er nicht. Und sonst keine Reserve. Angewiesen ist er. Auf die sich öffnende Hand der Anderen, die Gastfreundschaft der Fremden. Sein Thema? Immer das gleiche: Mach dich nicht abhängig! Wer sich ans Geld bindet, hat Geld, aber den

Himmel gerade nicht! Jesus verklärt nicht. Er weiß von Hunger. Kennt das Elend, die Not. Doch der Mangel kann was. Versuch es anders, so lehrt er! Versuch es mit Gott! Lass Wege zu, die dir bisher verschlossen waren, du sie dir selbst verschlossen hast! Und so kann die Armut des Leibes zu einer anderen führen: zur Armut des Geistes. Wahrnehmbar wie schon das Eine am Mann dort unter den Bäumen: Was er sagt, ist souverän. Er sagt es aus Vollmacht. Doch die, das weiß er, hat er nicht aus sich. Die hat er »geliehen«. Geliehen »vom Vater«. Und so dann geschieht es: seine Hörer, sie hören ihn, doch er beherrscht sie nicht. Geistlich arm. Bedürftig also. Aufs Nehmen gewiesen. Angewiesen darauf, dass da wer ist, der hat und dem es nichts ausmacht, mit mir zu teilen. Wer Arme seligpreist, muss selber arm sein.

Auf dem Berg, zu Mittag, unter Bäumen fast ohne Schatten stand er da. Und als er ihn auftat, seinen Mund, und sprach, und wir uns zu ihnen setzen, mit ihnen lauschten, alles gar nicht so recht glauben konnten und dann, als wir's mochten, uns niederlegten und überwältigt und entspannt die Augen schlossen. Selig die Armen! Was für ein Wort! Was für eine ungeahnte Welt! Zugänglich! Ausschreitbar! Neu erschlossen! Wir möchten gerne bleiben und wissen doch: Der Mittag wird vergehen, der Fremde wird weiterziehen und die, die ihn begleiten, auch! Armut des Leibes? Armut des Geistes? Wir hören und schweigen und empfangen und genießen und sind doch zugleich verstört. Wir liegen noch unter Bäumen, atmen die Stille und spüren doch ein bisschen schon: die harte Erde. Sich nicht ans Geld binden? Nicht an den Terminkalender? Es anders versuchen? Wie alle und immer gerade nicht? Schnell kommen uns die Sätze wieder. Die Gründe. Die Einwände. Noch ist nicht Abend. Aber der Fremde dort: es hält ihn nicht länger!

»Und er tat seinen Mund auf und sprach!« Wie er kam, dieser Satz, sich Zeit nahm und Raum, uns kommen ließ, mitnahm, ganz in sich auf, so verklingt er nun. Starke Sätze kommen aus dem Schweigen, kommen aus Gott und kehren zu ihm wieder zurück. Schweigen ist Bitten – Bitten um Segen. Inbegriff so des Armseins. Wir stehen auf und reiben uns die Augen. War da was? Ja, die Rede war da von Glück und von Seligkeit: meinem, deinem, unser aller. Eben noch packte uns das Wort, schon sind wir wieder davon. Was bleibt? Gerne, so kommt mir, nennen wir uns »Geistliche«. Aber was dann ist wirklich? Von Eifer und Ehrgeiz und tausend guten Absichten getrieben, immer aber auch davon, es ja allen recht zu tun, wollen wir es zeigen – es »sehen« lassen, auf unsere »Kompetenz« verweisen, unseren »Einfluss« hochhalten, unsere »Tradition« und »Nicht zu ersetzen«. Traurig. Was gut sein könnte, missrät. Zum Nachweis unserer »Expertise« verdammt, halten wir es mit dem »Linsengericht« und verlernen zu schweigen, zu bitten, zu empfangen. Gutes tun und darüber reden? Im Palaver, fürchte ich, hat »Schwarzbrot« kaum Aussicht!

Nicht gebacken also fürs Glück? Für das zumindest, wie wir es an ihm, dem jungen Mann unter den Bäumen, fanden? Mag sein, es ist so. Und doch werd ich diesen Mittag nicht so schnell vergessen. Die Bäume, die Stille, das Vollkommene. Und ich bitte den jungen Mann, er möge uns an die Hand nehmen, mit uns schweigen, mit uns durch die Zeiten und Räume gehen, uns Vertrauen schenken, großes und starkes aus der Kraft der Stille. Von Martin Luther habe ich mir einmal einen Satz notiert: »Wo kein Glaube ist, bleibt das Himmelreich außen vor, und man verbringt seine Zeit mit eitlem Scharren, Geizen, Zanken und Rumoren ...« (Wochenpredigten über Matthäus 5-7/MA VI, 325) Ich will es mir gesagt sein lassen. Und bitte den jungen Mann, es nicht aufzugeben, noch einmal mit uns zum Hügel hinaufzusteigen und uns jenen himmlischen Raum zu eröffnen, in dem ich sagen kann: Ich habe nicht viel, und was ich weiß, das hält sich in Grenzen, und eine wirkliche Chance, die sehe ich auch nicht, doch will ich sie nutzen!

2 Selig die Hungernden

(Evangelium nach Lukas 6,21a)

Irgendwo auf der Welt. In Südostasien, in Nordafrika, gut möglich auch anderswo ist Machtwechsel. Diktator B löst Diktator C ab. Die Armen hoffen auf Besserung. Sie haben dem Neuen ihre Stimme gegeben. Es hat sie einen langen Weg gekostet. Und lange Wartezeit.

Tage später das Ergebnis. Es hat sich was verschoben. Doch nur an der Peripherie. Im Kern ist alles beim Alten geblieben. Aber erst mal wird gefeiert. Der Neue hat schul- und arbeitsfrei gegeben. Man tanzt auf den Plätzen und trinkt. Man schwenkt Fähnchen und skandiert Parolen. In den Tempeln werden Gebete gesprochen und Räucherkerzen verbrannt. Überall Böller, die krachen, und Raketen, die steigen. Bis sie

ihn endlich zeigen, die TV-Stationen, und seine Rede über-
tragen. Und dann, auf dem Höhepunkt der Show, lassen die
Helfer eine Hundertschar Tauben aufsteigen – Sinnbilder des
Friedens und einer neuen, glücklichen Zeit.

Stunden danach filmt ein Kameramann eine Szene, die so
nicht recht passt: Ein junger, barfüßiger Mann läuft in San-
dalen, kurzen Hosen und verblichenem Hemd so schnell er
kann nach Hause. In seinen Händen hält er, fest zwischen
den Fingern, die zappelnden Füße von drei oder vier flattern-
den Tauben. Er lacht in die Kamera und bekennt: »Das wird
ein Festessen. Ich werd die ganze Familie einladen!«

So ist das mit Symbolen: sie erzeugen den Eindruck des Ma-
jestätischen, entführen einen, lassen einen glauben. Dann
aber, nach der Inszenierung, bleibt es, wie es ist. Die Mächtigen setzen Zeichen an den Himmel. Die unten aber, von
den Großen nur immer als Statisten gebraucht: wollen essen.
Wenn Gott herrscht, so Jesus zu seinen Jüngern, da wird es
das Glück der Hungernden sein, das den Geist und das Klima
des Neuen bestimmt. Und damit ihr seht, wie es sein wird,
»schmeckt und seht«, lass ich euch reinschauen und zeig euch
Schritte.

Nein, so Jesus einmal: Schickt sie nicht weg! Viele sind es!
Ja, ich weiß! Aus ihren Dörfern sind sie gekommen, hierher!
Allesamt Menschen, die leben wollen, vom Leben selbst aber
oder, wie es die Großen und Klugen und Frommen organisieren, im Stich gelassen werden! Lasst sie bei euch! Distan-
ziert nicht auch ihr euch von ihnen! Wer bleibt ihnen dann
doch!? Macht sie auf, eure Taschen, und schaut nach, ob da
nicht doch noch was ist, das die Not lindern kann! Fürs Erste
zumindest! Und dann, wenn ihr was findet, seien es auch
ein paar Fische und Brote, dann heißt sie, sich zu lagern, in
Gruppen am besten, dass sie einander nah sind und in die
Augen schauen, und dann teilt aus, was ihr gefunden habt:
der Rest wird sich zeigen!

Bei den Jüngern, so die Evangelien (Markus 6,31-44, Matthäus 14,13-21, Lukas 9,10-17, Johannes 6,1-13), sei das auf
nur wenig Verständnis gestoßen. Sie kannten das Leben. Mit
Bedingungen habe man da zu rechnen, die so nun mal sind.
Wenn du Fische fangen willst, um deine Familie zu ernähren,
dann gehst du frühmorgens oder abends aufs Wasser: zu
keiner anderen Zeit, klar doch! »Tut's! Schaut nach!«, so Jesus. Und sie taten es. Und am Ende, so die Geschichten, sei
von dem Wenigen so viel übrig geblieben, dass sie es nicht
fassen konnten!

6. Behütet

Ferienbeginn der Kinderkirche

Liturgischer Baukasten

Gelegenheit

- Die Wochen vor den großen Ferien sind für die Kinder und Mitarbeiter(innen) der Kinderkirche oft sehr programmintensiv. Oft ist es in dieser Zeit ja gerade die Kinderkirche der Gemeinde, die allein oder mit anderen Gruppen zum »besonderen Sonntag« einlädt. Dann aber kommt der Tag, an dem man Pause macht, das Gewohnte verlässt und »in die Welt« zieht. Die Kinderkirche selbst ist dann für manche an ihr Ende gekommen: altersbedingt, umzugsbedingt oder aus sonst welchen Gründen.

- In manchen Gemeinden hat sich die Übung entwickelt, den Abschluss der Kinderkirche zu Ferienbeginn mit einem »Fare-well-Ritual« zu feiern.

Arrangement, Raum, Musik, beteiligte Personen

- Das kann in sehr unterschiedlicher Weise geschehen: in der Kirche, im Gemeinderaum, im Garten, im nahe gelegenen Park.

- Man kann es als separate liturgische Kleinform feiern. Oder als gestreckte Form: mit einem Frühstück oder einem Spaziergang (mit Picknick) verbunden. Der Gestaltungsphantasie sind keine Grenzen gesetzt.

- Wichtig: sich zur Gestaltung der Requisiten (»Segenshüte«) genug Zeit zu lassen und sich um den geeigneten Ort sowie die Beschaffung/Bereitstellung/Transport der »Rohstoffe« (Tesakrepp, Scheren, bunte Krepp-Streifen, Packpapier, bunte Federn, Fingerfarben etc.) zu kümmern.

- Ganz wichtig: ein gut aufeinander eingestelltes Team von Mitarbeiter(innen) und/oder Eltern.

- Im vorliegenden Beispiel umfasste die Gruppe der zu verabschiedenden Kinder 24. Die Gruppe der Mitarbeiter(innen) umfasste acht Personen.

TEIL 1 ANKOMMEN

Die Kinder, die Eltern und Mitarbeiter(innen) sitzen im großen Halbkreis

Klaviertöne

Begrüßung und Einstimmung

Ihr wisst, liebe Kinder: am Mittwoch werden wir den Abschluss des Schuljahrs feiern und ab Donnerstag große Ferien
haben. Viele von euch werden dann auf große Tour gehen:
ans Meer, in die Berge, in fremde Länder reisen. Andere werden es kleiner angehen: die nähere Umgebung erkunden, den
Fluss, die Wälder, die Seen, die Bäder, mit dem Fahrrad, zu
Fuß, mit der Familie, mit dem Verein, allein oder mit Freunden. Für wieder andere wird es eine Menge zu schaffen geben:
große Kartons werden sie sich besorgen, ihre Zimmer ausräu-
men, den Umzugswagen bestücken und wegziehen von hier,
in einen anderen Stadtteil oder wohin sonst. Zeit also, voneinander Abschied zu nehmen. Für lange sieben Wochen. Von
manchen aber auch: für immer. »Gott behüte euch!« sagen
wir oft, wenn wir auseinandergehen. Was genau das ist, wollen wir dann doch mal genauer wissen. Dazu seid herzlich
gegrüßt!

Liturg(in)

Einspielung der Melodie

»Das wünsch ich sehr«
Gemeinsam unterwegs, 86

Hymnus
(Psalm 121)

Ich schaue hoch zu den Bergen. Wer hilft mir?

Sprecher(in)

Gott hilft mir. Himmel und Erde hat er gemacht!

Alle

Er wird deinen Fuß nicht gleiten lassen.
Der dich behütet, schläft nicht!

Sprecher(in)

Gott behütet dich vor allem Übel.

Alle

Gott behütet deine Seele. Er behütet deinen Ausgang und Eingang von nun an bis in Ewigkeit.

TEIL 2 HUTMACHERS WERKSTATT

Die Kinder begeben sich mit den Mitarbeiter(innen) in den Nebenraum, wo sich auf dem Boden eine Menge »Rohmaterial« zur Herstellung der »Behüte-Hüte« angesammelt hat: Geschenkpapier, Packpapier, Tesakrepp, Kreppbänder, Federn, getrocknete Blumen, Fingermalfarben. Dazu Tacker, Scheren als Montagehilfen. Über die Raumfläche verteilt modellieren sich die Kinder mit den Mitarbeiter(innen) »ihre« Hüte. Anleitung: Das Papier in mehreren Lagen auf den Kopf legen, die Kopfform mit Tesakrepp fixieren. Die Papierenden zu einer Krempe einschlagen, mit dem Tacker festigen, in die gewünschte Hutform bringen. Den Hut mit Federn, Farbe, Kreppstreifen, getrockneten Blumen u.a. ausschmücken.

Klaviertöne

Die Hüte werden in den Feierraum gebracht und vor den Stühlen der Kinderkirchenkinder zu einer großen, bunten Hüte-Galerie ausgebreitet.

Einspielung der Melodie

»Gott, dein guter Segen«

Alle

1) Gott, dein guter Segen ist wie ein großer Hut. Wenn die Leute wüten, wirst du mich behüten. Wir sind in deiner Hut. Und das gefällt uns gut und das gefällt uns gut.

2) Gott, deine guten Hände sind wie ein großer Hut. Schlagen wird nichts nützen, du wirst mich beschützen. Wir sind in deiner Hut. Und das gefällt uns gut und das gefällt uns gut.

3) Gott, deine guten Worte sind wie ein großer Hut. Froh werd ich ihn tragen, allen weitersagen: Wir sind in deiner Hut. Und das gefällt uns gut und das gefällt uns gut.

Text: Jürgen Fliege/Musik: Oskar Gottlieb Blarr

Nimmt sich ihren/seinen Hut und setzt ihn auf

Behütet sein? Das ist: wie einen Hut aufhaben, wie vor Wind und Regen oder zu viel Sonne geschützt sein. Aber Hüte schmücken uns auch. Und oft weisen sie darauf hin: hier geht eine(r) auf die Reise. Manche Leute haben extra Reisehüte. Und einen solchen Reise-Hut habt ihr euch eben wie aus Meisterhand gefertigt. Nehmt sie doch einmal und zieht sie auf und geht ein paar Schritte und zeigt euch!

Liturg(in)

Der Raum verwandelt sich ein paar Minuten lang in einen Boulevard. Jede(r) stellt sich dem/der Anderen von seiner »behüteten« Seite vor. Dann kommen die Kinder wieder zurück und stellen sich zum Halbkreis vor ihre Stühle.

Behüte-Segen

Der (Die) LiturgIn erklärt, was jetzt geschieht. Dann geht sie (er) aus der Mitte und segnet die Kinder, Eltern und Mitarbeiter(innen) durch Auferlegung der Hände.

»Gott behütet dich!
Gott begleitet dich auf allen deinen Wegen!«

Stille

Klaviertöne

Alle setzen sich

Abschlussgeschichte

Ihr kennt die Geschichte. Einigen von euch hatte ich sie schon einmal erzählt. Heute will ich es, für euch alle, noch einmal tun:
Eines Nachts hatte ich einen Traum. Ich ging am Meer entlang. Mit Gott. Vor dem dunklen Nachthimmel erstrahlten, Streiflichtern gleich, Bilder aus meinem Leben. Und jedes Mal sah ich zwei Fußspuren im Sand: meine eigenen und die meines Begleiters. Und irgendwann war es soweit, dass auch das letzte Bild an meinen Augen vorübergezogen war und ich mich umwandte. Ich erschrak, denn an vielen Stellen meines Lebensweges waren es nicht zwei, sondern nur eine Spur, gerade auf den schwersten Abschnitten. Besorgt fragte

Erzähler(in)

ich: »Gott, als ich begann, dir nachzufolgen, da hattest du mir versprochen, auf allen meinen Wegen mit mir zu sein, doch jetzt, wo ich hinschaue, da sehe ich in den schwersten Zeiten meines Lebens nicht zwei, sondern nur eine Spur im Sand. Warum hast du mich allein gelassen?« Der aber antwortete: »Mein liebes Kind, ich habe dich nie allein gelassen und werde es nicht, schon gar nicht, wenn du dich fürchtest und in Not bist. Wo du nur eine Spur siehst, hab ich dich getragen!«

Gebet und Segen

Stehend im Halbkreis

Liturg(in)   Lieber Gott, ja, du bist bei uns und gehst mit uns mit: die kurzen und die langen Wege, die schönen und unangenehmen, die aufregenden und gefährlichen. Dafür danken wir dir. Und wenn wir nun auseinander gehen, uns lange nicht wiedersehen und manche von uns auch dann nicht wiederkommen, weil sie in eine andere Stadt ziehen (Namen nennen), dann lass uns nicht allein. Sei mit uns. Segne und behüte uns und lass dein freundliches Angesicht leuchten über uns und gib uns deinen Frieden!

Einspielen der Melodie

Die Feiernden geben sich nach rechts und links die Hand

Gemeinsames Lied
»Meine Hoffnung«
Gemeinsam unterwegs, 117

7. Es ist Krieg!

100 Jahre Erster Weltkrieg (1. August 1914)

Liturgischer Baukasten

■ Gelegenheit

- Nach Ablauf eines unerfüllbaren Ultimatums erklärte Österreich-Ungarn am 28. Juli 1914 Serbien den Krieg. Am 1. August tat es Deutschland gegenüber Russland. Frankreich, England, das Osmanische Reich folgten, später Japan und die USA. Die »Urkatastrophe der Moderne« hatte ihren Verlauf genommen. Mit Folgen bis heute (Balkan, Ukraine, Naher Osten, Afrika, Ostasien). Die Völker befanden sich in einem Rausch. Befeuert von Militär und Wirtschaft, Parteien, Dichtern und Denkern. Die Kirchen vorneweg. Sie segneten die Waffen und sprachen von »der handgreiflichen Nähe Gottes, der unsere Fahnen entrollt und unserem Kaiser das Schwert zum Kreuzzug in die Hand drückt« (Hof- und Domprediger Bruno Doehring am 2. August 1914, Berlin). Am Ende waren es 10 Millionen tote und 22 Millionen verwundete und verstümmelte Soldaten, die dieser »Kreuzzug« in Europa kostete. In der einen und anderen Gemeinde mag der Wunsch bestehen, sich mit der Zerstörungsgeschichte chauvinistischer und nationalistischer Selbstberauschung auseinanderzusetzen. Ernst Barlachs »Anno Domini 1916 post Christum natum« kann dazu Anstoß sein.

■ Arrangement, Ort, Ausstattung, Darbietung, Sonstiges

- In der vorliegenden Form wurde das Bild unter gymnasialen Oberstufen-Schüler(innen) meditiert. Gut vorstellbar, das Bild auch in (ökumenischen) Gemeinde- und Erwachsenenbildungsgruppen zu begehen. Warum nicht auch im (kleinen) Sommergottesdienst? Da und dort in den Gemeinden werden Auslandsgäste zu Besuch sein: den Frieden zu feiern, für ihn zu danken, um ihn zu bitten, sich zu ihm tagtäglich neu zu verabreden, könnte dem Gottesdienst Gelegenheitsaktualität verleihen.

- Ratsam wohl, im Raum nicht zu weit auseinander zu sitzen. Vielleicht ist es möglich, sich im vorderen Teil des Kirchraums oder Altarraum zu versammeln. Die Gottesdienste sind ja in der Regel recht klein um diese Jahreszeit (Sommerferien). Das Bild könnte über Beamer oder Tageslichtprojektor an die Wand oder eine dort aufgestellte Leinwand geworfen werden. Wo das nicht möglich ist, sollten die Besucher(innen) das Bild in Händen haben (und nach dem Gottesdienst mit nach Hause nehmen können).

- Ratsam wohl auch, das Bild von zwei Sprecher(innen) begehen zu lassen. Dazu einem/einer Leser(in). Äußeres und Inneres, Verheißung und Gegenwart, Zeichen und Deutung kommen so deutlicher in Korrespondenz.

Erinnerung

Ernst Barlach »Anno Domini MCMXVI post Christum natum«

Bildbegehung

Sprecher(in) 1   Dass es die Völker einmal verlernen werden, »das Schwert gegeneinander zu erheben« (Micha 4,1-15), gehört zu den alten Menschheitsträumen. Nach dem Fall der Mauer und dem Ende des Kalten Krieges meinten wir uns in Europa dem Frieden so nah wie nie. Jahrzehnte ohne Krieg? Wann in der Geschichte gab es das! Umso blutiger tobt die Furie anderswo in der Welt. Mehr als je zuvor seit dem Zweiten Weltkrieg. In Bürgerkriegen, Religionskriegen zerfallen ganze Regionen: Syrien, Irak, Sudan, Nord- und Zentralafrika. Mit Hunderttausenden Toten, Millionen auf der Flucht, unschätzbarer Landschafts-, Ressourcen- und Kulturzerstörung. Gigantische Gräberfelder. Und die Welt schaut zu!

Das Bild an der Wand konfrontiert uns mit einem solchen Gräberfeld. Himmel und Erde drohen zu verschwinden. Ernst Barlach hat es gemalt. Mitten im Ersten Weltkrieg. »Anno Domini 1916«, der Titel. Es zu zeigen damals, war nicht leicht. 1914 hatte man einen langen Frieden hinter sich. In politischer, sozialer Stagnation neigte man zu Überdruss und Ignoranz. Kann 1911 die Marokko-Krise noch durch Diplomatie und Kompromisse beigelegt werden, gelingt das auf dem Balkan schon lange nicht mehr. Auch die Großmächte verwenden auf die Kunst des Ausgleichs nur immer weniger Mühen. Mitgerissen, auf spiralförmigen Bahnen, die Dichter auch und Künstler, national und darüber hinaus. Kipling, Barrès, Maurras, Majakowski, Marinetti, Stadler, Lotz oder Lichtenstein: avantgardistisch oder klassizistisch, weltläufig oder weltfern, die Flut der unbedachten Reden, Kriegs- und Selbstverherrlichungen schwillt an. »Nur durch Krieg können degenerierte Völker ihren Niedergang verhindern«, so der Exzentriker D'Annunzio. Und nur ein Steinwurf davon entfernt Stefan George: »Zehntausend muss die heilige Seuche raffen, Zehntausend der Heilige Krieg!« In Ungarn begrüßt Géza Gyóni den blutigen Morgen: »Schweig, Hölle, jetzt spricht der Stahl!« Schon bald wird auch er schweigen. Wie die meisten: gefallen. Auch Ernst Barlach ist vom nationalen Rausch gepackt. Er meldet sich als Freiwilliger. Doch schon bald öffnen sich ihm die »vom Zeitungslesen blöden Augen« (Tagebuch 1914/15). Was er sieht, sind Verwundete, Verkrüppelte, »Lazarettzüge, Totenäcker« (Brief vom 19.6.1915). Abertausende, schon nach Wochen des Kriegs. Zwei Jahre später, 1916, werden es mehr als eine halbe Million sein, die in den Schützengräben von Verdun in sinnlosen Abnutzungskämpfen ihr Leben lassen. Wer das Grauen überlebt, ist für sein Leben gezeichnet. Otto Dix, Max Beckmann. In ihren Bildern haben es sich die Künstler von der Seele gemalt. Ernst Barlach auch. Nicht ohne Distanz. »Um etwas zu treffen, muss ich der Sache entfernter sein«, notiert er. Schutz und Inspiration. Oft sind es biblische Motive, an denen sie sich orientieren.

Im Vordergrund: *zwei Menschen*. Der Maler stellt sie groß vor den Betrachter. Sie stehen dicht beieinander und schauen aneinander vorbei. Um sie herum: *Gräber*. Soweit die Augen reichen. Doch wie sie sie sehen und wie sie das Gesehene ver-

Sprecher(in) 2

arbeiten, geschieht auf höchst unterschiedliche Weise. Die *linke Gestalt* sieht das Gräberfeld mit aufgerissenen, von Schrecken geweiteten Augen. Der Mund: halb offen. Unfassbar alles. Er ringt nach Luft und Worten. Der Körper: leicht nach vorn gebeugt. Die Hände: gefaltet. Der Kopf: von hochgezogenen Schultern gestützt. Um Stand bemüht. Das Entsetzliche reißt davon, versagt sich dem Begreifen. Die *rechte, kleinere Gestalt*: wendet den Hügeln den Rücken zu. Das Gesicht: mit leerem Blick, mitleidslos. Mit einer kräftigen Armbewegung weist sie mit ihrer rechten Hand über das Totenfeld. Die Sache, so scheint, ist klar: die anderen waren's, Gott und die Welt, sie tragen die Verantwortung, er nicht. Mag sein, dass ihn die Waffenverkäufe gut genährt, die Interessen, Bedürfnisse, Nöte, das ganze Elend der anderen kaum je gekümmert haben. Mag sein auch, dass er mit tausend anderen Fäden in eine Welt verstrickt ist, die noch immer nicht damit aufgehört hat (auch gar nicht daran denkt), dem Krieg Reverenz zu erweisen. Mag das alles sein: *es interessiert ihn nicht.* Nicht dass er sie nicht sähe, die Millionen und Abermillionen Kreuze in der Welt, die die Erde unbewohnbar machen, für Menschen und Tiere, Bäume und Weinberge keinen Raum mehr lassen. Doch die Verantwortung dafür zu übernehmen: es fällt ihm nicht ein. *Mit Gleichgültigkeit, Selbstgefälligkeit, Unerreichbarkeit hat er sich gegen eine Welt gepanzert, die seiner Vorstellung von Wohlergehen so wenig entspricht.*

Leser(in) »In den letzten Tagen aber wird der Berg, darauf das Haus des Herrn ist, feststehen: höher denn alle Berge und über die Hügel erhaben sein, und die Völker werden zu ihm laufen!«

Sprecher(in) 1 Micha so. Im achten Jahrhundert vor Christus war dieser prophetische Traum in aller Munde. So populär, dass sie Micha und Jesaja fast wortgleich überliefern. Mit ihrem Heer und Kriegsgerät wütete die assyrische Großmacht damals, wo der Krieg auch heute wieder tobt. In seinem Kriegsbericht ließ der Großfürst vermelden: »Die Statthalter und Fürsten, die sich widersetzten, tötete ich. An die Türme der Stadt hängte ich ihre Leichen.« Das Regime war roh. Das Land wurde zur Wüste. Im Feuer verbrannten die Städte. Doch in diesem Tod lässt Gott seinen Propheten sprechen. Von jenem Berg, auf dem er selbst es sei, der als König herrscht. Neues, gewandeltes Leben wird ausgehen. »In diesen Tagen«, so Micha, wird sich das Leben als stärker erweisen, sich vom Tod nicht länger verleiten und zerreiben lassen, die Völker sich nicht länger in Angst und Schrecken versetzen, sondern die Konkurrenz überwinden und einander vertrauen lernen, Gewalt und Krieg endlich los sein, Schwerter zu Pflugscharen und Spieße zu Rebmessern schmieden, und jeder wird »unter seinem Weinstock und Feigenbaum« wohnen und von der Angst nur noch wissen (und seinen Kindern erzählen), dass es sie gab. Ja, so der Prophet, so werde es sein. Und dann würden sie kommen, die Völker und Menschen, in Scharen, den Gottesberg finden, einkehren dort im Tempel des Herrn. Die Bibel hat dieses Bild für Juden und Christen über die Jahrtausende bewahrt.

Ernst Barlach sieht noch einem anderen Berg. Gegründet Sprecher(in) 2 auch der. Über alle Berge dieser Erde hinaus. Golgatha. Drei Kreuze. Eines vor allem. In ihm, so mutet mir an, hat der Prophetentraum menschliche Gestalt gewonnen. Jesus von Nazareth macht sich dieser vom Tod verführten, in den Tod nur immer hoffnungsloser und gnadenloser verstrickten Welt als »Menschensohn« bekannt. Ein kurzes Leben lang, doch stark genug, um vor aller Welt zum deutlichen Zeichen zu werden. So kann es sein, dieses Leben: die hungern, werden satt, die keinen Schritt vor den anderen kriegen, beginnen zu laufen, die den Splitter nur immer im Auge des Anderen sehen, fangen an, endlich an, sich um den Balken im eigenen Auge zu kümmern, Neues wird, wie es ist, wird es nicht bleiben! Und für dieses ins Laufen gekommene Leben ruft er bis heute nach »Töchtern« und »Söhnen«, »Erbinnen« und »Erben«, die sich aufmachen, mit ihm das Gesicht dieser Erde verändern, bis er da ist endlich, der Tag, an dem »Gott alles in allem« (Erster Brief an die Gemeinde in Korinth 15) ist. Wer sie sind, die Beiden dort im Bild?
Am 3. Oktober 1916 notiert der Künstler in seinem Tagebuch: »Heute habe ich dem Bildermann eine Zeichnung geschickt, in der Christus vom Teufel auf den Berg geführt und der ihm die Reiche der Welt und ihre Herrlichkeit zeigt: lauter Kreuze, soweit das Auge blickt. *Im Mittelpunkt Golgatha: die Kreuze sind leer.*« Es kann der Mensch dieser Erde in sehr unterschiedlicher Weise gegenübertreten. *Er kann zu seiner ganzen Größe und Würde heranwachsen*, im Mangel der anderen selbst Mangel erleiden, in der Entwicklung der anderen selbst sich weiterentwickeln. Und er kann das genaue Gegenteil tun: *unter seiner Größe bleiben, dem Leben zusetzen, seine Ressourcen vergeuden.* Wo der Ertrag unseres Sehens »zu inneren Ereignissen führt« (Ernst Barlach), ist Hoffnung. Da gehen die drei

Kreuze auf Golgatha im Gräbermeer der Tränen und des Grauens nicht unter, *sondern formen sich zum Protest.*

Sprecher(in) 1 Nach dem Zweiten Weltkrieg haben die Bilder und Reproduktionen der Werke Barlach ein Erwachen erlebt, wie man sich das nur schwer hätte vorstellen können. Dass die Nazis bis zu seinem Tod über 350 davon aus öffentlichen Gebäuden, Kirchen und Sammlungen entfernen ließen, sie 1934 in einer gespenstischen Propagandashow mit der Arbeit vieler anderer Künstler als »entartet« an den öffentlichen Pranger stellten, vorbereitet durch wütende Auseinandersetzungen rechter, »vaterländischer« Verbände (und kirchliche mitten dabei), wird gerne übersehen. Des Künstlers Thema? Die Gottverlassenheit der Welt. *»Mehr um als mit Gott habe er gerungen«*, so Uwe Johnson einmal (Jahrestage 1971). Weil er es tat und wie er es tat, in seine Blätter zeichnete, ins Holz meißelte, wurde er für die einen zum Anstoß, für andere zur Inspiration. Sich instrumentalisieren lassen, mochte er nicht. Es widersprach seiner Überzeugung. Künstler seien keine Illustratoren. Dazu brauche es das Kunstwerk nicht. »Ich gebe wieder«, schrieb er (mit 19) an Friedrich Düsel, seinen Jugendfreund: »doch nicht, was ich für meinen Teil sehe, sondern das, was ist, das Wirkliche und Wahrhaftige, das ich aus dem, was ich sehe, erst herausholen muss.« Es so oder anders zu sehen: Vorgaben sind da nicht, die Unterschiedenheit der Sichtweisen sind dem Künstler willkommene Bestätigung. In seinem kleinen Taschenbuch »Ein selbsterzähltes Leben« lässt er sich über die Schulter schauen: »In allem steckt ein Geheimnis, das seinen Sinn im Ewigen und Jenseitigen hat. Im Menschen läutet etwas wie Glocken, das nicht aus ihm, sondern durch ihn aus der Unendlichkeit kommt.« (168f.)

Sprecher(in) 2 »Jeder unter seinem Weinstock und seinem Feigenbaum, ohne Angst. So wird es sein!«

Sprecher(in) 1 Groß. Dem Realen weit voraus. So aber ist es, wenn Gott unterwegs ist. »Im Sturm nicht zu erreichen« (Dietrich Bonhoeffer). So nur, dass Gott nicht aufhört, mich mitzunehmen: es zu meiner, deiner, zur Liebe und Arbeit *unser aller* werden zu lassen!

8. Weite Wege

Gottesdienst zum Israelsonntag

Liturgischer Baukasten

Gelegenheit, Arrangement

- Seit der letzten Perikopen-Revision (1978) finden sich für den so genannten Israelsonntag (10. Sonntag nach Trinitatis) zwei unterschiedliche Textlinien. Die eine ist auf die Zerstörung Jerusalems ausgerichtet, die andere auf das Miteinander von Juden und Christen.

- Der Israelsonntag, so genannt seit 1945, wurde schon im 16. Jahrhundert als christlicher Gedenktag der Zerstörung Jerusalems begangen. In bewusster Nähe zum 9. Aw, an dem die jüdische Gemeinde der Katastrophe gedenkt. Nicht die Trauer (wie im synagogalen Gottesdienst) war an diesem Tag bestimmend, sondern die Warnung der christlichen Gemeinde vor dem Gerichtshandeln Gottes und die Mahnung, den Tag des Gedenkens an die Zerstörung Jerusalems als eigenen Bußtag zu begehen.

- Dennoch wurde der Israelsonntag mit seinem alten Proprium für antijudaistische Auslegungen missbraucht. (Überwunden ist das bis heute nicht!)

- Mit der Shoa ist in der Kirche ein Prozess der Umkehr und Erneuerung im christlich-jüdischen Verhältnis in Gang gekommen, der den gemeinsamen Glaubensursprung und das gemeinsame Glaubensziel von Christentum und Judentum ins Bewusstsein zu rücken versucht. Mit der Einführung des Evangelischen Gottesdienstbuches (1999) wurde dem jahrhundertealten Leitevangelium (Lukas 19,41–48) Markus 12,28–34 zur Seite gestellt und weitere Alternativtexte aufgenommen.

- Beiden Anliegen gerecht zu werden, erscheint schwierig. Den Israelsonntag auf einen anderen Termin zu verlegen, führte trotz guter Vorschläge nicht zum Ziel. Zu einer kleinen Lösung verstand sich die 2011 von der EKD, UEK und VELKD eingesetzte Arbeitsgruppe zur »Revision der Perikopenordnung« in der Weise, dass sie dem Tag zwei Propria zuerkennt. Der »grüne« Israelsonntag soll die Freude an der Begegnung mit dem Judentum wecken. Ausgangspunkt: Evangelium nach Markus 12,28–34 und andere. Im »violetten« mit Evangelium nach Lukas 19,41–48 als Leitgeschichte soll der alte Bußak-

zent seinen Platz haben. Die Leserichtung ist durch Römer 11,17-24 vorgegeben (was antijüdische Interpretationen, so bleibt zu hoffen, unmöglich
macht.)

- Im vorliegenden Beispiel (Jesaia 2,6-18 in Zuordnung zu Jesaia 27,2-9) ist
  ein »Versuch dazwischen« entstanden. Die Predigt ist nicht unbedingt auf
  den Israelsonntag fokussiert. Sie ist ebenso in einem Gottesdienst vorstellbar, der für die Einpflanzung der Christen dankt in Gottes Wurzelwerk der
  alten Erwählung seines Volks.

- Auf den ersten Blick beschäftigt sie sich mit dem Wandel, dem die Welt, die
  Geschichte der Menschen und Gottes unterworfen sind, seit sie miteinander zu tun haben: erzählt in einer »Drei-Generationen-Geschichte«. Auf den
  zweiten erweist sie sich (wie anders!) als die Geschichte der bleibenden Erwählung Israels: verbunden mit der Einladung an uns, die Christen, mit Israel
  gemeinsam den Gott der Liebe zu glauben.

Liturgische Skizze

Prolog

»Wenn sich Christen in ihrer Liturgie preisend an Gott, den
Vater Jesu Christi, wenden, bricht ihr Lobpreis in sich zusammen, falls sie ihn nicht auch und zuerst für seine unverbrüch-
liche Treue zu Israel preisen. Nicht minder die Fürbitte für die
Christenheit und die Welt, falls sie ihn nicht auch für das Heil
Israels bestürmen. Ohne die Synagoge kann die Kirche nicht
wirklich Liturgie feiern.«

Hanspeter Heinz

Erzählpredigt

»Alles Ding währt seine Zeit. Gottes Lieb in Ewigkeit!« Und
weil es Paul Gerhardt so wichtig war, nach Pest, Dreißigjährigem Krieg, dem Tod seiner Frau und seiner Kinder letzte Zuflucht, wiederholt er die Zeile Strophe für Strophe. Gott, so
gestern, so heute und so auch in Ewigkeit. Aber stimmt das
denn? Steht Gott so eindeutig fest? Ist nicht auch er der Wand-

lung unterworfen? Und wenn nicht Gott, dann wie von ihm erzählt wird? Wenn du einen Beleg brauchst, dann schau in die Bibel. Du kommst an der Frage nicht vorbei. Wie sich ihr nähern?

Ich will es über Jesaja versuchen. Mit mir, überhaupt mit uns Christen hat der zunächst gar nichts im Sinn. Und tut doch etwas ganz Entscheidendes: er holt uns heran, dicht heran an die, die uns Gott mit ihnen zusammen glauben lassen – das Volk Israel. Der Prophet entstammt einer angesehenen Jerusalemer Familie. 700 vor Christus. Was er sagt, hat Bedeutung. Schon zu Lebzeiten wurden seine Worte aufgeschrieben. Die meisten nach seinem Tod. Und irgendwann zur Rolle verschnürt. Die Zeit vergeht. Hundert Jahre später erobern die Babylonier die Stadt. Sie brennen sie nieder, töten die Bewohner, plündern den Tempel. Wer überlebt, wird durch die Wüste ins Exil getrieben. Mit ihnen die Rolle. Nach Jahrzehnten, 540 vor Christus, wieder ein Prophet. Sein Name unbekannt. Später wird man ihn Deuterojesaja (Zweiten Jesaja) nennen. Den Worten des ersten fügt er seine eigenen hinzu. Mehr: er greift frühere auf, denkt ihnen nach, taucht sie in ein neues Licht. Nichts wirklich Besonders. Biblische Normalität. Beispiel?

Der Predigttext heute. Zu einer Geschichte hat er mich angeregt. Zu einer Familiengeschichte. Zu einer Dreigenerationengeschichte. Die Wege sind weit. Zu weit manchmal für nur Einen.

Kleine Pause

Joel

Diese fürchterliche Hitze, da war sie wieder, wie immer mittags. Joel fühlte den Schmerz, jeden Knochen. Über dreißig Tage schon waren sie unterwegs. Joel schleppte sich voran, summte vor sich hin. Immer die gleiche Melodie, die gleichen Worte. Im Rhythmus ging es sich leichter: »Verstoßen, verstoßen, Gott, hast du dein Volk!« Gestern konnte er ein wenig im Schatten der Wagen mit dem Tempelschatz gehen. Das Gold und die Becher und die kupferne Säule, die Leuchter und Schalen Salomons. Nichts ließen sie zurück. Zwanzig Wagen voll. Einer blieb im Sand stecken. Joel musste ziehen helfen. Das hatte ihn Kraft gekostet. Heute Morgen hatten sie alle nur ein paar Datteln bekommen. Und jetzt die Hitze wieder. »Verstoßen, verstoßen, Gott, hast du dein Volk!« Im

Tempel war er Türsteher gewesen, hatte den Priestern geholfen, den Oberpriester gekannt, gesehen, wie sie ihn erschlugen. Die Eroberer ließen nicht einen Stein auf dem anderen. Nur die Rollen konnten sie retten. Die des Jesaia auch. »Ich trag sie, lasst sie mir!« Sie ließen sie ihm. Jeden Morgen las er ein Stück. Laut, damit es die anderen hörten. Immer die gleiche Stelle: »Verstoßen, verstoßen, die stolzen Männer gebeugt!« Und die Frauen? Hinter ihm lief Hannah, auf den Armen ihr Kind. Wenn Joel an den Kleinen dachte, kamen ihm die Tränen: »Verstoßen dein Volk!« Aber warum die Frauen, die Kinder? Sie sind doch unschuldig? Joel verstand das nicht. Er schleppte seine Rolle. Einmal hatte er den Priestern gelauscht, er erinnerte sich. Sie erzählten von einem Mann aus Uz. Vorbildlich, gerecht, gottesfürchtig. Hiob mit Namen. Dem wurde alles genommen, sein Land, sein Vieh, seine Kinder. Warum er? Nie hatte er es verstanden. Auch das nicht, was Hiob sagte nach allem, was war: »Der Herr hat's gegeben, der Herr hat's genommen, der Name des Herrn sei gelobt!« Und sie nun? Waren sie nicht auch auf dem Weg nach Uz? Hinunter ins Schwemmland, wo Laban einst den Jakob übers Ohr gehauen hatte? Nach Babylon mit den verruchten Türmen, hoch wie der Himmel? »Verstoßen, verstoßen, Gott, hast du dein Volk!« Der Erste, der zurückblieb, war der kleine Kalil gewesen. Seine Mutter hatte nicht genug Milch für ihn. Sie legten ihn ab, am Felsen, ging mit den anderen weiter. Doch hielt sie es nicht aus, wollte zurück zu ihm. Sie muss von Sinnen gewesen sein. Die Babylonier peitschten von ihren Pferden auf sie ein. Sie blieb liegen. Joel sprang ihr zur Seite. Aber schon schwangen sie die Peitschen auch gegen ihn. Er trug die Rolle. Sie mussten weiter. »Verstoßen, verstoßen hast du dein Volk!« Zuerst blieb der alte Bethuel zurück. Dann Josephta mit drei anderen Frauen. »Der Herr hat's gegeben, der Herr hat's genommen!« Aus der Rolle fügte er etwas hinzu, was er so nicht wollte: »Der Herr allein sei hoch! Hoch erhaben er! Sein Tag wird kommen!« Solange er sang, konnte er gehen. Auch wenn es nach Babel ging, in die Stadt des Abgrunds. »Der Herr allein! Sein Tag wird kommen!« Joel schleppte sich. Gott war fern.

Jonathan

Und dann, Jahre danach. Längst waren sie angekommen, hatten sich Hütten und Häuser gebaut, legten mit Hand an, gehörten dazu. Jonathan war zufrieden. Die Stadt am Fluss mit ihren Türmen und Palästen, ihren Reitern, reichen Frauen: sie gefiel ihm. Am Abend ging er in den Basar, dann zu den anderen zum Fluss. Der Markt mit seinen Düften und Gerüchen, den Früchten und Stoffen und all den Menschen war das Eine, die Geschichten und Erinnerungen am Fluss das Andere. Jonathan schaute seine Hände an, groß und stark und voller Schrunden. So war das bei allen, die an der Mauer und in der Kanalisation arbeiteten. Babel war eine moderne Stadt. Wenn sie irgendwann mal wieder nach Jerusalem kämen, würde man sich zu helfen wissen. Er mischte sich unter die anderen. Die Sänger machten gerade Pause, ihre Instrumente hingen in den Weiden. Ruben trat vor, begann zu erzählen. Er gehörte zu den Wenigen, die sich noch erinnerten. Es muss schön gewesen sein in Jerusalem. Der Tempel mit Kupfer, Silberbeschlägen und Goldverzierung. Und der Palast des Königs, von Salomon gebaut, immer wieder verschönert. Die Häuser der Priester und Kaufleute und der Blick über den Kidron hinauf zu den Bergen. Jonathan sah sie vor sich, die Stadt. Wie überhaupt ihm war, als entstünde etwas Großes in ihm: die Trümmer des alten und der Glanz des neuen Jerusalem, alles in einem. Und dann das Lied der Lieder und alle stimmten ein: »An den Wassern zu Babel saßen wir, dachten an Zion, weinten!« Nicht Jonathan. Das Leben war hart. Aber er lebte und seine Familie auch. Ihm gefiel das Treiben. Alle die Wasserspiele, die Gärten, der weiße Marmor, die hohen Wohn- und Tempeltürme. Nur Jerusalem sollte noch schöner werden, wenn es irgendwann, irgendwann dazu käme! Also sang auch er seinen Part, aber nur die Strophe zwei: »Und vergesse ich dich, Jerusalem, meine Zunge soll am Gaumen kleben!« Sie blieben noch. Die halb Nacht. Es war heiß in der Stadt. Einer von ihnen, Jonathan kannte ihn nicht, war abgestürzt heute. Sie fanden ihn tot. Die Arbeit war tückisch. Dazu die Aufseher: sie waren nervös die letzte Zeit. Irgendetwas ging vor. Von Perserüberfällen war die Rede. Im Palast wurde gefeiert. Belsazar trieb es bunt. Mit dabei seit einiger Zeit: Esther, ein jüdisches Mädchen. Was bedeutete das? Esther der Name auch seiner Frau. Sie war schwanger. Bald würde das Kind geboren werden. Würde es irgendwann Jerusalem sehen? »Vergesse ich dich, Jerusalem, meine Zunge soll am Gaumen kleben!« Er summte sich in die Melodie hinein, sprach den Vers vor sich hin. Kraft geht von ihm aus. »Jerusalem soll meine Freude sein!« Was würde es sein? Eine Tochter? Ein Sohn?

Jesajahu

Ein Sohn. Die Eltern nannten ihn Jesajahu. Die Kraft seines Vaters hatte er nicht. Dafür konnte er dem Priester helfen. In der jüdischen Gemeinde hatte man sich nach den Rollen erkundigt. Sein Vater hatte eine, das wusste man. Seinem Großvater habe sie gehört: der habe sie von Jerusalem durch die Wüste nach Babylon getragen. Ziemlich heruntergekommen, kaum mehr zu öffnen, verklebt, durchnässt. Jesajahu setzte sich in die Kammer und schrieb sie ab. Der Priester half ihm dabei. Und irgendwann war es soweit. Kyros bestieg den Thron. Die babylonische Macht gebrochen. Die Zeiten änderten sich. Den Fremdvölkern wurde gestattet, in ihren Schriften zu lesen. Und irgendwann war sie fertig, die neue Rolle: »Verstoßen! Verstoßen, Gott, hast du dein Volk, das Haus Jakob! Aber gebeugt wird der Mensch, gedemütigt der Mann, denn der Tag des Herrn Zebaoth wird kommen über alles Hoffärtige, Hohe und Erhabene.« Gebeugt, gedemütigt. So war es den Vätern ergangen. Jesajahu sah sie, die Mühsal seines Vaters auf der Mauer dort und drunten im Kanal, die der vielen anderen auch. Jeder Tag konnte der letzte sein. Und doch: hatte der alte Jesaja nicht auch von dem Zweig gesprochen, der aufblühen werde aus fast totem Stamm? Und hatten sich die Dinge nicht erkennbar geändert? War der neue Herrscher, kurze Zeit nur nach seinem ersten nicht weitere Schritte gegangen: den Exilierten in Aussicht gestellt, nach Hause zu gehen, die Stadt und den Tempel wieder aufzubauen? Die Stadt und den Tempel? Ja, willst du denn, Vater: kannst du denn!? Und ob er wollte. Jonathan würde für seinen Traum alles riskieren. »Dass sich beugen muss alle Hoffart der Menschen und sich demütigen müssen, die stolze Männer sind, und der Herr allein hoch sei an jenem Tag!« Jesajahu schrieb. Wort für Wort. Und wieder blieb er nachdenklich stehen, legte die Gebetsriemen an, hob die Hände: »Ich danke dir, Herr! Groß war dein Zorn über mich und mein Volk! Doch dein Zorn hat sich gewendet: zum Trost kommst du mir!« Auch er würde gehen. Jetzt war es entschieden. Gott würde ihm die Kraft geben, Vater und Mutter zu stützen. Wie im Taumel ging an seinen Tisch zurück und schrieb das Lied der Erlösten, mitten in Worte des alten Jesaja: »Mit Freuden werdet ihr Wasser schöpfen aus dem Brunnen des Heils. Danket dem Herrn! Ruft seinen Namen, macht kund sein Tun unter den Völkern!« Die stolzen Babylonier? Sie waren einmal. Geblieben war anderes: »Kommt und rühmt! Rühmt Gott! Sein Tag wird kommen!« Die Zeilen fielen ihm jetzt regelrecht zu. Seine Feder flog nur so über die Rolle: »Lobsingt dem Herrn! Herrlich hat er sich erwiesen! Tut es kund in allen Landen!« Und dann den Refrain, wieder und wieder: »Jauchze und rühme, du Tochter Zion! Denn der Heilige Israels ist groß bei dir. Hoch und erhaben ist er über die Zedern des Libanon und die Eichen in Basan, erhaben über Sonne und Mond, die Götter Babylons!« Und Jesajahu spürte, wie sein Herz sich weitete, die Sehnsucht ihn zog: »Ihr werdet mit Freuden Wasser schöpfen aus dem Brunnen des Heils!« Seinen Vater und seine Mutter würde er bitten und alle die anderen, ihn zum Fluss zu begleiten, das Lied von Jerusalem, den »Wassern der Freude«, zu singen. Und nichts mehr hielt ihn. Er verschnürte die Rolle und rannte hinaus. Bald würden sie aufbrechen – ihrer Liebe entgegen!

Gebet

Da du Gemeinschaft bist, Heiliger Gott, stifte Gemeinschaft. Da du Beziehung bist, Heiliger Gott, knüpfe Beziehungen. Da du Wort bist, Heiliger Gott, gib unserem Reden Sinn. Da du Einheit bist, Heiliger Gott, führe zusammen. Da du Vielfalt bist, Heiliger Gott, befreie zur Vielfalt!

Anton Rotzetter

9. Frühmorgens
Senioren unterwegs

Liturgischer Baukasten

Gelegenheit

- Die (ökumenischen) Senioren des Stadtbezirks gehen Ende der Sommerferien in Freizeit. Dieses Mal: in die Lüneburger Heide. Das Wochenprogramm mit Musik, Kultur, Gymnastik und Landschaft reichlich gefüllt.

- Doch nach der morgendlichen Bewegung im Freien, so der einhellige Wunsch, da soll es wieder die »Morgenbegrüßung« (in der Kapelle) sein, mit der der Tag beginnt.

- Im vorliegenden Beispiel war die Gruppe eine Woche unterwegs. Gelegenheit also, sich in den »Morgenbegrüßungen« mit den fünf Aspekten einer biblischen Heilungsgeschichte zu befassen.

Arrangement, Raum, Musik, beteiligte Personen

- Vorbereitet wurden die Morgenliturgien vor Beginn der Freizeit. Von einer kleinen Gruppe interessierter Teilnehmer(innen), von der (dem) Liturg(in) beraten. Die Grundform der Begrüßungen blieb, die Gebete und Lieder wechselten.

- An der Gestaltung liturgisch beteiligt: der (die) Liturg(in), drei bis viel Sprecher(innen), ein(e) Pianist(in), ein(e) musikalisch-technische(r) Helfer(in).

Fünf Morgenbegrüßungen

ERSTER MORGEN »GELÄHMT«

Musik
»Sholem-Alekhem«
CD Feidman & Gitanes Blondes »Very Klezmer«

Gruß

»In die ersten Augenblicke des neuen Tages gehören nicht eigene Pläne, nicht eigene Sorgen und auch nicht der Übereifer der Arbeit, sondern Gottes befreiende Gnade.«

Dietrich Bonhoeffer

Gemeinsames Lied

»Lobet den Herren«
EG 447, 1-3

Lesung

Evangelium nach Markus 2,1-12

(In der Übersetzung der »Guten Nachricht«)

Einige Tage danach kam Jesus nach Kafarnaum zurück. Dass er wieder zu Hause war, wusste bald jeder. Die Menschen strömten so zahlreich zusammen, dass kein Platz mehr blieb, auch draußen vor der Tür nicht. Jesus verkündete ihnen die Botschaft Gottes.

Da brachten vier Männer einen Gelähmten herbei, doch kamen sie wegen der Menge der Menschen nicht bis zu Jesus durch. Darum stiegen sie auf das flache Dach, gruben die Lehmdecke auf und beseitigten das Holzgeflecht, genau über der Stelle, wo Jesus war. Dann ließen sie den Gelähmten auf seiner Matte hinunter.

Als Jesus sah, wie groß ihr Vertrauen war, wandte er sich dem Gelähmten zu und sprach: »Mein Freund, deine Schuld ist dir vergeben!«

Es saßen da aber einige Gesetzeslehrer, die bei sich dachten: »Was nimmt der sich heraus? Das ist Lästerung Gottes. Nur Gott kann Schuld vergeben, niemand sonst!«

Jesus erkannte ihre Gedanken sofort und fragte sie: »Was macht ihr euch da für Gedanken! Sagt, was ist leichter diesem Gelähmten zu sagen: deine Schuld ist dir vergeben oder mach dich auf und geh?

Doch damit ihr seht, dass der Menschensohn die Vollmacht hat, hier auf der Erde Schuld zu vergeben, sagte er zu dem Gelähmten: »Ich befehle dir, steh auf, nimm deine Matte und geh nach Hause!«

Der aber stand auf, nahm seine Matte und ging vor aller Augen weg. Da waren sie alle außer sich, priesen Gott und sagten: »So etwas haben wir noch nie erlebt!«

Meditation

Mit Kindern zu spielen heißt: weit fort zu gehen aus seiner Welt, einzutauchen in eine völlig veränderte. Der Opa bist du dann nicht mehr. Dann bist du, nein: nicht Jakari, die Zentralfigur, die spielt der Enkel selbst. Aber seinen Freund zum Beispiel oder seinen Konkurrenten oder »Kleiner Donner« auch, sein Pferd, die sind für dich. Und dann geht es los und will kein Ende nehmen. Was für eine phantastische Welt! Und immer muss was passieren! Einfälle, Tricks, Sackgassen, Ausbrüche, Bangen, Hoffen, Freude, Schmerz und ich, der kleine Große, große Kleine mitten dabei! Wow! Lebensfreude pur! Wie lange hält das?

In die Jahre gekommen: wo ist sie da noch, die Freude an Leben und Aufbruch? Ja, früher! Aber jetzt, wo wir aus dem Untergeschoss des Lebens nach oben gekommen sind? Und während sie das so sagen, es mit guten Gründen versehen, sehe ich sie ein bisschen lächeln. Aber wirklich fröhlich und frei ist es nicht, was ich da sehe, müde eher, traurig: als wäre einem was entglitten, von dessen Wert man weiß und es doch nicht darf. Und frage ich weiter, schlagen mir auffallend viele Vorbehalte, Entschuldigungen, Abstriche entgegen. Vielleicht ja hat man tatsächlich mal gewollt, es auskundschaften, erproben wollen, dieses Leben. Aber immer kam einer zuvor und immer hatte wer was dagegen und immer war es der verkehrte Zeitpunkt und überhaupt: ich bin halt nicht so wie die anderen, das Leben ist ungerecht! Und also ließ man's, sich weiter danach auszustrecken nach dem dort, was über den Rand hinaus geht, und richtete sich ein im Geviert und wusste es wie alle schon und immer. Und weil nur so wenig von ihnen ausgeht, kommt kaum wer auf sie zu.

Wie fühlen sich solche Menschen. Fühlen sie sich noch oder haben sie das Gespür für ihre Gefühle ganz schon verloren? Ich erinnere mich an einen Freund, der aus dem Beruf ging und mit der veränderten Situation nur schwer zurechtkam. »Ich habe mir nichts mehr zugemutet, das Leben nur noch als Zumutung erfahren.«

Wie kommt es, dass Menschen den Mut verlieren, dem mechanischen Verlauf der Dinge nichts Eigenes entgegensetzen und es absehbar ist, ein Frage des Zeitpunkts nur, wann sie die Lebendigkeit und die Lebensfreude verlieren? Hat man sie, als sie sich einließen auf dieses Leben, mit Ideologien beschwert, die ihnen Angst machten und sie an sich zweifeln ließen? Wurden sie von Menschen, die ihnen nahe waren und »das Gute« wollten, nur immer darauf hingewiesen, sie hätten

Fehler gemacht und ihr Werk entspreche noch immer nicht der Norm? Und musste da mal so, mal so nicht immer auch Gott seine ewig ihm übergestülpte Rolle spielen, mit dem »bösen Ende« zu drohen, wenn es »jetzt und hier« nicht gleich nachhaltig funktioniere?

Die Geschichte von der Heilung des Gelähmten hält sich auffallend zurück. Über den Gelähmten selbst sagt sie gar nichts. *Das nur: Er ist gelähmt, er kann nicht mehr gehen, er leidet darunter, ist auf Mitmenschen angewiesen.*

Zwischenspiel
»Der uralte Kindernigun«
CD Feidman & Gitanes Blondes »Very Klezmer«

Nachklang

Die Angst/   Sprecher(in)
Falsches zu sagen, Fehler zu machen, Wichtiges zu vergessen/
nicht verstanden, belächelt, verspottet, angefeindet zu werden/
hemmt, lähmt!

Mutlos, teilnahmslos/
ziehe ich mich zurück/
sage nichts, sehe nichts, mache nichts, bewege nichts/
bin allein und leide!

Gong

Kleine Pause

Die Hinweise/   Sprecher(in)
es anders zu machen/
die Vorschläge/
es noch mal zu tun/
die Anweisungen/
es besser zu machen/
die Aufforderung/
in Zukunft genauer hinzuschauen/
die Erwartungen/
Fehler zu vermeiden/
das Urteil/
die anderen können es besser/
haben mich verletzt, gekränkt, gelähmt!

Jetzt/
wo ich nicht mehr kann/
fragt ihr euch/
was mir fehlt!

Kleine Pause

Gebet

Sprecher(in) Ein neuer Tag ist da/hab Dank für Schlaf und Ruhe/
und sei mir heute nah/bei allem, was ich tue.

Weiß nicht, was kommen wird/an Fülle und an Leere/
sei du der Gute Hirt/durchs Schöne und durchs Schwere.

Hilf, wo ich etwas kann/die ganze Tat zu wagen/
Und fällt mich Schwäche an/ auch dazu ja zu sagen.

Du hast mir Kraft verliehen/auch diesen Tag zu leben/
Am Abend lass mich ihn/dir fröhlich wiedergeben.

Unbekannt überliefert

Vater Unser

Gemeinsames Lied

»Lobet den Herren«
EG 448 (Kanon)

Wegesegen

Liturg(in) Es segne uns
Gott, der Vater.
Er sei der Raum, in dem wir leben.

Es segne uns
Jesus Christus, der Sohn.
Er sei der Weg, auf dem wir gehen.

Es segne uns
Die Kraft des Heiligen Geistes.
Sie sei das Licht, das uns heute führt.

ZWEITER MORGEN »SICH HELFEN LASSEN«

Musik
Johann Sebastian Bach
»Sinfonia aus dem Osteroratorium«
CD Cantabile & Virtuoso

Gruß

»An jedem Morgen erneuert sich das Geheimnis der Geburt. Wir kommen aus dem Schlaf und spüren klar und stark: Ich lebe, ich bin!«
Romano Guardini

Liturg(in)

Gemeinsames Lied
»Gott des Himmels und der Erden«
EG 445, 1.2.5

Lesung
Evangelium nach Markus 2,1-12
(In der Übersetzung der »Guten Nachricht«)

Meditation

Über den Gelähmten sagt die Geschichte, wir sahen es gestern schon, so gut wie nichts. Und auch von den vier Männern, die ihn zu Jesus bringen, erfahren wir nur wenig. Dabei sind sie entscheidend wichtig. Denn hätten sie nur an sich selbst gedacht oder es beim erstbesten Versuch, durchzukommen zu Jesus, belassen, hätte dem Gelähmten nicht geholfen werden können. Die Vier haben die Not des Mannes gesehen und sich berühren lassen. Selbst heilen konnten sie ihn nicht, das sahen sie. Aber ihn zu Jesus bringen, dem sie es zutrauten: das wollten sie.

Liturg(in)

Ob der Gelähmte selbst noch an Heilung glaubte? Vielleicht hatte er es eine Zeitlang getan, seinen Glauben dann aber verloren, peu à peu zunächst, dann aber vollends. »Du musst dich darauf einrichten!« Wie recht sie hatten, die ihm rieten. Klar doch, man muss sich darauf einrichten! Nur zu vernünftig! Du kannst es nicht zwingen! Was ist, das ist! Und dass du es bist, nun ja: vielleicht gibt es dafür Gründe! So ist es doch im Leben? Nichts ohne Grund. Und eines Tages war ihm das auch überhaupt keine Frage mehr. Da glaubte er es selbst.

Was aber dann? Nichts mehr. So mit sich abgeschlossen zu haben: das ist das Ende. Noch weit vor dem Tod.

Wären da nicht andere. Zeugen der Tragödie. Menschen, die mitbekommen, wie da einer, den sie lieben, verloren geht: sich drangibt ans Gewöhnliche, allseits Normale, nie Hinterfragte und es so gerade nicht wollen, auf ihn zugehen stattdessen und ihm sagen: O ja, Freund, es gibt sie, die Gründe, immer schon gibt es sie und es gibt sie für alles! Und ganz ohne sie geht es auch gar nicht! Doch nur mit ihnen, ihnen nur, geht es halt auch nicht! Du, da ist wer! In dem steckt Gott! Bei dem gibt es auch tausend Gründe, aber einen darüber hinaus! Komm, lass uns gehen!

Und in diesem Augenblick geschieht ein Wunder. Der Gelähmte geht seinen ersten eigenen Schritt. Er lässt sich helfen. Er hat vielleicht keinen Glauben, doch er leiht ihn sich von den anderen, denen er vertraut. »Mit der Kunst, sich brauchen zu lassen«, so einer einmal, »hängt ja oft die ganz andere zusammen: die Kunst, jemanden zu brauchen. Ich halte sie für die viel schwerere Kunst. Es gibt Menschen, die jederzeit für andere da sind, bereit sind, jedem Hilferuf selbstlos zu folgen, sich aber schwer damit tun, andere zu bitten.«

Wenn wir unseren Mitmenschen signalisieren, dass wir sie brauchen, geben wir ihnen die Chance, Gutes zu tun. Und können dazu beitragen, dass sie ihre Lebensfreude behalten, sich sicher und gut fühlen, auch dann, wenn überhaupt noch nicht ausgemacht ist, ob ihre Hilfe, die sie uns gewähren, zum erhofften Ziel führt.

Zwischenmusik
»For You«
CD Cantabile & Virtuoso

Nachklang

Sprecher(in)

Andere zu fragen/
was ich nicht weiß/
andere zu bitten/
wenn ich etwas brauche/
leicht ist das nicht!

Zu akzeptieren/
dass andere mich stützen/
mich tragen, mir helfen/

Neues ermöglichen/
leicht ist das nicht!

Gong

Kleine Pause

Ich kann/
nicht alle Hungernden sättigen/
Kriege nicht verhindern/
die Zerstörung der Umwelt nicht rückgängig machen/
nicht allen Analphabeten helfen!

Aber ich kann/
dazu beitragen/
auf dich zugehen/
unsere Beziehung pflegen/
dich hören/
wenn du mich rufst/
dir sagen/
dass du mir wichtig bist!

Sprecher(in)

Kleine Pause

Gebet

Unermessliche Liebe!

Sprecher(in)

Sei du das Maß in meinem Herzen!

Alle

Unermessliche Güte!

Sprecher(in)

Sei du das Maß in meinen Händen!

Alle

Unermessliches Verzeihen!

Sprecher(in)

Sei du das Maß auf meinen Lippen!

Alle

Unermessliches Leben!

Sprecher(in)

Sei du das Maß in allem, was ich bin!

Alle

Vater Unser

Gemeinsames Lied
»Lobet den Herren«
EG 448 (Kanon)

Wegesegen

DRITTER MORGEN »WIDERSTÄNDE ÜBERWINDEN«

Musik
Antonio Vivaldi
»Allegro aus dem Trompetenkonzert D-Dur«
CD Cantabile & Virtuoso

Gruß

Liturg(in)

»Ich danke dir, mein himmlischer Vater, durch Jesus Christus, deinen lieben Sohn, dass du mich diese Nacht vor allem Schaden und Gefahr behütet hast!«
Martin Luther

Gemeinsames Lied
»Er weckt mich alle Morgen«
EG 452, 1.2.5

Lesung
Evangelium nach Markus 2,1-12
(In der Übersetzung der »Guten Nachricht«)

Meditation

Liturg(in)

Das Evangelium erzählt kurz und anschaulich, was die Männer taten, um zu Jesus durchzukommen. Die ihn sehen wollten, hören wollten, sich von ihm den entscheidenden Anstoß erhofften, waren viele. Das Haus umlagert.
Ihre Freude, denke ich, war gewaltig, als sie den Freund in seiner Matte herantrugen. Und ihre Erwartungen nicht minder. Wann waren sie einem so nah schon mal, von dem man sich sagte, die Kraft des Höchsten sei in ihm! Nur ja nicht

nachlassen jetzt! Aber nun, wo sie sich näherten, das Haus schon in Sichtweite war, ihnen klar wurde: mein Gott, da ist ja das ganze Dorf versammelt und andere dazu, da verließ sie die Zuversicht und Enttäuschung stellte sich ein. War denn jetzt alles umsonst? Lasst uns doch durch: ihr seht doch das Elend! Doch die nur: hört auf, so zu reden, wer denkt ihr, dass ihr seid? Aber sich abdrängen lassen, das wollten sie nicht. Ein Blick auf den Freund, ein Blick dann hinauf, zwei, drei andere auf sich selbst, und schon war die Sache entschieden, sie oben auf dem Dach, es offen einen Spalt breit, Matte mit Mann direkt zu Jesu Füßen. Was bringt sie dazu? Oft ja geht es uns ähnlich. Da haben wir eine Idee, haben uns sorgfältig vorbereitet und freuen uns auf den Augenblick, dass es losgeht endlich. Doch die Freude ist nur kurz. Schwierigkeiten stellen sich ein, Widerstände tun sich auf. Alles scheint umsonst. Es hat sich das alles nicht gelohnt. Lasst gut sein!

Was hilft uns, in solchen Momenten nicht hinzuschmeißen? Nicht, dass es nicht ausreichte, das Vertrauen der Helfer. Es reichte. Die ganze Strecke lang. Doch das bisschen Zusätzlich, das nötig ist manchmal, wenn die Sache was werden soll: ist es oder ist es nicht? Ist da noch was versteckt vom Vorrat, den man braucht für alle Fälle: wenn es gebacken ist, das Brot, aber auf dem Weg dorthin, wo es gebraucht wird, um den Hunger zu stillen, noch ein paar Kurven zu gehen sind? Ja, es ist. Das Vertrauen der Männer ist echt. Und es ist groß. Jesus kann es, er wird es nicht übersehen.

Vertrauen sprengt Grenzen. Die kerzengeraden Wege sind die des Vertrauens oft nicht. Da sind sehr ungewöhnliche, ungeliebte, riskante dabei. Ich denke an den Kniefall Willi Brandts vor 30 Jahren: vor dem Mahnmal des »Warschauer Ghettoaufstands«. Geplant war der nicht. Die Überraschung war groß. Und an Kritik, ich erinnere mich, da hagelte es nur. Doch so nur wurde es möglich, einander näher zu kommen. *Soll's mehr sein, dein Leben, größer als lange schon und immer nur und ja nicht aus der Reihe tanzen, dann musst du mit Widerständen rechnen.* Und dann wird sich zeigen, ob er echt ist, dein Glauben, denn ohne dass er dich was kostet, wirst du ihn kaum haben können. Die Männer wussten das. Ob zuvor schon? Vielleicht. Vielleicht aber auch nicht. Man muss in seinen Glauben oft erst hineinwachsen. Vielleicht auch sie. Und gut dann, da nicht alleine zu sein, sondern andere um sich zu haben, die es mit einem tun!

Zwischenmusik
»Nun danket alle Gott«
CD Cantabile & Virtuoso

Nachklang

Sprecher(in) Nicht aufgeben/
weil der Weg versperrt/
die Türen verschlossen/

dein Plan belächelt/
dein Idee ignoriert/
dein Angebot verschmäht/
dein Bemühen übersehen/
deine Lösung verachtet wird!

Gong

Kleine Pause

Sprecher(in) Nicht aufgeben/
dich nicht aufgeben/
sondern vertrauensvoll in Frage stellen/
was du noch nie bezweifelt hast/
Ideen prüfen/
die dir noch nie begegnet sind/
Wege gehen/
die du noch nie gegangen bist/
vielleicht sogar allein!

Kleine Pause

Gebet

Sprecher(in) Du, Gott!
Sonne meines Lebens!

Alle Ich streck mich dir entgegen!
Ich will in dich eintauchen, in dir baden!

Sprecher(in) Lass mich umhüllt sein von Licht und von Wärme, ergriffen
von deinen Strahlen,
durchdrungen von deinem Feuer!

Vater Unser

Gemeinsames Lied

»Lobet den Herren«
EG 448 (Kanon)

Wegesegen

VIERTER MORGEN »VERGEBEN«

Musik
»Sanna's Song«
CD Feidmann & Gitanes Blondes »Very Klezmer«

Gruß

»Denn ich bin gewiss, dass weder Tod noch Leben, weder Engel
noch Mächte noch Gewalten, weder Gegenwärtiges noch Zu-
künftiges uns
trennen kann von der Liebe Gottes!«
Brief des Paulus an die Gemeinde in Rom 8,18f.

Liturg(in)

Gemeinsames Lied

»Morgenlicht leuchtet«
EG 455, 1-3

Lesung
Evangelium nach Markus 2,1-12
(In der Übersetzung der »Guten Nachricht«)

Meditation

Man muss sich das vorstellen: Der Gelähmte liegt vor Jesus
auf der Matte. Er sagt nichts, bewegt sich nicht, traut sich
nicht. Ringsum die staunenden Menschen. Vielleicht gar
nicht mehr staunend, sondern ziemlich ärgerlich: »Was ist
hier los? Das gibt es doch nicht!« Jesus sieht den Kranken,

Liturg(in)

sieht das Vertrauen, die Chuzpe derer, die ihn durchs Dach gelassen haben!

Vielleicht hat sich Jesus gefragt: Wie kam es dazu? Was ist in diesem Mann alles zusammengekommen, dass er daliegt, nur einfach daliegt, sich nicht rührt, sein Leben als ein geschlossenes Buch erfährt, irgendwann angefangen, irgendwann fertiggestellt, von anderen vor allem, kaum von ihm selbst? Immer nur abhängig? Von anderen bestimmt? Mit dem Nötigsten versorgt? Und alles das, nein, nicht als Unfreiheit, sondern als Wohltat empfinden? Es mit dem »Danke sagen« irgendwann nicht mehr hinbekommen, sondern wütend sein und einfach nur heulen? Darf ich das denn?

Jesus sieht ihn dort liegen. Sieht seine Zerrissenheit. Sieht, wie er gelernt hat, sich zu fügen in allen den Jahren: nichts beansprucht, weil er meint, kein Recht darauf zu haben. Was ich bin, ist aus mir geworden!

Menschen können Mitmenschen lähmen, wenn sie nur immer mit dem Finger auf sie zeigen, ihnen ihre Defizite, ihre vermeintlichen, nur immer unter die Nase reiben. Mensch sein heißt: aus Lehm genommen zu sein, vorläufig zu sein, verletzlich zu sein, mit Ecken und Kanten ausgestattet, mit Fehler behaftet zu sein, schuldig zu werden. Nicht dass wir es abtun, was uns ausmacht, ist die Lösung. Es kleinreden oder überpinseln. So nur: dass wir damit leben, um Vergebung bitten und, wo wir's können, vergeben.

Nicht darum geht es: zu vergessen. Vergeben ist anders. Wer vergibt, rechnet mit Fehlern und Mängeln. Bei sich selbst und allen anderen. Vergeben heißt: das Vergangene nicht übermächtig werden lassen, dem anderen und mir die Zukunft nicht nehmen, sondern sie auftun, einen Spalt breit, zum Frieden.

In solchen Gemeinschaften gelingt es dann auch, sich wieder aufzurichten, in die Augen zu schauen, sich neu miteinander zu verabreden. *Nein, wie das in diesem Haus, so haben sie es in der Tat noch nicht gesehen. Wo Menschen einander vergeben, geschehen Wunder!*

Zwischenspiel
»I don't know how to love him«
CD Cantabile & Virtuoso

Nachklang

Sprecher(in)   Sie!

Die alles wissen/
besser wissen, eher wissen!
Die immer zeigen/
was sie wissen, besser wissen, lange schon wissen!

Halten eisern fest/
verhindern Neues, ersticken Leben!

Gong

Kleine Pause

Sprecher(in)

Ich wage wieder/
mich aufzurichten/
selbst zu stehen/
selbst zu gehen/
selbst zu entscheiden!

Dein Ja zu mir/
in meinen Zweifeln/
bei meinen Fehlern/
löst meine Lähmung/
und lässt mich neu beginnen!

Kleine Pause

Gebet

Jesus Christus!
Dein Wort auf meiner Zunge!

Liturg(in)

Deine Güte auf meinen Lippen! Deine Verheißung in meiner
Seele!

Halbe Gruppe links

Deine Zärtlichkeit in meinen Fingern! Deine Freundlichkeit
in meinen Augen!

Halbe Gruppe rechts

Deine Liebe in meinem Herzen! Deine Kraft in meinen Füßen!

Alle

Dein Leben in allem, was ich bin!

Sprecher(in)

Vater Unser

Gemeinsames Lied

»Lobet den Herren«

EG 448 (Kanon)

Wegesegen

FÜNFTER MORGEN »NEU GEBOREN«

Musik

»Nigun Gedalia«

CD Feidman & Gitanes Blondes »Very Klezmer«

Gruß

Liturg(in)

Du, Gott, von heute.
Du, Gott, von gestern. Du, Gott, von morgen. Vergiss mein
nicht!

Gemeinsames Lied

»All Morgen ist ganz frisch und neu«

EG 440, 1-4

Lesung

Evangelium nach Markus 2,1-12

(In der Übersetzung der »Guten Nachricht«)

Meditation

Liturg(in)

Nein, so etwas haben sie in der Tat noch nicht gesehen: der
da eben noch wie belagert schien, bewegungslos unter tausend Gewichten, steht auf, nimmt seine Matte und geht! Wie
dieser Gelähmte fühlen sich viele Menschen. Irgendwann war
es soweit, dass sie den Glauben verloren haben: an sich, an
ihre Mitmenschen, an die Zukunft ihres Lebens. Und dann
das: »Ist gut, Freund, nimm deine Matte und geh!«
Übertragbar ist das nicht. Auf die Beine zu kommen geht
nicht in einem Moment: braucht Zeit, vollzieht sich in Etap-
pen. Alles in Ordnung? Menschen am Boden, mit gebroche-

nem Mut, belasteter Seele können nicht glauben. Sie »schmecken und sehen« nur immer das eine: Für die anderen mag's stimmen, nicht für mich. Und sich auseinanderzusetzen, mit anderen auf Augenhöhe? Nicht daran zu denken. Tief in ihnen, da ist was, das ihnen rät: halt Distanz!

Damit etwas geschieht, muss etwas anderes auf den Plan. Jesus, so die Geschichte, befiehlt dem Gelähmten, sich zu erheben und zu gehen. *Befiehlt?* Einfach zu helfen genügt offenbar nicht. Ein bisschen Freundlichkeit, ein paar gute Vorsätze und ein paar Mal gut gegessen: alles nicht schlecht. Doch wo die Seele belagert ist, muss eine Gegenmacht her. Eine, die kann. Eine, die sich traut. Eine, die sie gut kennt, die Strategie der Belagerungsmacht, und alles daransetzt, der Belagerung ein Ende zu bereiten. Nein, so ihr Grundton: was war und wie es ist, lässt sich nicht rückgängig machen, es ist geschehen und wie es geschah, hat's dir den Boden genommen und Wurzeln zerstört! Doch längst nicht alle! Und noch ist da Boden! Und im Bündnis dieser beiden, Boden und Wurzeln, soll keine Macht der Welt dir länger weismachen, der Schritt nach vorn, fort aus der Belagerung, sei dir verstellt. Er ist es nicht. Er ist frei. »Ich bin das A und das O, der Anfang und das Ende: kein anderer, spricht Gott!«

Sich mitnehmen zu lassen ins Heute und dann, sie zu leben also, die Vergebung, von der das Evangelium spricht: leicht ist das nicht. Nicht für den, der darum bittet, nicht für den, der's tut. In den Genen steckt uns anderes. Ihn festzulegen, den anderen, ihm seine Macken und Mängel unter die Nase zu reiben, kein Pardon zu kennen, ist uns gemäßer. *Aber nicht dass wir bleiben, die wir sind, will Gott mit uns Menschen, sondern irgendwann werden, die wir sind.* »Neue Kreatur«. »Neu geboren zu werden«. Das ist das Wunder, das geschieht: nicht nur am Gelähmten, sondern mit ihm an allen dort im Haus, so damals, so heute. Aus Steinen wird Brot, aus Wüsten werden Gärten: das Wunder des immer neuen Geborenwerdens, dem nichts daran liegt, warum es mit mir so und nicht anders gekommen ist, sondern daran einzig: dass ich von ihm weiß und es um Gottes und meines Lebens willen nutze!

Zwischenmusik
»What I'm to You«
CD Norah Jones »Feels like Home«

Nachklang

Sprecher(in) Du fragst nicht/
forderst nicht, stellst keine Bedingungen/
ich habe Schwächen und keiner ist ohne, ich habe Mängel
und die dürfen sein!

Gong

Kleine Pause

Sprecher(in) Anfangen/
Noch einmal/
Selber sehen, selber gehen, selber entscheiden, selber tun/
wohl wissend dass ich wieder Fehler mache, wieder keine
Lösung, wieder mehr Fragen, als Antworten sind, habe!

Anfangen/
Noch einmal/
ohne Anspruch auf Perfektion/
Jesus im Herzen: »Lass dir an meiner Gnade genügen!«

Kleine Pause

Gebet

Sprecher(in) Gott!
Sprich ein Wort in meine Ohren!

Alle Ein Wort, das klingt!

Sprecher(in) Entfach ein Licht in meinen Augen!

Alle Ein Licht, das nicht erlischt!

Sprecher(in) Leg ein Lied auf meine Lippen!

Alle Ein Lied, das begeistert!

Sprecher(in) Gib eine Nachricht in meinen Mund

Alle Eine, die frei macht!

Wirk eine Tat durch meine Hände! Sprecher(in)

Eine, die prägt! Alle

Bring einen Rhythmus in meinen Gang! Sprecher(in)

Einen, der bewegt! Alle

Vater Unser

Gemeinsames Lied
»Lobet den Herren«
EG 448 (Kanon)

Wegesegen

10. Abel, steh auf!

Gottesdienst zum Antikriegstag (1. September)

Pablo Picasso »Guernica«

Liturgischer Baukasten

■ Gelegenheit

· 25 Jahre nach dem Ersten Weltkrieg, der Urkatastrophe des 20. Jahrhunderts, folgte mit weit verheerenderen Folgen der Zweite Weltkrieg und der Völkermord an den europäischen Juden. »Nie mehr Krieg!« So die Hoffnung der Überlebenden und der Auftrag der Nachgeborenen an die Regierungen. Aus Europa blieb der Krieg seither verbannt. Nicht so in anderen Teilen der Welt. Krieg und Gewalt sind als Mittel der internationalen Auseinandersetzung erhalten geblieben. Zu keiner Zeit gaben die Völker für Rüstung und Waffenentwicklung mehr Geld aus als heute. Zu keiner Zeit war das Geschäft mit der Gewalt organisierter: lukrativer für die einen, desaströser für die anderen. Bei immer gleichem Ergebnis: wirklich gelöst wurde durch den Krieg noch nichts, ganz im Gegenteil.

· Menschen ans Leben zu gehen, gehört zu den großen Beleidigungen Gottes und des Menschen als dessen »Ebenbild« (Erstes Buch Mose 4). Nicht umsonst gehört es zu den großen messianischen Hoffnungen, dass es die Völker einmal »nicht mehr lernen werden, gegeneinander Krieg zu führen« (Jesaja 2,4).

- Sich zu erinnern, kann für einen Gottesdienst ein guter Grund sein. Es muss nicht der 1. September, der Jahrestag des Ausbruchs des Zweiten Weltkriegs sein. Aber er kann es. Nirgendwo hat der Terror der Gewalt für uns Deutsche eine grausamere Spur hinterlassen als direkt vor unserer Tür. Nicht um die Zeit zurückzudrehen, Salz in alte Wunden zu streuen. Sondern darum, seiner selbst, seiner Denk- und Lebensprioritäten gewisser zu werden.

- Im konkreten Fall kommt noch etwas hinzu. Vor 75 Jahren entstand Pablo Picassos »Guernica«. Der ökumenische Stadtteil wollte daran nicht einfach vorbei. Das Literaturforum fertigte einen Entwurf und lud zur Ökumenischen Vesper ein. Der Gottesdienst am Vormittag entfiel.

Raum, Ausstattung, Beteiligte, Musik, Sonstiges

- Altar und Altarraum (der evangelischen Kirche): spätsommerlich geschmückt. Über dem Altar: »Guernica« in großflächiger Bildprojektion (Beamer). Akustisch übertragungsbereit: Flugzeugmotoren, Detonations- und Windgeräusche.

- Beim Betreten des Kirchraums erhalten die Kommenden einen Flyer mit »Guernica« und Titel auf der Vorderseite sowie Infos und Liedern auf der Rückseite ausgehändigt.

- Liturgische Form: Eröffnung, Psalm, Lied – Lesung, Zwischenspiel – Gedicht, Pantomime – Bildbetrachtung, Zwischenspiel – Gebet, Vater Unser, Lied, Segen, Ausklang.

- Die musikalische Eröffnung, die Zwischenspiele und der Ausklang waren im vorliegenden Fall Sache des Akkordeons, das Anspielen und Begleiten der Lieder (»Wo Menschen sich vergessen« und »Bewahre uns, Gott«) Sache der Instrumentalgruppe (Keyboard, Klarinette, Gitarre). Es geht das auch durchaus anders. Kleinorgel? Klavier?

- Neben dem (der) Liturg(in) sind sieben Sprecher(innen) vorgesehen: eine(r) für die Chronik-Lesung, zwei für die biblischen Lesungen, eine(r) für das Abel-Gedicht, drei für die Fürbitten. Außerdem: zwei Pantomime-Darsteller(innen) unmittelbar vor dem Abel-Gedicht.

Chronik des Tages

Sprecher(in) 1

»Am Morgen überschreiten Truppen der deutschen Wehrmacht um 4.45 Uhr die polnische Grenze. Hitler teilt das der Öffentlichkeit in einer auf 10 Uhr einberufenen Reichstagssitzung mit, verkündet das Gesetz über die Wiedervereinigung Danzigs mit dem Deutschen Reich und hofft auf das Stillhalten der Westmächte. In der offiziellen Sprachregelung heißt es, die Wehrmacht habe den aktiven Schutz des Reiches übernommen und sei zum Gegenangriff angetreten. Frankreich und England machen am 2. September mobil, versuchen jedoch in einer hektischen diplomatischen Initiative das Schlimmste zu verhindern. Kontakte zwischen den Regierungen in Berlin, Rom, Paris und London führen zu einem Ultimatum an Deutschland, das der britische Botschafter in Berlin am 3. September um 9 Uhr morgens überreicht und in dem das Ende der Kampfhandlungen in Polen bis 11 Uhr verlangt wird. Das Ultimatum bleibt unerfüllt, worauf umgehend die Kriegserklärung beider Mächte an Hitler-Deutschland erfolgt. Der Zweite Weltkrieg hat damit offiziell begonnen.«

Chronik des 20. Jahrhunderts, Bertelsmann Lexikon Verlag 1982, 542

Erste Lesung
(Jesaja 2,1-5)

Sprecher(in) 2

So hat es Jesaja, Sohn des Amoz, über Juda und Jerusalem geschaut:

Sprecher(in) 3

Zur letzten Zeit wird er feststehen, der Berg, da Gottes Haus ist, höher als alle Berge und über alle Hügel erhaben. Und alle Völker werden kommen und sagen: Kommt, lasst uns auf den Berg Gottes gehen, zum Haus des Gottes Jakobs, dass er uns seine Wege zeige und wir wandeln auf seinen Steigen. Denn von Zion wird Weisung ausgehen und Gottes Wort von Jerusalem. Und er wird richten unter den Völkern und viele zurechtweisen. Da werden sie ihre Schwerter zu Pflugscharen und ihre Spieße zu Sicheln machen. Denn kein Volk wird gegen das andere das Schwert erheben, und sie werden hinfort nicht mehr lernen, Krieg zu führen. So kommt nun, ihr vom Hause Jakob, lasst uns wandeln im Licht Gott-Adonajs!

Zweite Lesung
(Offenbarung des Johannes 21,1-4)

Und so sah es der Seher Johannes, Hunderte Jahre danach, in der dritten Generation nach Jesus:

Sprecher(in) 3

Und ich sah einen neuen Himmel und eine neue Erde. Denn der erste Himmel und die erste Erde waren vergangen, und auch das Meer war nicht mehr. Und ich sah die heilige Stadt, das neue Jerusalem, von Gott aus dem Himmel herabkommen, bereitet wie eine geschmückte Braut für ihren Mann. Und vom Thron her hörte ich eine große Stimme, die sprach: Siehe da, die Hütte Gottes bei den Menschen. Er wird bei ihnen wohnen, und sie werden sein Volk sein, und er selbst, Gott Immanuel, ihr Gott. Von ihren Augen wird er die Tränen wischen. Und weder Tod noch Leid noch Geschrei noch Schmerz werden noch sein. Denn das Erste ist vergangen. Siehe, ich mache alles neu!

Sprecher(in) 2

Gedicht
Abel steh auf

Sprecher(in) 4

Abel steh auf
es muß neu gespielt werden
täglich muß es neu gespielt werden
täglich muß die Antwort noch vor uns sein
die Antwort muß ja sein können
wenn du nicht aufstehst Abel
wie soll die Antwort
diese einzig wichtige Antwort
sich je verändern
wir können alle Kirchen schließen
und alle Gesetzbücher abschaffen
in allen Sprachen der Erde
wenn du nur aufstehst
und es rückgängig machst
die erste falsche Antwort
auf die einzige Frage
auf die es ankommt
steh auf
damit Kain sagt
damit er es sagen kann
ich bin dein Bruder
wie sollte ich nicht dein Hüter sein

täglich steh auf
damit wir es vor uns haben
dies Ja ich bin hier
ich
dein Bruder [...]

Abel steh auf
damit es anders anfängt
zwischen uns allen
[...]

Hilde Domin

Bildbegehung

Liturg(in) Abel tot. Erschlagen vom Bruder. Da liegt er. Auf dem Boden des monumentalen Wandbilds, das Pablo Picasso 1937 für den spanischen Pavillon der Pariser Weltausstellung malte. Den Auftrag dazu erhielt er ein Jahr davor. »Maler und Modell«, so seine erste Idee. Doch die Ereignisse überschlugen sich. In Spanien putschten die Faschisten gegen die Republik. Bürgerkrieg. Schon bald tauchten im Norden Flugzeuge der deutschen »Legion Condor« und des italienischen »Corpo Volontarie« auf und machten Guernica, die »heilige Stadt der Basken«, dem Erdboden gleich. Kurz danach marschierten die Truppen General Francos ein. Das freie Spanien, es existierte nicht mehr. Zum ersten Mal in Europas Geschichte bereiteten politischer Wahn und moderne Kriegstechnik einer wehrlosen Stadt den geplanten Garaus. 26. April 1937. Wochenbeginn. Frühlingssonne. Freundlicher Morgen. Aus dem Umland kommen die Bauern und Händler zum Markt. Über den Häusern der Stadt taucht gegen Mittag ein Flugzeug auf. Kaum wer beachtet es. Am frühen Nachmittag dasselbe noch mal. Kurz darauf: das Dröhnen mächtiger Flugzeugmotoren.

Einspielung von Flugzeugmotorengeräusch

In einem endlosen Strom formieren sich an der Mündung des Mundaca neueste, mit tödlicher Fracht beladene Maschinen zum Angriff. Von »Los Carmelites«, dem Kloster im Zentrum der Stadt, läuten die Glocken. Wenig danach, wie aus tödlichen Schleusen, bricht der Sturm über die Stadt herein. Luftabwehr: keine. Bunker: keine. Guernica ist ungeschützt: dem verbrecherischen Plan der Strategen ausgesetzt. Dutzende

Brände: Häuser, die Felder, die Straßen. Schutt und Asche.
1645 Menschen Tote. 889 Verletzte.

Was geschah? Heute sehen wir genauer. Mit Guernica vollzog
sich etwas Neues, unvorstellbar Erbarmungsloses. Der Auftakt
zu Coventry, Rotterdam, Dresden, Hiroshima. Goebbels, Hitlers
Großagitator, wird es seinen Zuhörern später als »Totalen Krieg«
in die Ohren schreien.
Pablo Picasso sah die Entwicklung. Seit Jahren stand er in Bar-
celona mit dem linksliberalen, antiklerikalen Künstler- und Li-
teratenkreis »Els Quatre Gats« in Verbindung. In Paris befreun-
dete er sich mit Paul Eluard. Über Dora Maar, seine Freundin,
und Künstler aus dem Pariser Kreis der Surrealisten hielt er
Kontakt zu weiteren politisch engagierten Intellektuellen wie
André Breton und Louis Aragon. »Wer mit geistigen Werten lebt,
kann sich angesichts eines Konflikts, in dem die höchsten Werte
der Humanität und Zivilisation auf dem Spiel stehen, nicht
gleichgültig verhalten.« (P.P. Dezember 1937) In 18 Radierungen
stellte er sich, früh schon, den spanischen Faschisten entgegen.
Mit »Guernica« würde sich die Auseinandersetzung vor den
Augen der Welt vollziehen und deutlich verschärfen. Picasso
war darauf vorbereitet. Acht Fassungen fertigte er von seinem
Werk. 14 Tage nach dem Überfall vollendete er die erste. In der
Rue des Grands Augustins in Paris mietete er ein passendes
Atelier: 3,51 x 7,82 m in Öl waren zu malen. Auf der obersten
Sprosse seiner Leiter balancierend gelang es ihm, mit langstie-
ligen Pinseln auch den gegen die Decke gebogenen Teil der
Leinwand zu erreichen.
Der Meister nahm Maltechniken von früher auf, Passions-iko-
nografie, entwickelte sie weiter, schuf mit sparsamen Mitteln
flache, bruchstückartige Figuren, versetzte Augen, Ohren, Pro-
file, Gliedmaßen, verband sie, inspiriert von afrikanischer Kunst,
mit Formen des Abstrakten und entschloss sich in der letzten
Fassung, das Werk in abgestuften Grautönen (»Grisaille«) zu
malen. Der ursprüngliche Plan war anders. Wie Joan Miró, der
andere berühmte Spanier im Pavillon (»Le Faucheur«), wollte
Picasso sein Bild in Farbe. Warum er es anders tat? Schwer zu
sagen. Der Meister äußerte sich darüber nicht. Mag sein der
Foto-Dokumentation über die Opfer des Bürgerkriegs wegen im

Obergeschoss des Gebäudes. Mag sein auch als Kontrapunkt zum Gesamtkonzept der Weltausstellung, die gegen alle Anzeichen der Zeit das Gelände in fantastische Lichtkompositionen fasste und eine fröhliche, bunte, friedliche Welt suggerierte. Im Spätsommer hing das Werk und entfesselte einen Sturm unterschiedlichster Beurteilungen. Spaniens Franco bezeichnete es als »Machwerk« und bedrohte den Besitz seiner Rekonstruktion mit Gefängnisstrafe. Den Republikanern war es zu verschlüsselt: sie vermissten den vaterländischen Geist, den Ruf zu den Waffen. »Meine Waffen«, so der Künstler, »sind Zeichen und Farbe. Mit ihnen will ich das Bewusstsein der Welt durchdringen. Befreien soll es. Jeden Tag weiter!«

Nur aufs Erste erscheint das Bild aus Schrecken und Leid verwirrend. Dem Betrachter werden Wege gebahnt. Deutlich zu erkennen. In seiner Gesamtperspektive können wir auf der einen Seite, klassisch geradezu, die Grundform des dreigliedrigen Triptychon-Altars sehen, auf der anderen die Umrisse der Pyramide, die Tod bedeutet: fort aus der Zeit. Und da sind die alten Tierzeichen Spaniens, in denen der Künstler »Guernicas« Geschichte erzählt. Der linke Flügel des Altars: beherrscht vom starr stehenden Stier, mit gewendetem Kopf, im Blick den Betrachter. Der Schwanz, leuchtend erhoben: Fackel des Krieges. In der zentralen Mitte: das todwunde Pferd, den Speer im Hals, sein Schrei zu hören weit über die Szene hinaus. Aus seinem aufgerissenen Maul ragt eine Zunge hervor, die an eine Lanzenspitze oder ein Granatgeschoss denken lässt. Sein Leib: aus Zeitungsseiten geformt, Bruchstücke widersprüchlichster Pressenotizen. Künstler erklären ihre Bilder nicht. So auch Picasso. Und doch soll er 1944, nach der Befreiung Frankreichs, einem amerikanischen Soldaten gesagt haben, im Pferd sehe er »das Volk«, im Stier die »Brutalität und Dunkelheit« der Zeit. Picasso hatte die Gabe, historische Zeitereignisse ins Überzeitliche zu transferieren: sie mit Hilfe von Zeichen ins je Gegenwärtige zu übertragen. Natur und Kunst seien nicht dasselbe. »In der Kunst drücken wir unsere Vorstellung von dem aus, was in der Natur nicht zu sehen ist.«

Picassos Bild ist mehr nur als Wirklichkeit. Es bringt sie auf den Punkt: diesen einen, unumkehrbaren, dem du dich nicht entziehen kannst, macht sie zum visionären Schmerzschrei im qualvollsten Augenblick. Zerrissene, vorwärtsstürmende, in Trümmern und Feuer gefangene Körperzeichen holen den Betrachter dicht an das Geschehen heran. Rechts im Bild: eine Frau im Bombenbrand, rasend vor Schmerz. Wie eine Gefangene vor ihrem Kerkerfenster reißt sie ihre Arme in die Höhe. Dicht neben ihr: ein scharfkantiger Abgrund, der sie in die Tiefe zieht. Links im Bild: eine weitere Frau, in ihren Armen, tot, ihr Kind. Man hat sie als »Pietà des 20. Jahrhunderts« (Sigrid Lunde) bezeichnet. Rechts daneben: ein verendender Vogel, von einem weißglühenden Splitter getroffen. Unten rechts: eine dritte Frau, verzweifelt, auf der Flucht, ihr Gesicht auf das Licht einer alten Lampe gerichtet. Dazwischen: eine Dochtlampe, von einer Botengestalt ins Inferno getragen. Ihr Kopf mit wehendem Haar, hell, strahlend, ohne zu verweilen: beseelt vom Willen, so könnte man denken, vom Entsetzlichen nicht fortgerissen zu werden. Die Botengestalt scheint zu sprechen: »Abel, steh auf!« Abel, steh auf? Vom Pferd gestürzt, am Boden, der Kämpfer. Die einmal da waren, Frauen und Kinder und Heimat zu beschützen: es gibt sie nicht mehr. Der Krieg ist modern. Wer am wenigsten übrig lässt, Menschen und Dinge: der hat gewonnen.

Ob es ein Bild gibt, das mehr Interpretationen erfuhr? Ich weiß es nicht. Aber ein Meisterwerk ist mehr als das Maß seiner Interpretationen. Das macht es aus: dass es nur immer wieder zurückkommt. Wiedersehen sollen wir uns in ihm. Das Gespräch mit ihm führen. Zum Nachdenken kommen. Hinfinden zu dem unterhalb der Oberfläche. Vorgeworfen hat man ihm, ein »Gefallenendenkmal« zu sein, das die Opfer nicht anerkennt. Die Opfer »anerkennen«? Wie, sag, geht das? Wir müssten darüber nachdenken, es würde sich lohnen. Zu Nelly Sachs hat »Guernica« anders gesprochen: »eine offene Wunde« sei es, die bleiben müsse, nicht vorschnell heilen dürfe. Die brutale Gewalt gegen Wehrlose, unsere Kainsnatur: noch immer ist sie nicht gezähmt. Zwei Jahre nach Guernica eröffnete das nationalsozialistische Deutschland den Zweiten Weltkrieg. Überfall auf das benachbarte Polen. Am Ende waren es, über den Kontinent verstreut, 50 Millionen Tote. Millionen Soldaten. Abermillionen Zivile: Frauen, Kinder, Alte, Wehrlose. Die Kriege haben nicht aufgehört in der Welt. Die Kriegstoten seit damals sind um das Dreifache gestiegen. Frauen und Kinder und Alte und Wehrlose. Wie damals. Wie in jedem Krieg.

Eines noch, nicht nur am Rande: Nach der Ausstellung in Paris vermachte Picasso sein Bild einer »künftigen spanischen Republik«. 1981 war es soweit. Das Bild kam nach Spanien: zunächst in den »Prado« in Madrid, später ins »Museo Reina Sofia«, wo es sich restauriert bis heute befindet. Über die Kriegsjahre und die Jahrzehnte hatte »Guernica« seinen Platz im »Museum of Modern Art« in New York. Eine Kopie davon stiftete Nelson Rockefeller 1985 den Vereinten Nationen. Im Vorraum zum Sitzungssaal des UN-Sicherheitsrates in New York hängt diese bis heute. Und dann kam der 4. Februar 2003. Und Colin Powell, der Außenminister der USA, trug im versammelten Weltrat die Gründe Amerikas vor, nicht länger zu zögern und gegen Saddam Hussein in den Krieg zu ziehen. Auf Wunsch der amerikanischen Regierung wurde das Bild mit der blauen Fahne des Sicherheitsrates verhängt. Wovon zeugt die Szene, fragte man sich. Vom Altbekannten? Der ewigen Schwachheit der Kunst? Ihrem Luxus-, ihrem Narrendasein? Die Politik, das große Geld, die öffentliche Moral: sie haben es schon immer verstanden, ihre Räume und Absichten zu veredeln. Solange es ihnen beliebt: was aber dann? Oder ist es gerade umgekehrt: haben die Bilder ihre eigene Botschaft, die, wenn sich tausendmal eine andere, komfortablere auf sie legt, noch immer nicht zu sprechen aufhört und weiterklopft?

Und dann zum Bild noch einmal zurück: Die Lampe dort oben. Trüb. Funzelig. Archaisch. Was ist das? Das Auge Gottes? Kirchenchrist war Picasso keiner. Er mochte sie nicht, die Institution, die sich in seinem Land so unverhohlen reaktionär erwies und, wo sie nur konnte, die Demokratie unterdrückte. Seinen Eintritt in die Kommunistische Partei verstand er als »Glaubensbekenntnis zu Nächstenliebe und sozialer Gerechtigkeit«. Später distanzierte er sich. »Familie«, so Picasso, sei anders!

Was immer uns Picasso zu denken gibt: vor seinem Wandbild, dem berühmtesten seiner Bilder, kann uns aufgehen, dass Nichtchristen auf Gewalt und Unmenschlichkeit mitunter deutlich empfindsamer reagieren als wir. 400 000 Francs ließ der Künstler seinem Land als »Erste Hilfe« zukommen: ein kleiner Teil nur dessen, was er es sich insgesamt hat kosten lassen. Manchmal kommt es darauf an, auch darüber zu sprechen: es kommt sonst vor lauter Theorie die einfache Praxis zu kurz. »Abel, steh auf!«, schreibt Hilde Domin, »damit Kain sagt, sagen kann, ich bin dein Hüter, Bruder!« Im Bruder, so die Bibel, ist Gott unterwegs. Wo immer einer sich daran macht, für den Bruder zu sprechen, für den Geringsten in seiner Not, ist er dabei, »in eines Anderen Sache zu sprechen (Paul Celan). In »Guernica« ist uns ein eindringliches Mahn-Bild gegeben: bildgewordene Klage voll abgründiger, widerständiger Trauer. Und Trauer, so wissen wir, reinigt das Herz.

»Ja, Abel, steh auf! Damit es anders anfängt! Nach Misstrauen, Feindschaft, Hass und Gewalt anders anfängt zwischen uns und allen!« Und als wolle er dem Anfang eines noch folgen lassen, lässt der Künstler, unten im Bild, aus der Hand des gestürzten, unter dem Kreuz zusammengebrochenen Kämpfers eine Blume aufwachsen.

Pause

Sehnsucht nach einem Leben, in dem wir Kain einmal überwunden haben und antworten werden: »Dein Hüter? Ja, Bruder, ich bin es, will es von Herzen sein!«

Fürbitten

Gott, Sprecher(in) 5
tausendfach gesuchter Weg,
lass Frieden einkehren in unsere Herzen,
in unsere Stadt, in unser Volk, unter den Völkern,
dass wir aufbrechen, der Erde Frieden zu bringen.

Gesang
Herr, erbarme dich
EG 178, 10

Jesus, Sprecher(in) 6
tausendfach übersehene Hoffnung,
lass nicht nach, noch immer den ersten Schritt
zu machen auf unseren Unglauben zu, dass wir dich erwarten,
dich und deine Kraft, die Welt aus Angst und Elend zu retten.

Gesang

Geist, Sprecher(in) 7
tausendfach verratener Trost,
lass uns die weiter weg nicht übersehen,
die an Hecken und Zäunen, halt uns den Gott im Stall vor Augen,
den Richter der Reichen, den Freund der Armen, erfüll uns
und ändere uns durch deine Liebe.

Gesang

Teil D

Zugänge, Meditationen,
kulturgeschichtliche und festliturgische Notizen, Kolumnen,
Ansprachen und Predigten zu den Sonn- und Feiertagsperikopen

Liturgischer Baukasten

▪ Gelegenheit

- Der Blick in die Gottesdienstpraxis der Gemeinden zeigt: zunehmend findet in den sonntäglichen Formen eine Kasualisierung statt. Taufen und Tauferinnerung. Vorstellungsgottesdienste. Konfirmationsgottesdienste. Abendmahls-, Jubiläen-, Einführungsgottesdienste. Krabbel-, Kinder-, Schulgottesdienste. Singe-, Kantate-, artGottesdienste. Thematische Gottesdienste für bestimmte Zielgruppen. Die Liste ist unvollständig. Der Trend setzt sich fort. Auch die Feste des Kirchenjahres werden zunehmend auf den Kasus bezogen.

- Es ist das alles nicht verkehrt, hat seine guten Beispiele und Gründe. In agrarischen Kulturen war die Zeit vom frühen Sommer bis hoch in den Herbst von der Landarbeit bestimmt: zum Feiern von Festen nur wenig geeignet. Die Zeiten haben sich geändert. Und doch gibt es in den Gemeinden auch den anderen Wunsch. Dass wieder Sonntag ist, die Glocken läuten, die Gemeinde sich versammelt, das Gewöhnliche gefeiert wird. Im bekannten Grundton, in gewohnter Umgebung, mit den alten (immer neu inspirierenden) Geschichten.

- Im Folgenden ist der Versuch unternommen, die Sommersonntage der ersten Trinitatishälfte zu markieren. In kulturgeschichtlichen Skizzen, festliturgischen Notizen, Kolumnen, hermeneutisch erschlossenen Textspuren, ausformulierten Meditationen, Ansprachen und Predigten. Die Größe des Lebens, die Herrlichkeit Gottes: aus immer anderer Perspektive.

1. Ins Offene
Pfingstkolumne

»Wie ist das mit dem Geist? Jedes Neu-Denken-Lernen ist ein Wagnis und ein Schritt ins Offene, noch nicht Gekonnte. Im alten morschen Denkgebäude war man vor dem Gröbsten geschützt. Wohin das Neue führt, man weiß es nicht. Die Angst flüstert uns zu, sich ins alte Haus zu kauern, sich tot zu stellen. Gelegentlich lernt man, durch Katastrophen neu zu denken. Aber wie lernt man es vor der Katastrophe und zur Vermeidung der Untergänge? Man muss wohl was mit Gott zu tun haben, wenn man den Schritt ins Freie wagt: mit dem, der durch die Brüche hindurch unser Herz hält. Unsere Kontinuität liegt nicht bei uns selbst, bei den immer schon gedachten Gedanken, den immer schon gegangenen Schritten. Sie liegt bei dem, der uns über die Abgründe hinweg hält.«

Fulbert Steffensky

2. Hymnus dreifach!
Predigt an Trinitatis

Brief an die Gemeinde in Ephesus 1,3-14

Wozu leben? Manchmal ist es die reine Lust. Jetzt vielleicht. Im Mai, wo die Sonne scheint und die Natur sich von der schönsten Seite zeigt. Blumen, wohin du nur schaust. In allen Farben und Gerüchen. Der Flieder, die Maiglöckchen, der Waldmeister, der Jasmin. Soweit deine Sinne reichen. Springtime. Leben die Fülle. Durch die Gärten und Wiesen, den frühsommerlichen Wald, das Ufer des Flusses entlang zu gehen, alles das anzuschauen, einzuatmen, mitzuerleben, alle die Vögel auch, die ihren Künsten freien Lauf lassen, Liebeslieder trällern, sich vor Temperament fast nicht mehr einkriegen: manchmal ist es die pure Lust, sich aufzumachen von zu Hause und mit zu sein dort, wo die Menschen zusammenkommen, sich Zeichen geben: »Mein Gott, wie schön doch ist es, mit dir hier auf dieser Erde zu sein!«
Aber manchmal auch nicht. O doch: sich von Herzen zu freuen, wäre Anlass genug. Aber es geht nicht. Ich kann nicht. Nicht jetzt. Nicht so. Die angeschlagene eigene Gesundheit. Die belastete Beziehung. Der Streit in der Familie. Der Tod des Kollegen. Von mir loszukommen, mit zu tun, wenn alle es tun: es gelingt mir nicht. Und vielleicht ja soll ich's auch so verstehen: die Zeiten ändern sich, noch vor Jahren gehörte dir der Mai, heute gehört er anderen, jüngeren. Und auf einmal spürst du, wie einsam es um dich geworden ist. Gott zu loben? Das Leben? Alles andere kommt dir in den Sinn.
Ganz im Gegensatz zum heutigen Text. Ein einziger Hymnus der. Trinitarisches Gotteslob. Lob des Vaters, des Sohnes, des Heiligen Geistes:

Textlesung

Kleine Pause

Nicht so ganz einfach hineinzukommen. Wer immer den Brief geschrieben hat (der Apostel Paulus wird es nicht gewesen sein, ein Schüler wohl in seiner Tradition): er spricht in einer Sprache, die uns doch sehr fremd ist. Und ob, was er zur Sprache bringt, die Gemeinde in Ephesus gleich verstanden: ich hab da doch sehr meine Zweifel. Das eigentliche Problem scheint mir dabei nicht mal so sehr die Sprache des Absenders zu sein, sondern das ganze Paket »Metaphysik«, das er liefert. Ferne Formulierungen, dicht aneinandergereiht, komplex verschlungen. Gerade so, als hätte er das ganz große Gotteslob in Kompaktform bringen wollen. Gotteslob, sage ich. Dabei ist von Gott und Lob, genauer betrachtet, nur eigentlich am Anfang die Rede. »Gelobt sei Gott, der Vater unseres Herrn Jesus Christus, der uns gesegnet hat im allem geistlichen Segen des Himmels durch Christus.« Lob dem Vater, dem Sohn, dem Geist! So die Hymne. Der Rest ist Begründung. Aber die hat es in sich. Und die zu predigen, macht so recht Freude. Denn um die Ansage einer geheimen Welt handelt es sich hier überhaupt nicht, sondern um eine einzige Liebesgeschichte, wie sie in den Vorsommer nicht besser passen könnte. Liebe war es, die ihn mit uns verband. Tiefer als alles andere. Liebe vor dem ersten Blick. Denn erwählt, wie der Schreiber schreibt, hat er uns, noch bevor es auf der Welt das Mindeste gab. Zu einer Zeit also, als wir noch gar nichts davon ahnen konnten, dass es uns einmal geben würde. Damals schon hat Gott sein Auge auf uns geworfen, sich uns genähert, uns mit Gedichten beschenkt und uns erwählt. Mich erwählt, so phantasiere ich mich zurück, wie die Angebetete auf dem Stadtfest oder der Party im Mai. Worte zu machen, fiel schwer. Und das Herz? Es klopfte bis zum Hals. Rechts und links, die ganze Welt? Sie versank einfach, löste sich auf im Takt von Musik und Glück. Wie denn? Was denn? Es kann doch das alles überhaupt nicht wahr sein? Und alle deine Mängel und Macken, Launen und Nickligkeiten, alles das, was du selbst an dir zur Genüge kennst, es nicht ausstehen kannst und doch den Schalter zu selten nur findest, es abzustellen: alles das zählt nicht, existiert schon gar nicht mehr? So sich erwählt zu fühlen, macht den Himmel über dir auf und holt dich in eine andere Welt und von der Wucht überwältigt fühlst du dich wie neu geboren. Und passieren, na ja, kann dir dann das auch, dass du das Blaue vom Himmel herunter erzählst und Mühe hast danach, das eine zum anderen zu sortieren. Aber das ist ein anderes Thema. »Er hat uns erwählt«. Noch ehe die Welt war, und wir noch gar nicht wussten, wie es uns einmal gehen würde. Liebe elementar. Die Anfangsbuchstaben der Namen tief in der Rinde. Gott, der Vater! Und dann war der erste Tanz vorüber. Und hinter und neben den strahlenden Augen tat sich anderes auf. Einsamkeit. Angespanntheit. Angst, zu versagen. So manch anderes noch, mag sein, das ich gerne versteckt gehalten hätte. Doch mich mir selbst überlassen, hat Gott nicht. Hat ihn ausgehalten, den Blick, sich auf mein bitterernstes Spiel eingelassen. Mir den Arm um die Schulter gelegt, mich an sich gezogen, sie weggeküsst, die Angst und den Zweifel und all die Erschöpfung, zärtlich und sacht, mit mir getanzt nur so lange, wie ich es aushalten konnte und dann mich nach Hause gebracht. Mich spüren lassen, was es ist, was es sein kann: getröstet zu sein, angekommen bei sich selbst. »In ihm haben wir die Erlösung durch sein Blut, die Vergebung der Sünden.« Weg, Wahrheit, Leben gelöst. Gott, der Sohn!

Sich fühlen wie auf Händen getragen? Auch. Aber nicht nur. Die Beziehung wurde tiefer, differenzierte sich, reifte. Und eines Tages, nun ja, da wurde ein Bündnis daraus, verbunden mit einem großen Fest. »Versiegelt mit heiligem Geist zum Lob seiner Herrlichkeit!« Eng und fest, unser Bündnis. Darauf aus, sich zu bewegen, in großen Schwüngen manchmal und manchmal ganz kleinen. Wie es der eine meint, soll es vom anderen verstanden werden, mitzutragen sein. Frei und gerade so: »versiegelt im Geist zum Lob seiner Herrlichkeit«. Wie es ist, ist es dann nicht mehr. Es wandeln sich die Dimensionen, die Gewichte, die Perspektiven. Die Angst, die ich habe: ich kann sie dann noch immer nicht wegzaubern einfach, doch anders dann ist sie, verliert ihren Schrecken, ihre böse Gefräßigkeit. Und auch die Erschöpfung ist dann nicht einfach nur weg, aber ich traue mich dann, darüber zu reden und etwas dagegen zu tun, und zu meinen, alles das dürfe ich nicht, das möge man dann einem anderen sagen. »Gelobt sei Gott, der Vater unseres Herrn Jesus Christus, in ihm hat er uns erwählt, in ihm haben wir die Erlösung, in ihm sind wir versiegelt.« Fürchtet euch nicht, denn siehe, ich habe euch beim Namen gerufen. Gott, der Heilige Geist!

Und dann möchte man »Amen« sagen. Aber sogleich auch wieder nicht. Denn was, wenn sich diese Liebesgeschichte, wie so vieles, als Sentimentalität entpuppt? Im Täglichen schwergängig, gut fürs Unterhaltungsprogramm? Gott hat uns im Mai ja schon einmal zurückgelassen. An Himmelfahrt. 50 Tage nach Ostern. Auch da ging der Himmel auf, und nichts mehr war zu sehen. War's nicht so? Und so doch macht uns das Gott-Loben immer auch große Mühe. Nichts zu greifen, nichts festzuhalten, nichts wirklich Gesichertes. Und schon wieder haben sie uns, die Zweifel, die Verlassenheitsängste, die Phasen der Erschöpfung. Was dann? Weiter zusammen oder geschieden? Doch ist das denn wirklich die Frage? Was ist mit dem Feuer, das in uns entfacht wurde, Gott in uns wohnen, sein Werk in uns fortsetzen und eines Tages vollenden lässt? Es zu einem Ort der Verwandlung macht also, unser manchmal so müdes und kleines und nur mit sich selbst beschäftigtes Leben? Zu einem Ort noch lange nicht abgeschlossener, noch weit sich nach Neuem ausstreckender Erfahrungen? Der Gott der ganz frühen Liebe: Mensch ist er geworden, erfahrbar in Jesus Christus. Und damit das so bleibt, die Liebe stark bleibt auch für uns die, die nach uns kommen, hält Gott die Verbindung durch den Heiligen Geist. Man muss sich den wie eine Taube vorstellen, die die Liebesgrüße des Himmels zur Erde bringt und mit denen der Erde wieder zurück in den Himmel fliegt. Nein: Gott und wir, nicht in Welten voneinander getrennt und als Geschiedene schon gar nicht, sondern so – dass wir uns daran machen, auf die Beine zu kommen, es auszuschreiten, unser Leben, es schmecken und begreifen lernen so als Ausdruck der großen Liebe und des großen Vertrauens, das Gott uns seit Anbeginn der Welt entgegenbringt, und es ihm eines Tages wieder zurückgeben. Und immer werden es Briefe sein, ganz unverhoffte auch, die uns weiterführen und unsere Tage in anderes Licht tauchen. »Er wird uns segnen mit allem geistlichen Segen!« Und dann werden sich unsere Worte zum Gotteslob sammeln und zu einem Hymnus werden ohne Ende.

3. Der garstige Graben

Predigt am 1. Sonntag nach Trinitatis

Evangelium nach Lukas 16,19-31

»Und überdies besteht zwischen uns und euch eine große Kluft, dass niemand von hier nach dort und keiner von dort nach hier kommen kann!« Freundlich ist sie nicht, die Szene, die zu predigen ist eine Woche nach Trinitatis. Von einem ordentlich Reichen ist die Rede, »in Purpur und kostbarem Leinen« gekleidet, und Lazarus, arm und voller Geschwüre, sich nährend von dem, was irgendwann übrigbleibt vom Tisch des Anderen. Keine schöne Geschichte. Denn das Jenseits hat es in sich: die Armen darauf zu vertrösten, besteht kein Grund, eher so, den Reichen damit zu drohen!

Nun kann man natürlich einwenden, und die Bibelforschung legt es nahe, dass es sich bei dem allen nur um ein altes ägyptisches Märchen handelt, das irgendwann mal nach Palästina einwanderte und zu Jesu Zeiten höchst beliebt war: also reine Fiktion ist. Nur bringt uns das nicht sonderlich weiter. Denn um eines kommen wir nicht herum: Jesus mochte die Geschichte, nutzte sie für seine Predigt, markierte durch sie die besondere Situation des Menschen in seiner Beziehung zu Gott, zu sich selbst und denen, die mit ihm leben. Entsprechend die Schilderung derer dann auch, die sich später daran erinnern. Denn der Jesus, von dem das Evangelium erzählt, ist nun alles andere als der milde und pflegeleichte und allemal einfühlsame der Bilder und Belletristik. Es ist der Fremde, der »Rabbi aus Nazareth«, der mit ein paar Männern und Frauen durch das Land zieht, am Berg die Leute um sich schart und predigt: »Nicht alle, die zu mir Herr, Herr! sagen, werden ins Himmelreich kommen, sondern die, die den Willen meines Vaters im Himmel tun!« (Evangelium nach Matthäus 7,21)

Kein Drumherum also! Jesus teilt die Überzeugung des Volks. Vergeistigt sie nicht, überträgt sie nicht, macht sie nicht künstlich »genießbar«. Lasst euch warnen, so seine Predigt! Es wird nicht alles so entspannt verlaufen, wie es bisweilen den Eindruck hat und ihr es lebt, so im Reden, so im Tun! Der Schlussstrich wird gezogen, die Summe gemacht! Es werden sich die Täter nicht einfach davonmachen können und die Opfer irgendwo im Namenlosen enden! Hört, lasst euch warnen, übersehen die Zeichen nicht! Und nehmt euch die Gebote zu Herzen, schärft sie euren Kindern ein und redet davon, zu Hause und unterwegs!

Was will Jesus damit? Will er drohen? Die Katastrophe predigen? Johannes, dem Täufer, gleich? Apokalypse also, Weltuntergangslust, Paramount-Studio? Nein, so nicht. Jesus ist Rabbi. Zuhören sollen die Leute. Und dazu gibt es Geschichten. Was zu lernen ist, ist wenig sensationell, fast schon normal, aber so ein einziger Skandal: Es gibt Menschen, die warten darauf, dass Tiere ihre Wunden lindern und vom Tisch der Reichen noch ein letzter Rest verbleibt! Meint nicht, euch davonstehlen zu können!

Und dann die Geschichte. Nein, nicht die Hitze macht die Hölle. An die könnte man sich im Schlimmsten gewöhnen. Die Hölle, das ist der Abgrund. An den sich zu gewöhnen, geht nicht. Der Graben ist garstig, in seiner Abgründigkeit perfekt.

Ausgeschlossen das sogar: um Gnade zu bitten. Den Finger ins Wasser zu tauchen und das Unerträgliche ein bisschen erträglicher zu machen: selbst wenn es Lazarus wollte, er könnte es nicht. Und nicht nur das: die eigene Lebensgeschichte ist abgeschnitten. Unvorstellbar. Der Mensch der Neuzeit? Er macht Geschichte, schreibt Geschichte, arbeitet Geschichte auf, deutet Geschichte und gewinnt so Einfluss auf sie. Der Mensch? Der Herr Geschichte. Der Mensch in der Hölle? Opfer seiner Geschichte, aus der Zeit ins Vergessen Gestoßener. Keine Revision. Rien ne va plus. Kaum zu ertragen das auch: dass du zusehen musst und nichts dagegen tun kannst. Doch am Unerträglichsten das: dass du dein Leben einmal geplant und gebaut hast, um dir einen Namen zu machen. Dort aber, wo du jetzt bist, da hast du ihn verloren. Der Name des Lazarus ist über die Jahrhunderte hinweg erhalten geblieben. Du aber bist nur als der Raffzahn bekannt: bist, was du nie anders gewesen bist.

Jan Philipp Reemtsma, der Hamburger Wissenschaftler und Mäzen, schrieb vor Jahren ein Buch über die 33 Tage seiner Entführung. »Im Keller«, so der Titel. Von allem, so schreibt er, sei das das Schlimmste gewesen, aufs nichts weiter als 20 Millionen Mark reduziert zu sein, die die Entführer zu seiner Freilassung forderten. Er war nicht als Jan Philipp Reemtsma »im Keller«, der das Eine gedacht und das Andere geschrieben hat, sondern ausschließlich des Geldes wegen. »Die Hölle, das sind die anderen!« (Jean-Paul Sartre) Die Hölle, das bist du selbst, wenn von dir nur noch das ist, was die Anderen verachten.

Doch das ist, Gott sei Dank, nicht alles. Wer noch wahrnehmen kann, darf das Verließ verlassen, den Graben überwinden, sich hinwegbegeben aus der geketteten Zeit. Wem da noch etwas geblieben ist, darf sich unter die Menge derer mischen, die der »Rabbi aus Nazareth« um sich geschart hat: Hört, so seine Rede! Hört und fühlt, dann werdet ihr leben! Da ist also noch etwas. Ich kann sie noch wechseln, die Spur. Jesus predigt von der Kluft, aber vor der Kluft. Mit der Hölle konfrontiert zu werden, von Gott oder durch Menschen, das ist bedrohlich. Aber ist es denn weniger bedrohlich, nur immer mit Verharmlosung und Verdrängung leben zu müssen? Die Zahl der Menschen, die nicht immer nur »verstanden«, sondern ernst genommen werden, steigt. Ernst genommen werden mit Widerspruch. Wie der »Rabbi aus Nazareth« es tut. Er widerspricht, stemmt sich dagegen, hört die Leute »Buh« rufen, aber hört nicht auf zu zeigen, wohin es kommen kann mit einem, von dem kein Name mehr bleibt, keine Erinnerung, kein Witz, kein Satz, nur eines noch: »irgendein Reicher« gewesen zu sein. Von einem anderen Rabbi des 1. Jahrhunderts, Rabbi Eliezer, wird erzählt, dass er sagte: »Tu Buße, einen Tag vor deinem Tod!« Als seine Schüler dann wissen wollten, wie das denn gehe, den Tag seines Todes zu kennen, entgegnete er ihnen: »Also dann, fang an, gleich heute!« Und was dann ist es, Buße zu tun? Es ist nicht wenig nach dieser Geschichte vom reichen Mann und armen Lazarus. Es ist Hören und Fühlen und Sehen und Tun. Aber das Hören ist von allem der Anfang!

4. Was hindert euch?

Predigt am 2. Sonntag nach Trinitatis

Evangelium nach Lukas 14,15-24

Dieses vielfältige, anstrengend schöne, sacht dahinplätschernde, über alles hinwegbrausende Leben mit Lachen und Weinen, Finden und Verlieren, Beginnen und Abbrechen, Arbeiten und Feiern, Glück und Unglück, Feigheit und Dreistigkeit, Klugheit und Dummheit, Lust und Verdrossenheit: mögen wir es?
Zu leben: was ist es? Für die Frommen zu Jesu Zeiten war es eine ziemliche Mühe. Zu tun war eine Menge. Gefastet wurde, verzichtet. Tage und Zeiten waren zu beachten. Und allzu Irdisches stand in schlechtem Ruf. Die zehn Gebote, ja. Aber aus Eifer und Sorge waren die um mehr als 600 erweitert. Und wenn der Sabbat war, dann waren die Schritte zu zählen. Und wenn ein Schaf in den Brunnen fiel, dann war das sein Schicksal. Sich ja nichts zuschulden kommen zu lassen im Rahmen der Grenzen: ein einziger Marathon. Aber so eben war es, das Leben. Die Mühe würde sich auszahlen. »Wohl dem, der am Tisch des Herrn sitzt, einst, in Gottes Reich!« Der Fromme verstand sich mit Jesus. Der aber schaute ihn an und antwortete: »Einst? Ich will dir was sagen!«

Textlesung

Wie der Fromme die Geschichte aufnahm, ist nicht überliefert. Es ist auch gar nicht so wichtig. Denn darauf kommt es an, wie wir sie aufnehmen und mit ihr den ganz besonderen Akzent, den sie durch Jesus erfährt.
Um das Leben geht es. Jesus vergleicht es mit einem Fest. Dazu geladen, lange schon, sind viele. Es auszurichten, ist es dem Gastgeber wert. Schon die Vorbereitung verlangt ihm einiges ab. Kurz vor Beginn noch schickt er einen seiner Getreuen los, den Geladenen ausrichten, es ist so weit, das Fest kann beginnen. Eine Geste gesteigerter Zuvorkommenheit. Doch die fangen an, sich der Reihe nach zu entschuldigen. Nun ja, es gibt Gründe. Aber die gibt es immer. Der Gastgeber ist verärgert. Doch das Fest ist es ihm wert. »Mein Haus ist groß. Nicht ein Platz soll leer bleiben am Tisch. Also tut es noch einmal: geht und holt, wen ihr könnt!«
Früh schon wurde das Gleichnis von der Kirche zu einem ihrer Favoriten. Zunächst sollte es die christliche begründen. Die Juden, so der Tenor, waren die Erstgeladenen. Die aber kamen nicht. Die Einladung ging weiter. Später leitete die Kirche aus dem Gleichnis das Recht ab, die anderen zu nötigen. Der Kirchenvater Augustin zum Beispiel, einer der Großen, meinte, Menschen zu ihrem Glück zwingen zu können. Und bald schon wurde das Gleichnis als Drohung gelesen: wenn du dich jetzt nicht zur Kirche bekennst, wird sich der Himmel später auch nicht zu dir bekennen. Von Mal zu Mal anders, in immer neuer Tönen! Eine Menge Phantasie, verehrte Brüder und Schwestern! Aber was ist? Es sind doch nicht die Religionslosen, schon gar nicht Feinde der Religion, mit denen sich Jesus auseinandersetzt: Fromme sind es, Menschen, die sich lange schon sehnen nach Gott und seinem Reich, es kaum mehr erwarten, das Fest zu feiern!

Aber dann, Freunde, kommt doch! Verschiebt es doch nicht. Jetzt ist die Stunde, so Jesus. Jetzt teilt Gott die Freude aus. Jetzt schon. Im Vorletzten. Unter Tränen. In Trauer. In Stress und Verwirrung, Schmerzen und Schuld. Die Sehnsucht wird bleiben. Die aber, die große, wird sich nähren von dem, was jetzt schon gilt, sich jetzt schon ereignet. Zögert nicht, kommt!

Wie es so ist, wenn gefeiert wird, liebe Gemeinde: jeder wird seine eigene Erinnerung daran haben. Ob Kindergeburtstag, Hochzeit, Straßenfest. Da waren wir fröhlich, unbeschwert. Da mochten wir uns, uns und andere. Da gehörten wir zusammen, nicht mehr der nur für sich oder die mit ein paar anderen, sondern alle gemeinsam an Bord. Da waren wir ganz bei der Sache, ganz im Augenblick. Und Fremde? Die gab es da nicht. Ihre Geschichten begannen zu interessieren, und wenn einer traurig war, dann blieb das nicht lange verborgen, dann waren da welche, die sich kümmerten, und irgendwann war gut. Und einer fand: »du kannst ja malen!« Und ein anderer: »also kochen wie du, das können nur wenige!« Und einer, der meinte, das Schlimmste sei spülen, der war am Ende, als aufgeräumt wurde, gar nicht mehr zu bremsen. Ja, auch Mühe gab's, aber die war leicht: wie die Mühe im Spiel. Kommt rein! Macht mit! Wir sind noch nicht durch, aber wir sehen schon die Lichter und hören schon die Musik!

Die Geladenen aber? »Ich kann nicht. Ich bin gerade dabei, mir ein Grundstück zu kaufen. Das geht nicht so nebenher, da musst du höllisch aufpassen!« Und auch der andere hat seine Gründe: »Bin auf dem Markt, muss Tiere kaufen!« Und ich, so der Dritte, »hab mich gerade verheiratet. Bitte versteh!«

Na klar doch versteht er! O ja, die Arbeit. Nicht alle bauen ein Haus. Doch eine Wohnung braucht jeder, und um die muss man sich kümmern. Und nicht jeder kauft Ochsen, einen Traktor oder sonst was fürs Unternehmen. Aber die Dinge fallen ja nicht einfach vom Himmel, müssen produziert, Dienste geleistet werden. Und eben schon mal: das Fest meiner eigenen Hochzeit, und jetzt schon wieder eines? Halt dich mal schön zurück und übertreibe nicht! Doch, das alles sind gute Gründe. Aber dann ist da etwas, was nicht nur die damals, sondern mich auch heute immer wieder und immer neu überfällt: »Ja, wenn du alles getan hast, nichts mehr übrig bleibt, dann ist gut und dann darfst du feiern! Zehn Jahre noch, aber dann doch kann's losgehen, dann hast du dir es verdient und keiner soll es dir neiden! Freundschaft, Gerechtigkeit, Güte, Nachdenken, Sinn fürs Kleine, Schöne, Stille, Verborgene und irgendwo der gute Champagner: noch nicht jetzt, aber »irgendwann«! Jetzt soll es erst mal die Pflicht sein, und weil ich am Abend nur noch fertig bin, zu keinem Gedanken mehr fähig, das Unterhaltungsprogramm!« Der guten Gründe anderer Teil? Ich und meine Wohnung. Ich und meine Ehe. Ich und meine Kinder. Ich und meine Familie. Daheim ist daheim. Bleib bei dir selbst: die anderen wollen dir nur in den Topf spucken. »Was grüßt du? Du kennst den doch gar nicht!« Oder: »Halt deine Meinung für dich. Die anderen lachen nur!« Oder: »Misch dich nicht ein. Denn tust du es, bist du drin und kommst nicht mehr raus!« Ja, Gott, vielleicht ja sähest du es ganz gerne, würd ich mich ein bisschen mit anderen zusammentun. Aber lass gut sein. Ich bin, wie ich bin. Später mal, vielleicht!

Wenn ich gelernt habe, in der Erfüllung der Pflicht und der Vermehrung des Geldes den Sinn meines Lebens zu sehen, dann, in der Tat, ist es ein Unding zu feiern. Und wenn ich mir angewöhnt habe, mich vor den anderen nur immer zu hüten, dann ist es eine einzige Zumutung und ich bleibe weg. Dabei glaube ich noch nicht einmal, dass Gott mich, wenn ich »später« komme, einfach zurückstieße und der Satz im Evangelium: »Von denen, die zuerst geladen waren, wird keiner mein Mahl schmecken!« so vielleicht gar nicht gemeint ist. Nicht, dass die Türen verschlossen wären oder vom Fest nichts mehr übrig wäre, könnte uns blühen, sondern dass wir vor lauter Rennen und Wühlen, Rechnen und Sorgen, Selbstisolierung und Misstrauen den Geschmack könnten verloren haben an einem Leben, wie es sein könnte. Die Freude am Teilen? Wir haben sie uns abgewöhnt! Das Gespräch mit dem anderen? Wir haben es vermieden! Andere neugierig auf uns selbst zu machen? Wir haben es für obsolet gehalten. Nach all den Jahren Hamsterrad sind wir frei von Überraschungen geworden. Wer immer nur auf seinen eigenen Vorteil bedacht war, 30 oder 40 Jahre lang, der ist zur Freude ohne Hintergedanken schwer nur fähig noch. Man wird sie nicht los, die harten Bandagen, die man sich früher selbst mal anlegte oder einem noch früher schon angelegt wurden. Wer immer nur befohlen oder gehorcht hat: wie soll der noch zuhören, in einen anderen sich einfühlen können? Wer immer nur geschachert hat: wie soll der noch schenken oder was ihm geschenkt wird genießen können? Jesu Lockruf verschließt nicht den Himmel für die, die zu spät kommen. Was wäre das für ein Gott, der den einen die Kostbarkeit des Lebens präsentiert, sie mit einem Fest tief in die Nacht überrascht, nicht einen ausschließt dort und Platz noch für den Geringsten hat, den anderen aber, die es für sich anders meinen, die rote Karte zeigt!? Ein Gott, so kleinkariert wie wir selbst! Nicht Jesu Vater! Von dem geht andere Wahrheit aus!

Wie also? Ich sehe den jungen Mann in der Bahnhofsetage. Versunken sitzt er da, spielt Flöte. Die meisten hetzen vorbei. Einige bleiben stehen, lassen sich abbringen einen Moment vom nützlichen Geschäft! Und sehe meine Kinder: »Bleib doch mal, heute Nachmittag. Wir haben was und wollen es dir zeigen. Gar nicht weit weg von hier!« Und sehe Frau L. Sie ist krank, lange schon. Heute komme ich an ihrem Haus vorbei, werde sie besuchen! Wenn man alles das Wichtige und immer schon Übliche und durch und durch Unumgängliche einfach mal so lässt, liebe Gemeinde, immer noch wichtig, aber heute mal nicht, immer noch üblich, aber heute erst später, immer noch unumgänglich, aber heute gerade: dann ist das alles gar nicht so einfach und kann, weiß Gott, auch mächtig aufregen. Aber so ist das im Leben. Es ist groß. Es kostet. Zum Billigrabatt hast du es nicht. Und wenn es zum Fest werden soll, dann wird dir das Größte geschenkt, aber zu entscheiden, ob ja oder nein, das musst du schon selbst. Wo du es kostest aber, kann es dir gehen, wie es Albert Camus von einem Menschen erzählte, der sein Leben, schwer invalide, so, aber auch ganz anders erfuhr: »Man hilft mir, meine Bedürfnisse zu verrichten. Man wäscht mich, trocknet mich ab. Ich bin gelähmt und beinahe völlig taub. Mein Leben abzukürzen, an das ich so innig glaube, kommt mir nicht. Ich würde noch Schlimmeres auf mich nehmen: blind zu sein, der sinnlichen Wahrnehmung beraubt, stumm und ohne jede Berührung mit außen, wenn ich nur die dunkle und glühende Flamme spüre, die Ich bin. Ich, der Lebende, der dem Leben noch dafür dankt, dass es mir erlaubt zu brennen.« Dass es uns erlaubt zu brennen. Die Einladung gilt!

5. Zum ersten Mal

Zu Gast in Paul Gerhardts Sommerlied

Predigtessay zu EG 503

Stell dir vor: alle die Routinen der Jahre, in denen du dich eingerichtet hast, es gäbe sie nicht! Die Welt bei Tag, bei Nacht, bei Regen und Sonne: du kennst sie nicht. Du erlebst sie zum ersten, allerersten Mal. Und dann machst du die Tür auf, gehst über die Schwelle, hinein in den Tag, der nach Blumen und Frische duftet, schnupperst, blinzelst und erlebst auch das: die blühende Magnolie, das Rotkehlchen, den Zitronenfalter zum ersten, allerersten Mal!

Paul Gerhardt muss es so vor über 250 Jahren gegangen sein. In den Berliner Gärten war es ihm vergönnt, zum allerersten Mal in seinem Leben Tulpen zu sehen. Gemeinsam mit den Narzissen schienen sie sich vorgenommen zu haben, die Welt zu verzaubern. Seinen Taumel verewigte der Pfarrer und Dichter im wohl bekanntesten Sommerlied der Welt. In dessen zweiter Strophe kommt ihm solch farbprächtiges Leben nur mehr königlich vor: »Die Bäume stehen voller Laub, das Erdreich decket seinen Staub mit einem grünen Kleide. Narzissus und die Tulipan, die ziehen sich viel schöner an als Salomonis Seide.«

Für eine einzige Tulpe, erzählt man sich, gaben Fürsten und Könige damals zwanzig Wagenladungen Korn, zehn Nutztiere und mehrere Fässer Bier. Die Tulpe war die Errungenschaft dieses geplagten Jahrhunderts. Man hatte sie von Afghanistan und Iran über die Türkei nach Europa gebracht. Die Menschen freuten sich geradezu überschwänglich über diese Blume, die ihren Namen einem edlen arabischen Kopfschmuck verdankt. Jahrhunderte davor schon ist die Narzisse über Nordafrika nach Europa gewandert und gehört schon lange zum Stamm der Wunder, die in Hymnen besungen wurden: »Schau an der Erde Gärten und betrachte die Spur des Kunstwerks, wo Silberaugen in die Höge blickend mit wie aus Gold geschmolzenem Augenstern auf dem smaragden Stiele Zeugnis geben, dass Gott erkennet keinen Nebenherrn!« (Abu Nuwas, 9. Jahrhundert, zitiert nach Annette Schimmel)

Das Wundern macht auch vor den Religionen nicht Halt. Der Widerglanz des Himmels eint sie. Stell dir vor: du trittst in dein Leben und du erfährst, was du erfährst, unbeobachtet und ungebremst zum ersten, allerersten Mal und hast für einen Augenblick nicht den geringsten Zweifel daran, dass alles das ein einziger Hinweis ist auf Gott, der dich liebt und seine immense Pracht mit dir teilen will!

So muss es dem Dichter und Pfarrer gegangen sein. Paul Gerhardt gehörte nicht zu den Auffälligen seiner Zeit, und zu den Erfolgreichen schon gar nicht. Bevor er mit 42 Jahren seine erste feste und regelmäßig bezahlte Pfarrstelle antrat, schlug er sich als »ewiger Student« durch die Wittenberger Universität. Arbeitslosigkeit prägten seine Jahre, da und dort mal Kurzeinsatz. Das Liederdichten war ihm lieb, doch trieb er es eher heimlich und musste (vom Kirchenmusiker, der seine Gottesdienste begleitete) erst mühsam dazu überredet werden, seine Verse öffentlich zu machen. Bei seinem Tod widmete ihm seine kleine brandenburgische Gemeinde ein Portrait mit der Unterzeile: »Im Sieb des Teufels geschüttelt«. Mehr für den Pastor war da nicht, der in zehn Jahren seine Frau und vier seiner Kinder verlor und in Pest und Dreißigjährigem Krieg über Gottes Liebe und bleibender Verheißung Auskunft zu geben hatte. Nach den Regeln des Erfolgs, nein, da war bei ihm nichts. Sein Geheimnis war es, alles mit dem ersten Blick zu sehen und gegen alles Andere das Staunen nicht verlernt zu haben.

Vielleicht war es das, was Jesus meint mit: »werdet wie die Kinder!« Kinder haben es noch, dieses Entzücken beim allerersten Mal. Alles schon irgendwann irgendwo irgendwie gesehen, geplant, geahnt zu haben und nichts dem Augenblick zu überlassen: der Katalog, das Leben zu versiegeln, ist ebenso lang wie rabiat. Paul Gerhardt kümmert es nicht. Er tritt in den Sommer und so in den Zauber der anderen Welt. Er greift nicht ein in Gottes Werk, kommentiert es auch nicht. Er geht in ihm entlang, immer nur weiter hinein: staunend, aufnehmend, ahnend so, dass das Wunder dieser Welt Vorgeschmack nur der unbeschreiblich schöneren anderen Welt Gottes ist.

6. Einer wie Zachäus

Predigt am 3. Sonntag nach Trinitatis

Evangelium nach Lukas 19,1-10

Wir hatten da mal einen Lehrer ... Manchmal beginnt es so, wenn sich Leute (um die 40) an ihre Schülerjahre erinnern und ihren Kindern, Neffen oder Nichten davon erzählen. Jeder wohl hatte irgendwann »seinen« Lehrer, »seine« Lehrerin. Die Beziehung zu ihm, zu ihr: nicht immer ganz leicht.

Auch ich hatte so einen. In Griechisch und Latein. Vor allem aber waren es die Geschichtsstunden, die mir in Erinnerung blieben. Kirche mochte er nicht besonders. Aber immer waren es Geschichten der Bibel, mit denen er uns überraschte. Um die 50 muss er gewesen sein, nicht verheiratet, seine Wohnung ein bisschen weg von der Stadt, meistens zu Fuß unterwegs, dann und wann Bus, Hemd mit Krawatte, Anzugwechsel einmal im Monat, Schuhe fast immer dieselben. Zum Unterricht brachte er ein schmales, abgegriffenes Buch mit, und wenn er zur Bibel sprach, ein ledergebundenes Exemplar, vom Tabakdampf braun geworden, voller Randnotizen. Und wenn uns Schülerinnen und Schüler der Neunten oder Zehnten alles Mögliche interessierte, nur das nicht, was auf dem Plan stand, war da doch dieses eigentümliche Zugeständnis, das wir ihm machten, wenn er abwich vom Üblichen und sich, zum Beispiel, der Väter- und Müttergeschichten des Alten Testaments zuwandte: Wie es Josef am Hof des Pharao erging, warum man ihn ins Gefängnis sperrte und was für Träume der dort hatte und wie es mit ihm und seinen Brüdern stand und wie mit seinem Vater. Und während er erzählte, schrieb er ein paar »Geheimzeichen« an die Tafel und nannte sie »Hieroglyphen«.

Wir mochten ihn, »unseren« Lehrer, obwohl er uns in seiner Eigenart immer ein Rätsel war. Anders als bei anderen hatten wir bei ihm den Eindruck: der liebt seinen Beruf, lebt ihn, und was der sagt, das »stimmt«. Und eines Tages, allererste Stunde, so recht wach waren wir noch nicht, da erzählte er uns eine Geschichte. Und die ging so:

Der barmherzige Samariter war längst wieder zu Hause, die zehn Aussätzigen erfreuten sich längste wieder ihrer Gesundheit und die Kinder, die Jesus gesegnet hatte, hatten längst wieder Löcher in ihren Kleidern und triefende Nasen, da lebte in Jericho am unteren Jordan ein Mann: Zachäus mit Namen. Irgendwann war er vom Dorf in die Stadt gezogen, war jung und tüchtig, so dass man ihn eines Tages zum Leiter der Zollstation machte. Freunde hatte er in der Stadt nur wenige gefunden. Doch seit er im Zollhaus wohnte, wollten auch die nichts mehr von ihm wissen und mieden ihn. Darüber wurde er menschenscheu. An der Schranke sprach er nur das Nötigste. Jeder machte, dass er weiterkam. So ging es über die Jahre. Seine Arbeit erledigte er gewissenhaft: lebte keinem zulieb und keinem zuleid. Bedürfnisse hatte er kaum. Was er verdiente, sparte er. »Wo hat der nur sein Geld her?«, tuschelten die Leute. Und als er sich auf dem Hügel der Stadt ein kleines Häuschen kaufte, mit Sicht auf den Fluss, tuschelten sie nicht mehr, sondern trauten ihm »tausend krumme Touren« zu.

Im Häuschen wohnte er allein. Wenn er frühmorgens aufwachte, sang er einen alten Psalm, jeden Tag einen anderen. Und wenn er abends nach Hause kam, machte er sich was zu essen und ging noch ein paar Schritte. Seine beiden Zimmer waren nur mit dem Nötigsten eingerichtet. Für wen hätte er einen Teppich oder neue Öllämpchen besorgen sollen? Allein saß er am Tisch. Allein löffelte er seine Suppe, allein seinen Morgentrunk. Und wenn er Worte sprach, dann tat er's mit sich selbst. Eine Zeit lang dachte er ans Heiraten. Aber bald schon ließ er davon ab. Die Angst vor Begegnungen hatte sich in ihm zu einem unüberwindlichen Berg getürmt.

Einmal nun saß er am Zollhaus. Von Passanten hörte er, ein berühmter Rabbi sei auf dem Weg in die Stadt, nicht einer wie sonst, irgendwie anders, Freund des Volks. Nun ja?, so seine erste Reaktion. Doch dann wurde er neugierig. Und eines Tages, als er die Leute sah, alle die Kinder und Frauen, Kranken und Bettler, Siechen und Fremden, sie sich drängeln sah, die Straßen und Wege und Trampelpfade und Eingänge entlang, stand er auf und stieg, vom Häuschen ein paar Meter entfernt, auf den Baum: denn von Gestalt war er klein, und jemandem den Platz nehmen, das wollte er nicht. Und dann streckten die Kranken ihre Arme aus und die Stimmen wurden erregt. Und für ein paar Augenblicke sah er ihn, den Fremden, mitten in der Menge – sah ihn, sich lösen, weiterziehen, auf ihn zukommen, seinen Blick ihm zuwenden, seinen Namen ihn sagen: »Zachäus!«

Hörte er recht? Er kann doch nicht mich meinen? Den Zolleintreiber, den »Römerfreund«, den von allen nur Gemiedenen? »Doch Zachäus, du! Komm runter! Es ist schon spät! Lass uns zu dir nach Hause gehen, ich will dein Gast sein!« Mein Gast? Zachäus begriff nicht. Ich muss mich verhört haben! Die anderen sind gemeint! Die Oberen des Volks! Die von der Synagoge und Provinzverwaltung! Der Fremde aber machte keinerlei Anstalten, es anders zu meinen. Also hielt es ihn nicht mehr, sprang herunter vom Baum, schloss die Station, ging mit dem Fremden nach Hause, legte ein Tischtuch auf, holte Brot und Wein und Feigen und Käse aus der Speisekammer und ließ den Dingen ihren Lauf. Was für ein Tag! Besuch im Haus! Und er, den keiner mochte, der Gastgeber! Und ein bisschen wunderte er sich über sich selbst. Mein Gott, da ist ja noch was! Ich kann mich noch freuen! Die Glut, sie glüht noch, all die Einsamkeit hat es nicht geschafft mit mir!

Jesus aber saß am Tisch, als sei es das Selbstverständlichste der Welt. Ihm gegenüber Zachäus, der Gastgeber, als sei er zu exakt diesem Besonderen geboren. »Die Gesunden haben, was sie brauchen. Den Arzt brauchen andere!« Und bald schon war Zachäus dabei, sich den Ballast von der Seele zu erzählen. An nichts schien der Gast mehr interessiert. Ja, auch die Geschichten waren es. Doch das vor allem: dass es seine, des Zachäus Geschichten waren, die des Menschen, mit dem es das Leben irgendwann einmal so und nicht anders meinte. Leben ist, so begann er zu begreifen: wenn einer ist, der nicht schon alles weiß, sondern Zeit hat, dich würdigt, sich zu dir setzt, dir rät und in Rufweite bleibt. Der Abend wurde lang, dauerte bis zum nächsten Morgen fast. Wie ein Fest kam es ihm vor. Und wenn da etwas war, das er anderen zu Unrecht genommen hatte, dann mochte er lieber heute als morgen dafür aufkommen. Denn reich zu sein, längst hatte er begriffen, rechnet sich anders!

Die Stunde ging zu Ende. Ein paar Minuten noch, dann würde die Schulglocke läuten. Es hat es wieder hingebracht, »unser« Geschichtenerzähler! An der Tafel, in ein paar Strichen, die üblichen »Hieroglyphen«: eine Zollschranke, ein Baum und zwei Tische – einer mit nur einem Stuhl und nur einem Teller, ein anderer mit zwei Stühlen und zwei Tellern und einem Strauß Blumen. Und eigentlich war das schon meine Geschichte. Und doch ist eine kleine Nebensache noch, die ich nicht verschweigen möchte.

Ich war mit meinem Vater verabredet. Am Nachmittag würde er mich mit dem Auto abholen, mit mir über den Berg nach Hause fahren. Treffpunkt: Café, der Schule gegenüber. Mit anderen in der Runde bestellte ich Cappuccino, als irgendwann die Tür aufging und »unser« Lehrer eintrat. Kurzer Gruß, dann hing er seinen Mantel und Hut an den Haken und setzte sich an den kleinen Tisch in der hinteren Ecke. Alles wie vorbestellt: Kaffee und Brötchen mit etwas Butter und Marmelade. Er aß und trank mit Genuss, tippte die Krümel mit den Fingern auf. Beobachtet zu werden, störte ihn nicht, als sei er's gewohnt. Aus der Tasche kramte er Tabak und Zigarettenpapier, drehte sich eine, nahm einen Stoß Hefte heraus, einen Füller mit roter Tinte und begann zu korrigieren, durch und durch vertieft, Halbsätze formulierend, Falten auf der Stirn, dann und wann ein Lächeln.

Mein Vater verspätete sich. Irgendwann kam er. Als er den Lehrer sah, ging er auf ihn zu, begrüßte ihn, ohne sich zu setzen: »Was für ein Jammer, bei so schönem Wetter Hefte korrigieren zu müssen!« Der Lehrer schaute kurz auf. Mit einem Zug im Gesicht, den ich so an ihm zuvor nie wahrgenommen hatte, als wolle er sagen: »Ach, schon wieder einer mit Ratschlägen! Was soll ich denn? Mein Garten ist schön. Aber zu Hause bin ich allein. Hier in meiner Ecke bin ich im Leben: da treffe ich manchmal einen, der mich grüßt und den ich grüße, der sich ein bisschen Zeit nimmt, mit mir Worte wechselt, mir das Gefühl gibt, ein kleines

bisschen mehr zu sein als mein kleines Ich, mit dem ich Tag für Tag zu tun habe!«
»Mein« Lehrer, begann ich zu begreifen, war mehr nur als ein Geschichtenerzähler. Wenn er uns vom großen Tag des Zollpächters erzählte, dann wollte er uns nicht nur eine Geschichte erzählen. Dann lebte er sie: bewegte sich in ihr, atmete in ihr, ging ein und aus in ihr zu gefestigtem Leben und noch offenen Träumen. Ihm dafür zu danken, war mir nicht mehr möglich. Damals war es zu früh, später zu spät. Aber manchmal, wenn ich die Stadt meines alten Gymnasiums besuche, mache ich einen Umweg über den Friedhof dort und hab eine Blume dabei.

7. Die Seele geht zu Fuß

Pilgern

Sie nehmen den Pilgerstab in die Hand, packen den Rucksack und gehen los. Für eine Strecke, die ein Auto in einer halben Stunde zurücklegt, brauchen sie einen ganzen Tag. »Wer das Elend bauen will, mache sich auf und sei mein Gesell auf St. Jakobs Straßen!«, eines der ältesten deutschen Pilgerlieder so. Das »Elend« meint die Fremde, in die ein Pilger aufbrach: ob nach Rom, nach Jerusalem, nach Santiago die Compostela oder zu einem anderen Wallfahrtsort fern der Heimat. Pilgern, das war der Beginn eines großen Abenteuers mit ungewissem Ausgang, doch dem großen Ziel: das Heil für seine Seele zu finden.
Im Christentum hat das Pilgern eine lange Tradition. »Leute des Weges« haben sich die Christen in den ersten Jahrhunderten genannt. Ein Leben lang waren sie unterwegs: auf der Suche nach Gott und dem Heil ihrer Seele. Nicht hier, in dieser Welt, seien sie zu Hause, so hörten sie predigen: der Himmel sei ihre wahre Heimat! »Wir haben hier keine bleibende Stadt, sondern die zukünftige suchen wir!«, weiß der Brief an die Hebräerinnen und Hebräer. Im Pilgern indes konnte man dem Zukünftigen schon ein bisschen näherkommen.
Vom ersten, namentlich bekannten Pilgern hören wir im vierten und fünften Jahrhundert. Es waren zwei hochgebildete Frauen. Kaiserin Helena und Egeria Silvia, die unabhängig voneinander zu den Stätten des Heiligen Landes aufbrachen. Sie wollten mit ihren eigenen Augen sehen und mit ihren Füßen den Boden betreten, wo Jesus gelebt und gewirkt hatte, wo er litt und starb und der Tod es nicht schaffte, ihn festzuhalten. Die frommen und zugleich spannenden Berichte dieser Pilgerinnen wirkten wie eine Werbebroschüre. Menschen machten sich auf, um ihren Spuren zu folgen. Pilgern wurde zu einer Massenbewegung, zu einem frommen Tourismus auf festgelegten Wegen, die im Laufe der Jahrhunderte zu einem Wegenetz durch ganz Europa wurden. Herbergen entstanden, Kapellen und Kirchen wurden gebaut. Pilger transportierten ihre Eindrücke und ihr Wissen aus fernen Ländern und Kulturen in ihre Heimat. Die Pilgerwege wurden zu einem WWW des Mittelalters.
Christliches Pilgern ist zuallererst religiös motiviert. Die geistige Kraft der heiligen Orte soll den Glauben stärken: »Die Heiligen waren hier, und nun auch ich!«, soll

so mancher Pilger gesagt haben, wenn er am Ziel war. Die langen, mühsamen (Fuß-)Wege dienten der Vorbereitung und Läuterung: Kälte und Entbehrung, Gefahren durch Tiere und Menschen, Blasen an den Füßen, Strauchdiebe und Beutelschneider, Einsamkeit und Verzweiflung ebenso wie das andere, die Schönheit der Natur und die Gemeinschaft mit Gleichgesinnten.

Pilgern war und ist keine Individualreise. Pilger suchen (zumindest über weite Strecken des Weges) die Gruppe. Anderen »Gesell« zu sein, heißt: bei drohenden Gefahren nicht allein, in Krankheit und Not versorgt zu sein und bei falscher Anklage in der Fremde für andere zum Zeugen zu werden. Pilger tun sich zusammen, um einander zu erzählen, gemeinsam zu essen und zu feiern, miteinander zu beten und zu singen. Zum Pilgern gehört auch die ganz menschliche Lust am Abenteuer. Es brannte im Reiseschuh, und die Sehnsucht nach der Ferne und dem kleinen oder großen Glück ließ die Globetrotter aufbrechen. Bis ans Ende der Welt wollten sie ziehen, und auf ihren Wegen dorthin erlebten sie sich selbst ganz anders als in der Routine ihres Alltagslebens. Hohe Berge waren zu überwinden, reißende Flüsse zu überqueren, weite Hochebenen mussten durchmessen werden. Viele scheiterten. Fasziniert hat das Pilgern die Menschen zu allen Zeiten: die Horizonte erweitert, das Staunen gefördert, Demut und Dankbarkeit gelehrt, zu Respekt und sensibilisiertem Glauben verholfen. Hat es, will es und tut es noch heute.

8. Leben ist Reise

Textspuren

Evangelium nach Lukas 15,1-3,11b-32 (3. Sonntag nach Trinitatis)

Wenn Jesus auf Pharisäer und Schriftgelehrte trifft, dann sind die Zöllner und Sünder nicht weit entfernt. Nichts markiert die Konfliktlinie zwischen ihnen, den Vertretern der Institution, und ihm, dem Rabbi der Straße, deutlicher. So auch hier im Umfeld der Gleichnisse vom verlorenen Schaf, Groschen und Sohn.

Was wird er getan haben, der Sohn, der zu Hause geblieben ist und mit dem Vater alle die Jahre den Laden zusammengehalten hat? Vielleicht wird er der Einladung des Vaters dann doch gefolgt und zum Mitfeiern mit an die Tafel gekommen sein. Hat sich bewegen lassen, vielleicht. Ist auf den Bruder zugegangen, wie es zuvor schon der Vater tat. Hat nachgedacht, es vielleicht doch gespürt, nicht oft und heftig schon gar nicht, aber das eine und andere Mal schon, dass der Vater ihn mag und es ihm selbst an nichts mangelt, es hätte suchen und finden können auch, das Leben, durchaus zu Hause und inmitten des Üblichen. Vielleicht aber hatte er sich jetzt auch ganz anders entschlossen: es seinem Bruder gleich zu tun, sein Konto zu leeren, einen letzten Brief zu schreiben, sein Bündel zu schnüren und los zu gehen, irgendwohin, weit weg. Wer weiß!

In der Geschichte des verlorenen Sohns kommen viele Geschichten zusammen. Von Söhnen und Töchtern, Vätern und Müttern. Von loslassen müssen, nicht aufhalten können, liebevoll verbunden bleiben, Lust und Liebe, Schiffbruch erleiden, anderen und sich selbst fremd werden, auch sein Letztes verspielen und irgendwann auslaufen – es sei denn: da ist eine Adresse und die hab ich mir gemerkt und auf die setz ich meine Hoffnung und dort wird mich einer kennen wie Vater und Mutter. Ich bin dann mal weg! Wann ist der Zeitpunkt günstiger? Meine sieben Sachen will ich packen. Und ganz oben, da soll mein Vertrauen liegen! Zu leben ist Reise. Zu reisen ist Leben. Leben in noch mal ganz anderen Takten, Tönen und Farben. Und bis ans Ende der Welt oder den Himalaya hoch muss das gar nicht sein. Denn Gott ist da und Gott ist dort und wenn ich aufbreche, da geht er mit. Wie im Gleichnis vom Sohn. Oder, früher noch, beim Aufbruch des Abraham: »Geh aus deinem Vaterland in ein Land, das ich dir zeigen werde. Ich will dich segnen, und du sollst ein Segen sein!«

9. Werft schon!

Predigt am 4. Sonntag nach Trinitatis

Evangelium nach Johannes 8,1-11

»Und Jesus bückte sich, schrieb mit dem Finger in den Sand ...« Die da zusammenliefen, die Frau vor sich hertrieben, von der es hieß, man habe sie auf frischer Tat beim Ehebruch ertappt: Jesus sieht sie gar nicht, dreht ihnen den Rücken zu. Wie? Von alledem nichts wissen wollen? Das geht doch nicht! Ja, wenn es zutrifft, was sie behaupten, dann soll es so sein. Doch wenn nicht, dann wäre es hoch an der Zeit, sich für die Sache zu interessieren. Mit dem ersten Stein würde es nicht mehr lange dauern! Doch der fliegt nicht. Noch nicht!
Mit seinen Jüngern war Jesus gerade in die Stadt gekommen. Pause erst mal. Der Weg war weit. Die Tempeltreppe kommt ihnen gerade recht. Man kannte ihn, kannte ihn gut. »Oh, dort drüben, schaut, der Wanderprediger!« Eine feste Adresse hatte er nicht, schlief »bei den Füchsen«. Für ihn und seine Begleiter(innen) nichts Außergewöhnliches. Denn schon bald würde Gott aus der alten Welt eine neue machen. Für viele ein Traum. Andere warnten ihn: »Rabbi, pass auf, was du sagst!« Jetzt aber, wo es galt, das Urteil zu vollstrecken, da wollten es die Tempelherren auch von ihm wissen: »Also dann, Jesus, was sagst du? Im Gesetz des Mose, da heißt es, nun ja: du weißt!«
Jesus wusste. Doch fragten sie ihn überhaupt? Wollten sie sich auf ihn einlassen, sie hören, seine möglicherweise ganz andere Sicht der Dinge? Sich mit ihm austauschen, gemeinsam zu einer Lösung kommen? Oder wollten sie das alles nicht, Zeit nur gewinnen, einen Vorwand liefern und eigentlich eines nur: ihre Macht demonstrieren? Doch, so möchte ich unterstellen: es mag ihnen ernst gewesen sein, Jesus widersetzt sich ihnen nicht!
Was aber tun? Jesus kennt die Frau nicht. Weder sie noch ihren »Fall«. Beim Ehebruch ertappt, so die Menge durcheinander. Dominiert von Männern. Stellt er sich zu ihr,

gerät er »zwischen die Stühle«. Denn Moses Gesetz ist »Gebot der ersten Stunde«: Gründungsdokument von höchstem Ansehen. An ihm zu rütteln, wäre für viele Loyale das entscheidende Quäntchen zu viel. Andererseits: tut er es nicht, überlässt er die Frau ihrem Schicksal, wie es Mose mit seinem Gesetz für alle Zeiten ja gerade verhindern wollte. Denn Strafsätze sollten die Gebote ja nicht sein. Orientierungspunkte. Wegmarken der Gerechtigkeit. Taktgeber des Lebens. Nicht ohne Konflikte. Überhaupt nicht. Erst neulich, am Sabbat, von Jerusalem ein Stück weit entfernt, erregten sich die Schriftgelehrten sehr darüber, dass seine Begleiter, weil sie noch nichts gegessen hatten, Weizenhalme pflückten und Ähren rieben: »Sagt, was ist größer, der Sabbat oder der Mensch!?«, so damals seine Frage. Was also tun?

Er geht auf sie zu. Auf die Menge der Schaulustigen zuerst. Weiter auf die Männer mit den Steinen. Auf die Mitte des Platzes zu die Frau, der nur eines noch geblieben schien: die blanke Todesangst. Er geht ihr entgegen, bleibt dann aber, zwischen ihr und den Männern, schaut weder sie noch die Anderen an, hockt auf den Fersen, nimmt seinen Finger, malt in den Sand. Alle sind gespannt. Nichts geschieht. Jesus malt in den Sand. Kringel, Zeichen. Auszeit nur. Unterbrechung. Um die Wahrheit geht es. Aber kann die denn gefunden werden, solange es das Gedränge ist, das die Situation bestimmt, der kurze Prozess, der Reiz der Sensation? »Wer unter euch ohne Sünde ist, der werfe den ersten Stein!«, so seine Worte.

Wie, was? Will er uns zum Narren halten? Sie kapieren erst gar nicht. So aber wächst etwas. Denn durch dieses seltsam unwirkliche, seitenverkehrte Plädoyer steht auf einmal nicht mehr nur die dort im Mittelpunkt, auf die sie sich ohnehin längst geeinigt hatten. Sondern jetzt heißt es: »Was ist denn mit mir? Bin ich denn wirklich ein umso viel besserer Vertreter des Menschengeschlechts als die, gegen die ich den Stein erhebe?« Und so auch frage ich mich und uns alle hier: Bin ich denn wirklich so ganz anders? Oder habe ich in meinem Leben nur wieder und wieder Glück gehabt, nicht erwischt worden zu sein? Und treibt nicht auch mich der »Splitter im Auge des Anderen« zu so mancher Aktion, deren Ende nur immer dasselbe ist und sein soll: mich selbst zu entlasten? Oder, noch einmal ganz anders: was mich im Fall der Frau dort so auf die Palme bringt, ist es denn wirklich die Frage der Gerechtigkeit, die mich bewegt, oder nicht vielmehr die Tatsache, dass sie es wagt, Leben auch an der Grenze oder außerhalb der gesellschaftlichen Normen zu suchen und mich in meiner Wohlanständigkeit nur immer zuschauen lässt? So oder so oder noch mal ganz anders. Wir wissen es nicht. Was sie zu denken haben, es interessiert Jesus nicht. Er hockt und er malt. Wird ihnen zum Spiegel. Lenkt ihren Blick auf sich selbst.

Das geht eine Weile. Doch auf einmal kommt Bewegung in die Runde. Und die geht von den Tempelmännern aus. Steine fliegen keine. Anderes regt sich. Das Leben? Sie kannten es. Allein schon durch ihr Alter. Aber auch sonst. In vielen Facetten. Seine Wucht, seine Wege, seine Widersprüchlichkeit. Und immer auch das: den blitzsauberen Schnitt, sie wussten: den gibt es nicht. So recht ihr Freund war Jesus nie gewesen. Mit ihm Staat zu machen: unmöglich. Und doch: dass es auch ihnen um die Wahrheit ging, er hatte es keine Sekunde in Zweifel gezogen. Und so dann wohl kam es, dass auch sie sich bewegten. Nicht einfach weitermachten, allemal blind, zum Trotz womöglich. Nein: auf einmal war da ein Gespür für die Brüchigkeit dessen, der von ihnen vertretenen Ordnung in ihnen, für die

Anfälligkeit und Fadenscheinigkeit ihrer Handlungen. Den ersten Stein zu werfen, fällt dann aber schwer. Und irgendwann den zweiten und dritten auch und alle die übrigen. So dass sie davongingen, das Schauspiel beendeten.

»Keiner mehr da?« fragte er die Frau, als er sich aufrichtete und sie ansah. »Keiner mehr da, alle gegangen! Schau dort, die Steine!« »Dann will auch ich dich nicht verurteilen!«, so Jesus, jetzt nahe bei ihr. Was man ihr vorhielt: er weiß es noch immer nicht, will es auch gar nicht wissen. Mit ihr aufatmen will er. Sich mit ihr freuen, dass sie ihr Leben wieder hat. Aber nicht nur »wieder«: dass sie es neu hat. Nach allem, was war, neu. »Dann will auch ich dich nicht verurteilen!« Spiegel noch einmal. Auch sie soll sich fragen, Zeit für sich nehmen, aufsuchen in sich, was aufzusuchen, aufzufinden, zu ändern ist. Doch keiner von außen, sondern sie für sich selbst. »Fürchte dich nicht!«, so der ganz große Hintergrund, vor dem das geschieht. »Fürchte dich nicht, denn ich habe dich beim Namen gerufen, du gehörst nicht irgendwem, sondern dem nur, der dich über alles mag, dich zu den Seinen gezählt und dich nur wenig kostbarer geschaffen hat, als er selbst ist.« Ja, da war etwas. Es hätte ihr fast das Leben gekostet. Sie weiß es ja selbst. Einfach so weiter lässt Jesus nicht zu. Und spricht sie doch frei. Gibt sie sich selbst und Gott zurück. Das Leben, so fest seine Überzeugung, kann ihr gelingen!
Und dann war auch sie fort und Jesus allein. Und als er so dastand, inmitten der Steine, weit hinten die Jünger, mag er sich gefragt haben, wie oft das noch sei so und ob die Steine nicht irgendwann flögen, am Ende gegen ihn selbst.

10. Geh!
Predigt am 5. Sonntag nach Trinitatis

Erstes Buch Mose 12,1-4

»Geh aus deinem Vaterland! In ein Land, das ich dir zeigen werde!« Mit gleich zwei Aufforderungen bekommt es Abraham zu tun an jener Stelle in der Bibel, wo sich in der Geschichte Gottes mit uns Menschen so viel entscheidet. »Geh aus deinem Vaterland!« »In ein Land, das ich dir zeigen werde!«
Ein verstörender Anfang. Wo immer etwas Neues in unserem Leben geschieht, wissen wir ja nicht, was daraus wird. Ihm die Hand zu reichen und es nach unserem Gusto zu gestalten: es wäre ja was, aber ist nicht. Am Zusammenfluss von Euphrat und Tigris ist Abraham zu Hause, schon über Generationen, hat sich mit seiner Familie eine auskömmliche Existenz aufgebaut. Und nun, mit 75 Jahren, das: »Geh, Abraham! Lass los!« Die Familie! Das Haus! Alle deine Wege, die du gegangen bist! Alle deine Geschäfte, die du gemacht hast! Alle deine Traditionen, die dir ans Herz gewachsen sind! »Sollst Neuland betreten, das ich dir zeige!«
Eines dann interessiert mich: Wie weiß Abraham, dass Gott es ist, der ihn anspricht und auffordert? Es könnte ja auch ganz anders sein! Die Frage ist nicht leicht zu beantworten. Denn die Bibel redet von Gott ja nicht so, als geschähe es

im Augenblick, sondern so doch, dass sie Erfahrungen überliefert, die sie über Jahrhunderte in die alten Geschichten der Väter und Mütter hinein erzählt. Über Generationen entstanden so Geschichten, die von Mal zu Mal zu eigenen Geschichten des Lebens wurden. In immer dichterer, allgemeingültiger Sprache. Du willst wissen, wie der Glaube funktioniert? Schau doch: die Geschichten des Anfangs erzählen es dir! Und so ist es geblieben. Wer immer sich darauf einlässt, lernt in den alten Geschichten dort den Reichtum biblischer Erfahrung zu schätzen, die mehr ist als tausend dürre Hinweise darauf, wie es hätte sein können, damals, als es begann mit Gott und dem »Vater des Glaubens«, wie Abraham später genannt wurde.

Im fünften vorchristlichen Jahrhundert wurde der Großerzählung eine andere vorangestellt. Die von der Erschaffung des Lebens bis zum Turmbau zu Babel. Elf Kapitel Mensch, dem es Mühe macht, in dieses Leben hineinzufinden, weil ihm eines nicht gelingt: seine Grenzen zu erkennen. Zu ernten gibt es vieles im Garten, aber es reicht ihm nicht: die Früchte eben jenes Baumes sollen es sein, den Gott ihm verwehrt. Wenig danach erschlägt er den Bruder, in dem er nur noch den Rivalen sieht, und vergeht sich an der Erde, die reif ist unterzugehen. Bis zum Himmel soll es reichen, sein Lebenswerk, und wird doch nur in einem enden: im Fiasko von Babylon, in dessen Folge keiner mehr den anderen versteht und es Gottes unendlicher Schöpfungslust bedarf, das Projekt des Lebens nicht vorzeitig zu beenden.

Mit wem soll sich Gott zusammentun? Mit ihm vielleicht, dem Fernen zwischen Euphrat und Tigris. Er erscheint ihm im Traum, spricht zu ihm. Er weist ihm den Weg für verirrte, ziellos umhertappende Füße. Gott ringt um sein Projekt. Leben soll sein! Segen! Der Fluch der menschlichen Fehlentscheidungen nicht das Ende sein! Die Alternative? Es gibt sie. Gott sieht sie. Will sie mit Abraham allen Menschen, allen Völkern erschließen. Und Abraham folgt dem Ruf. Ja, es ist spät. 75 Jahre ist er alt. Aber nicht daran hängt der Segen, wie alt ein Mensch ist, sondern an der Frage, ob und wie er bereit ist, Gegebenes herzugeben und sich auf Neues einzulassen.

Abraham ist es. Dass er einwilligt, hat wenig mit Theorie und Verstandesgründen zu tun. Der »Zauber des Anfangs« wohl ist es, der nicht nur den Dichter (Hermann Hesse), sondern auch ihn beflügelt. »Und Abraham glaubte dem Herrn«, so nüchtern und überaus cool der Eintrag der Bibel. Was ist das mit dem Glauben? Wir kommen der Sache näher, denke ich, wenn wir jetzt ganz bei der Geschichte bleiben und uns nicht in die alte, höchst fragwürdige Gegenüberstellung von »Glaube und guten Werken« abdrängen lassen, wie es so oft geschieht, wenn wir von Glauben hören. Worum es geht beim Glauben des Abraham, ist ein ganz kreatürliches Hilfesuchen bei Gott, ein Andocken, ein Sich-Fest-Machen an seinen Verheißungen. Eine Haltung gesicherten Lebens also. Aber dann auch eine des sich von größeren Händen gehaltenen, neu sich entfaltenden praktischen Lebens. Für Abraham beginnt etwas, das seinen Glanz nicht mehr »dort hinten« hat, wo er bisher zu Hause war, sondern »dort vorn«, wo Gott ihm sein neues zu Hause zeigen wird. Platz ist reichlich in Abrahams Glauben: nicht aber dafür, sich im Kreis zu drehen. Sich mit seinen Geschichten gerade einmal unter dieser Perspektive zu beschäftigen, lohnt sich. Auch wenn ihn die Späteren hoch zu Ehren priesen, ihn zu den Urahnen Israels rechneten, ihn »Gottes Freund« (Jesaia 41,8) oder »Gottes Knecht« (Psalm 105) nannten, so zeigt sich doch der dem neuen Land entgegengehende Abraham vor allem als eine sehr fehlbare, menschliche Gestalt. Der Zug zur Größe fehlt ihr fast gänzlich. Über zwölf lange Kapitel ist der Gesamteindruck der, dass es sich bei ihm um einen Mann handelt, der nicht nur am Anfang, sondern danach immer wieder vor allem eines muss: sich lösen. Nach dem Vaterhaus muss er seine Ansprüche lassen, durch den Verkauf der Ahnfrau neu sein Leben zu sichern und danach durch den Sohn der Magd. Er muss Isaak hergeben, den Bürgen der Verheißung, in dunklen Nächten und gefährlichen Widerfahrnissen ganz grundsätzlich seine Vorstellungen von göttlicher Führung und Bewahrung. Und schließlich muss er Sarah begraben, seine Frau, mit der er dieses entsicherte Leben geteilt hat, und das Grab in der Höhle Machpela ist alles, was ihm bleibt von Gottes verheißenem Land. Abraham wird wohl immer auch viel gegeben und stirbt am Ende lebenssatt, aber er lebt und stirbt vor allem als der, der gelernt hat herzugeben. Immer wieder hat er es so von Gott gehört: Geh! Lass hinter dir! Du hast hier keine bleibende Statt! Nur so kannst du zum Segen werden!

Der biblische Abraham, der selbst nicht groß wird, wird zum Zeugnis für die Größe Gottes. Für Gottes unendliches »Ich werde machen«, »Ich werde zeigen«, »Ich werde segnen«. Seine Größe ist es, sein Leben vertrauensvoll mit einem Größeren zusammenzutun. Hier wächst und wächst das Leben eines Geführten: zum Wohl seines Volks und der Erde. Die »Kinder Abrahams« aber lernen bis zum heutigen Tag ihre Lektionen des Lebens. Nicht Abrahams Glaube erscheint ihnen dann schwer: das viel Schwerere ist es, sich vorstellen zu müssen, ohne die täglichen Glaubensschritte leben zu müssen. Das Sinnlose, Sinnwidrige ist etwas schlechthin Lebenswidriges. Kein Abraham-Kind braucht und will so leben. Sinn und Ziel seines Lebens geht ihm auf (wie damals schon) in Gottes schönstem und kürzestem Namen: »Ich bin für dich da!«

In einer Geschichte von Franz Kafka geht mir auf, dass das zum Schmuck, zur Kraft und Ermutigung auch meines Lebens werden kann. Der Prager Dichter vermeidet es noch, ganz direkt von Gott und seinem Anruf zu sprechen. Und so ist er der ferne Trompetenbläser, der in täglichen Zeichen der Lebenserhaltung auf sich aufmerksam macht. »Ich befahl, mein Pferd aus dem Stall zu holen«, schreibt Kafka. »Doch der Diener verstand mich nicht. So ging ich selbst in den Stall, sattelte mein Pferd und bestieg es. In der Ferne hörte ich eine Trompete blasen. Was bedeutet das? wollte ich wissen. Der Diener aber wusste es nicht, hatte auch nichts gehört. Beim Tore hielt er mich auf und fragte: Wohin reitest du, Herr? Ich weiß es nicht, sagte ich! Nur weg von hier! Nur weg! Nur so kann ich mein Ziel erreichen! Du kennst also das Ziel? Fragte er. Ja, sagte ich! Nur weg von hier: das ist mein Ziel! Aber du hast keinen Essvorrat mit, das könnte gefährlich werden, sagte er. Ich brauche keinen Essvorrat, erwiderte ich! Die Reise ist so lang, dass ich verhungern muss, wenn ich auf dem Weg nichts bekomme. Kein Essvorrat kann mich retten. Es ist ja eine zum Glück wahrhaft ungeheure Reise!«

Die Reise des Lebens? »Eine zum Glück wahrhaft ungeheure Reise.« Keine bleibende Statt, lasse ich mir sagen. Kein Sich-im-Kreise-Drehen. Sehnsuchtsziel: mit Anfängen, Aufbrüchen. Solchen mit mir und solchen mit anderen. Mit neuen, immer neuen – und Gott mit dabei!

11. Auf Gegenseitigkeit

Textspuren

Fünftes Buch Mose 7,6-12 (6. Sonntag nach Trinitatis)

Die mittelalterlichen Burgfeste hatten ihren Höhepunkt im Musikstreit der Minnesänger: »Du bist min, ich bin din, des solt du gewis sin!« Du! Ausgewählt. Von so vielen anderen: Ich. Das macht dieses Du so wertvoll. Nicht dass es besondere Vorzüge hätte: größer sei, mächtiger, liebenswerter. Nicht das verschafft ihm die Ehre. Dass es gerade dieses Du ist und gerade jetzt: dafür gibt es keinen anderen Grund als die Tatsache, dass die freie Liebe dessen, der so entscheidet und in seiner Treue es nicht anders will (Vers 8). Diese freie Liebe liebt nicht das Starke, macht aber das Geliebte stark: entnimmt es (in Ägypten und anderswo) der Herrschaft von Menschen über Menschen. Dem Geliebten zu eigen hört das Verfügungsrecht jedes Anderen auf über dieses Du. Anstößig! Aber exakt so darf man es formulieren! Denn es geht hier (bei aller Lust und Liebe) nicht um eine Liebesgeschichte zweier Menschen, um keine auch zweier gleichberechtigter Partner(innen), sondern um die Beziehungsgeschichte zwischen Adonaj, dem Gott Israels, und seinem Volk. Und diese ist (wie alles, was zwischen Gott und Mensch passiert) durch eine nicht aufzuhebende Asymmetrie gekennzeichnet. Durch eine solche allerdings in Wechselseitigkeit. Denn ohne Antwort will es Gott, der sein Volk befreit, nicht haben. Gottes Liebe sucht nach Gegenliebe. Zur Unverbindlichkeit taugt sie nicht. Doch wie »erkennt« (Vers 9) es Gottes Liebe? Wie wird es seiner Treue gewiss? Indem es sich auf sein Wort verlässt: sich einlässt auf seine Weisungen, seine Gebote, sein Recht, sie hört und bewahrt und tut (Vers 12). Die Erfahrung, geliebt zu sein, die auch der göttlichen Treue, macht Israel so, dass es nach Gottes Lebensregeln handelt. Indem es Recht und Gerechtigkeit lebt, liebt es Gott und bewahrt seine Freiheit. »In der Lust am Gesetz (Psalm 1 und 119) lebt es seine Lust auf Gott« (Magdalene L. Frettlöh). So praktiziert es seine Heiligkeit (Vers 6). Israels Freude an der Thora bestärkt Gott in seiner Treue und macht aus seiner freien Wahl eine gegenseitige Beziehung. Nur wir, die Christinnen und Christen? Was ist mit uns »aus allen Völkern« (Vers 6)? Gehören wir nicht dazu? Wichtig ist es, nicht voreilig zu vermengen. Doch, wir gehören dazu. Der Gott Israels liebt die ganze Welt (Evangelium nach Johannes 3,16). Er ist so auch unser Gott. Und doch nicht in der Unmittelbarkeit, in der er mit Israel, seinem »Augapfel« (Psalm 37), verbunden ist. Seine Liebe zu uns wird immer eine mittelbare, eine über Israel und den Juden Jesus von Nazareth vermittelte sein. Wie unsere Beziehungsgeschichte mit dem Gott Israels aussieht, ob es eine Liebes- oder Eifersuchtsbeziehung ist, wird davon abhängen, wie wir zu Israel, seinem »Eigentumsvolk« (Vers 6), stehen. Alles kein Geheimnis eigentlich, denn schon Abraham erfährt: »Segnen will ich, die dich segnen!« (Erstes Buch Mose 12,3)

12. Das Kind muss einen Namen haben

Taufansprache am 6. Sonntag nach Trinitatis

Jesaja 43,1-7

Warum sie ihr Kind taufen lassen wollen, fragte ich Sie, als wir vor ein paar Wochen zusammensaßen und uns auf diesen Tag vorbereiteten. Besonders schlau muss Ihnen meine Frage nicht vorgekommen sein, denn Ihre Antwort erfolgte prompt und ziemlich erstaunt: »Aber das Kind muss doch einen Namen haben!« Das Kind muss einen Namen haben! Und dann sprachen wir über die Bedeutung dieses Satzes. Wenn ich den Namen eines Menschen weiß, stellten wir uns vor, kann ich ihn ansprechen, unterscheiden, habe ich einen allerersten Zugang zu ihm. Aber das auch: Wenn ich einen Namen habe, kennzeichnet mich das, werde ich unverwechselbar, einmalig, kann nicht verloren gehen. Die Früheren wussten: der Name ist Programm. Lebensüberschrift, Schutzschild, Beschwörungsformel. Ein Blick in das Buch der alten und fremdsprachigen Namen verdeutlicht das. Neben aller Freude stehen an der Wiege eines Menschen immer auch die Sorge und Ungewissheit: Wie wird es sein? Wird das Kind seine Chancen haben? Wird es sie nutzen, in Gefahren bestehen? Als wir beieinander waren, liebe Eltern, liebe Paten, hatte ein Seebeben an der japanischen Küste gerade eine Atomanlage zerstört und weite Teile der Region für Jahre oder auf immer unbewohnbar gemacht. Der Grat, auf dem wir unser modernes Leben entwickeln, ist schmal. Und wenn ich die Namen höre, die ihr für eure Kinder ausgesucht habt, dann klingen in ihnen Empfindungen an: David, Hannah, Andreas, Thomas, Dorothea. Fünf Namen, fünf Menschen- und Gottesgeschichten.

Und dann habe ich einen Satz genannt, wie ich ihn auch nachher sprechen werde: »Ich taufe dich auf den Namen des Vaters und des Sohnes und der heiligen Kraft des Geistes!« Und habe versucht, den Satz ein bisschen auszuschreiten: Nichts und niemand, sagte ich, ist Gott in diesem Augenblick wichtiger als du! Du bist gemeint, keine und keiner sonst! Nicht irgendwen, irgendeinen Großen, irgendeine Heldin: dich will er, dich und deinen Anfang, dich und dein Werden, dich und deine Ecken und Kanten, dich und deine Einmaligkeit, Nichtverwechselbarkeit! Und wie von selbst kommen mir die Verse des Propheten wieder: »Fürchte dich nicht, denn siehe: ich habe dich erlöst, ich habe dich beim Namen gerufen, du bist mein!« Nicht der Name an sich also ist es, der sich in der Taufe überträgt, sondern Gott ist es, Gott und seine großartige Zusage, meinen Namen nicht einen Tag aus dem Gedächtnis zu verlieren, sondern ihn in Zeit und Ewigkeit im Herzen zu tragen. Gegen alle Angst und Sorge lässt die Taufe eure Kinder auf ein Leben hoffen, das gelingt und es Licht werden lässt für die Welt. Und doch geht es um mehr!

Nicht um die Namen, die wir unseren Kindern geben, sondern darum, dass sie mit einem zusätzlichen Namen ausgestattet werden. Mit dem Namen des Vaters und des Sohnes und der heiligen Kraft des Geistes. »Eingetaucht« werden in diesen. Wo noch am Flussufer getauft wird oder im See oder früher, als es in den Kirchen noch die »Tauchbecken« gab, da ist es und war es mit Händen zu greifen. Erklärt werden musste da nichts. Es ist da etwas, so machte sich klar, was sich lange vor der Geburt mit diesem kleinen Leben zusammentut: sich für ein paar Monate um es herum legt, es nährt, beschützt, abschirmt gegen allzu viel Lärm, allzu viel Licht, allzu viel Kälte, allzu viel Kanten, ihm Geborgenheit gibt, Zeit auch, das eine und andere auszuprobieren, und wenn es dann geboren ist, mit diesem Etwas noch immer rechnen darf, lange noch, anders als bisher, aber wirklich. So auch die Taufe: da legt sich etwas um uns, ein Mantel, ein Kraftfeld, markiert den Raum, macht ihn überschaubar, begehbar, lässt uns probieren, Schritte machen. »Und fragst du, wer der ist? Er heißt Jesus Christ!«, weiß Martin Luther im Lied. Ja, so der Glaube: in ihm, dem Mann aus Nazareth, geht der verborgene, alle unsere Vernunft und Fassungsvermögen übersteigende Gott seine Wege, verbündet sich mit uns und gibt uns seinen Namen.

Harmlos, weiß Gott, ist das nicht! Denn der Name ist Programm. Wer ihn trägt, macht Erfahrungen, wie andere sie nicht machen: überraschende, Mut machende, unendlich schöne, andere aber auch, die anderen erspart bleiben. »Ich möcht', dass einer mit mir geht, der's Leben kennt, der mich versteht, der mich zu allen Zeiten kann geleiten« haben wir vorhin gesungen. Und weiter: »Ich wart', dass einer mit mir geht, der auch im Schweren zu mir steht, der in den dunklen Stunden mir verbunden.« Und schließlich: »Sie nennen ihn den Jesus Christ, der durch den Tod gegangen ist, er will durch Leid und Freuden mich geleiten.« Nein, mit Zauberkraft geht es nicht zu, wenn wir auf den Namen des Vaters und des Sohnes und der heiligen Kraft des Geistes taufen oder getauft werden. Getauft werden hat es mit dem »Abtun des alten Adam« und dem »Anziehen weißer Kleider« (Offenbarung des Johannes 3,5) zu tun. »Dass ich Liebe übe, wo man sich hasst. Dass ich verzeihe, wo man sich beleidigt. Dass ich die Wahrheit sage, wo der Irrtum herrscht. Dass ich den Glauben wecke, wo Verzweiflung quält!«, so im Gebet des Franz von Assisi. Leben neu. Wie es ist, so gerade nicht. Anders. Verändert. Sein, der oder die ich sein werde. Der Hoffnung entgegen. Dass Eltern mit der Taufe ihrer Kinder zögern? Sie selbst entscheiden lassen wollen? Es gibt dafür gute Gründe.

Und doch: wenn es wirklich die Liebe ist, die Gott zum Bündnis mit uns Menschen führt, wie soll ich sie den Kindern vorenthalten? Dann kann es nicht darum gehen, ausgerechnet sie aus dem Großen und Ganzen auszuklammern. Ganz im Gegenteil: Nirgendwo anders drückt sich das Geheimnis des Wassers und des Lichts doch klarer aus als dort, wo es Kinder sind, denen Gott mit seiner Zusage kommt. Denn was es einmal sein wird am Ende, hier doch, en miniature, wird es vorweg genommen und fassbar gemacht. Nein, ich muss mir mein Leben nicht erst verdienen. Ich muss es mir nicht erst erwerben, es durch meine Erfolge zu Anerkennung und Ruhm bringen. Und schämen muss ich mich auch davor nicht, es nur zu mittelmäßigem oder gar keinem Ruhm gebracht zu haben. Zu seinem Kind hat mich Gott erklärt, so der Apostel Paulus: egal, ob ich erst ein paar Wochen zähle oder Jahre oder Jahrzehnte. Vater will er mir sein und Mutter. Und zu solcher Kindschaft gehört, mit Christus unterwegs zu sein. Ins Freie, Offene, Schwere auch, ganz und gar Unvorhergesehene und doch ihn hinter sich, den Tod, jetzt schon: es zu sehen, das Leben, wie es sein wird, wenn der Tod dereinst am Ende – und Gott »alles in allem« sein wird.

Von diesem »frischen Wasser« (Psalm 23) zu spüren, tief in es hineinzukommen und aus seiner Frische und Klarheit zu nehmen, es dann aber auch auszugeben, mit anderen zu teilen: so nun ist es mein Wunsch, nicht nur für die Kinder, die wir jetzt taufen, sondern für Sie auch, die Eltern, Patinnen und Paten und Familien, für uns alle in der Gemeinde.

13. Wie Brot
Predigt am 7. Sonntag nach Trinitatis

Evangelium nach Johannes 6,30-35

Soll bloß keiner sagen, es gäbe keine Wunder! So damals nicht, als er noch unter ihnen war, Jesus, der Sohn der Maria und des Joseph, so heute nicht! Natürlich gibt es Wunder – Gott sei Dank: wir könnten sonst aufhören zu leben. Die Schriften des Alten und Neuen Testaments sind nicht umsonst voller Wundergeschichten. Darum ja geht es ihnen: vom Gott des Lebens zu erzählen und von Menschen, die ihm folgen. Auch die Geschichte heute ist eine solche Lebenswundergeschichte. Erzählt von Johannes, dem Evangelisten:

Lesung des Textes

Lange schon hatten sie versucht, aus ihm schlau zu werden. Herauszufinden, ob sie noch sei, die Chance ihres Lebens. »Die Gelegenheit«, »der Moment«: er bot sich ihnen schon oft, doch als es darauf ankam, da kam doch alles ganz anders. Und sie, die so große Hoffnungen hatten, blieben mit großen Augen zurück. Ermutigend ist anders. Und doch wären sie bereit, noch einmal, mit ihm zu gehen, alles liegen und stehen zu lassen, wenn – ja, wenn nur ausgemacht wäre, ob man sich auf ihn verlassen könnte! Ich kann die Jüngerinnen und Jünger dort wohl verstehen. Auch ich will wissen, wie das ist. Ob da die Rechnung mit oder wieder mal ohne den Wirt gemacht wird. Ob denn da, wo ich was eingebe, auch was rüberkommt. Es geht das nicht einfach so. Leben ohne Kalkül ist Leben auf Sand gebaut: hält mit einigem Glück bis zum nächsten Gewitter gerade. Was also ist es, Jesus, was du mir vorzuzeigen hast? »Für unsere Väter, damals, regnete es Brot die Fülle vom Himmel?« Und für uns?
»Manna«! Gib es mir! Erst so kann ich glauben. Ja, hab ich denn nach all der Plackerei des Jahres kein Recht auf »meinen« Strand, »meine« Sonne«, »mein« klares Wasser, »meine« freundliche Bedienung, »meinen« Spaß, »meine« heilige Ruhe? Ich will sie endlich los sein, die Wüstenei, in die sich mein Leben verlaufen hat. Und Gott soll mir dabei helfen! Soll mich seine Herrlichkeit sehen lassen! Ich will es ihm gern vergelten! Und Jesus? Hört sich das an. Widerspricht auch gar nicht. Geht auf ihr ABC ein. Und gibt ihnen doch etwas mit, was sich in ihren bisherigen Überlegungen noch überhaupt nicht bemerkbar gemacht hat: Was es denn gewesen sei, damals, will er von ihnen wissen, was die Väter auf der Flucht vor dem Pharao in der Wüste vor dem Hunger gerettet habe, ob sie denn meinten,

das alles erkläre sich aus irgendwelchen Zauberkräften, über die (mag sein) der große Mose verfügt habe, der doch in Wirklichkeit nicht mal die Kraft gehabt habe, das Volk davor zu warnen, sich einen Gott auf vier Beinen zu beschaffen, oder ob es nicht Gründe gäbe, hinter der wunderbaren Bewahrung der Väter einen weit größeren Willen zu sehen – einen weit über die Bewahrung der Körper und den Augenblick hinaus, denn das doch sei das Ziel gewesen, das Volk in ein Land zu führen, »in dem Milch und Honig fließen«, und diesen Kurs erst dort zu beenden, wo auch der Tod, dieser letzte Feind des Lebens, seine Macht verloren habe und Gott »alles in allem« sei. Brot? Ja natürlich: Brot. Vom Himmel? Ja selbstverständlich: vom Himmel. Aber so doch, dass es nährt, aber nicht nur die Väter und nicht nur die Mütter, sondern die auch, die heute leben und morgen geboren werden (und vielleicht noch danach).

Einfach vor dir liegt es nicht, dieses Brot des Himmels. Und beim Bäcker kaufen geht auch nur begrenzt. Du musst es erbitten. Dir was einfallen lassen. Nicht einfach meinen, in deinem Vorrat sei davon nichts, sondern erst mal genau hinschauen und das, was du findest, mit dem, was andere finden, zu einem Gemeinsamen zusammen tun und es mit anderen teilen. Gerade so, wie es der Evangelist ein paar Zeilen vor der Geschichte in einer anderen Wundergeschichte erzählt. 5000 seien es gewesen. Der Hunger groß. Nicht zu bewältigen! Viel zu teuer! Soll doch jeder für sich selbst sorgen! »Nein!« so Jesus. »Schaut in euren Beuteln nach! Und fragt auch bei den anderen nach! Und wenn es nur fünf Gerstenbrote und drei Fische sind!« Am Ende, so die Geschichte, seien zwölf Körbe übrig gewesen.

Und dann dieses Ich! Das Brot des Lebens? Ich! Direkter und einfacher geht es nicht. Respektlos gerade und ziemlich überdimensioniert, was der Sohn der Maria und des Joseph da von sich gibt. Aber so ist es, wenn Gott sich zum Wunder aufmacht. Da kümmert den großen Himmel sein eigentlicher Ort nicht, da beugt der sich der Erde zu und denen, die ihn brauchen. Da ist es, wie es über dem Eingang eurer kleinen Kapelle in Spanisch steht: »Heute hat er seinen Frieden über uns ausgegossen!« Heute. Jetzt. Mit Händen zu greifen. Mit allen Sinnen zu schmecken und zu fühlen. Wofür Jesus gelebt hat und gestorben ist: besser auf den Punkt zu bringen, geht es nicht. In keinem seiner Wunder kommt er uns näher als in ihm, dessen Frieden »höher« ist und tiefer sieht und weiter geht als alle menschliche Vernunft. Dass ich zu mir stehen, meiner Stärken mich freuen kann: du bist es, Jesus! Dass ich mich meiner Schwächen nicht in alle Ewigkeit zu schämen brauche und mir eine Entwicklung vorstellen darf, die über das Momentane hinaus geht: du bist es, Jesus! Dass ich Außensteuerungen unabhängiger werde und mich auch mit zweitbesten Lösungen einverstanden erklären lerne: du bist es, Jesus!

Vom »Manna«, wie es ein Gast der Gemeinde erfuhr und in wenigen Sätzen ins Tagebuch eintrug, will ich zum Schluss erzählen: »Ich liege. Bin da. Die Augen offen oder geschlossen. Bewege mich kaum. Atme. Spüre die Ruhe. Sie geht in mich ein. Tut ihr Werk. Verändert mich. Kostbares Geschenk. Auf Dauer wird es nicht sein können. Die Geräusche der Autos, die Unruhe der Menschen, die Tyrannei des Telefons, die tausend fordernden Stimmen: sie sind aus der Welt nicht weg zu denken, werden wieder kommen, ihren Tribut einfordern. Doch jetzt, vielleicht nur für ein paar Stunden ist Ruhe. Will gut auf sie aufpassen. Will sie nicht stören. Will andächtig sein, sie einatmen, sie kosten, sie mir wieder und wieder zum Geschenk werden lassen. Du lebst, flüstert sie mir zu. Spürst du? Nachher wirst du wieder mit Terminen, Fragen und Ansprüchen zu tun haben. Aber jetzt bist du da und entdeckst zu leben. Das Leben liebt dich, ist gut zu dir, gibt dir seine Hand, hilft dir auf. Du bist!«

14. Friedensträume
Predigt am 8. Sonntag nach Trinitatis

Jesaja 2,1-5

Im alten China erzählte man sich ein Märchen: »Als der Krieg zwischen den beiden benachbarten Völkern nicht mehr zu vermeiden schien, schickten die Feldherren Späher aus zu erkunden, wo es am geschicktesten sei einzudringen. Sie kehrten zurück und berichteten, es sei eigentlich nur ein einziger Ort, doch dort wohne ein Mann mit seiner Frau und den Kindern und die arbeiteten dort oder spielten. Wenn man dort eindränge, würde man das Glück dieser Menschen zerstören. Und so denn, wie jedermann begreifen wird, gaben die Feldherren den Plan auf und der Krieg unterblieb.«
Eine schöne Geschichte. Da wird wohl keiner widersprechen. Und »jedermann wird begreifen«, in der Tat. Eine Geschichte so ganz ohne Hintergedanken, Kleingedrucktem, Verstecktem. Doch – leider ein Märchen – zu schön, um wahr zu sein! Nicht viel anders mag es uns beim Text dieses Sonntags gehen. Gesprochen von Jesaja, einem Mann aus berühmtem Haus, vor mehr als 2 700 Jahren, in einer Zeit, da im Vorderen Orient eine Fackel zu brennen begann, die lange nicht mehr aufhören sollte, ihren mörderischen Tribut zu verlangen. Denn nach einer Zeit der Ruhe mochte den Völkern dort nichts Kreativeres mehr einfallen als heraus zu »kriegen« (und das im ganz wörtlichen Sinn), wer der Größte sei in der Region und es den anderen zeigen könne.

Textlesung

Nein, das ist sie wirklich nicht, die Wirklichkeit unserer Tage. So wenig, wie sie sie damals war. Schwerter sollen sich in Ackergerät transformieren lassen? Panzer in Windmühlen? Raketen in Krankenstationen? Und Gerechtigkeit soll sein: eine, die mehr ist als das Recht des Stärkeren oder der Gewohnheit? Gut gesprochen, Prophet, nur – es fehlt mir der Glaube! Gerade in diesen Tagen doch wieder, wo sich die arabischen Völker gegen ihre autokratischen Herrscher erheben, da hört es sich auf der einen Seite nach Freiheit und Frieden an, doch auf der anderen, da verhängt sich alles, verfinstert sich: da sind es die Waffen, so brutal wie davor, die das Sagen haben. Und wenn uns der 6. August, wie geschehen in diesen Tagen, an den Jahrestag des Atombombenabwurfs auf Hiroshima erinnert und ich von den Hunderttausenden höre, die damals sofort oder über die Jahre und Jahrzehnte getötet wurden oder unter Erbschädigungen leiden, dann erschrecke ich: über das, was damals geschah, aber mehr noch darüber, dass mit der Anhäufung atomarer Arsenale noch immer nicht Schluss ist.

Halt ein, Prophet! Die Zeitungen rufen nicht gute Nachrichten aus, sondern durch und durch beklemmende. Wie? Die Unterhändler weigern sich, mit dem Krieg zu drohen? Die Waffenhändler fangen an, sich anderem zuzuwenden? Die Generale betreiben Friedensspiele? Die Diktatoren öffnen die Straflager? Wer anders denkt, darf das endlich? Die Rasse ist nichts anderes mehr als ein Unterschied der Farbe der Haut? Und in den Folterkammern wird Brot gebacken? Und wer Feind ist, wird gehört? Wie, Prophet: das alles glaubst du, wird sich erweisen?

Der alte Riss durch die Dinge, die nicht überspielende Differenz, der Unterschied zwischen Traum und Wirklichkeit, da also ist er wieder. Nicht zu bezweifeln. Und darüber hinweg zu gehen und so zu tun als ob: christliche Predigt kann so gerade nicht sein. Und doch möchte ich eines jetzt gar nicht: mich in das zurückziehen, was von den Einen Wirklichkeit genannt wird, und das den »Vögeln zu überlassen« (Heinrich Heine), was bei den Anderen Traumlandschaft heißt. Der Glaube gäbe sich auf so gerade und überließe die Welt ihrem Schicksal.

Nein: nicht das Eine gegen das Andere. So meint es die Verheißung gerade nicht. Nicht auf Fluchtwege lockt sie uns, auch nicht in innere Emigration, so damals, so heute nicht. Nach allem, was Jesaja in seinem Leben erfahren hat, steht Gott zu seinen Verheißungen, liebt er seine Welt und traut den Menschen trotz allem noch immer einiges zu. Nicht nur »seinem Volk« (der Prophet hebt es deutlich hervor): anderen auch, »den Völkern«. Auch »Fremde« und »Feinde« sind für Gott nicht tabu: kann sie zu »Geschwistern« und »Freunden« machen. Die Geschichte ist voller Beispiele. Bis in unsere Tage hinein. Gott sei Dank!

Daran ist dem Propheten gelegen: sie aufzuschließen, die Geschichte, sie frei zu machen für Zukunft und Entfaltung, sie aus dem Schutt der Ängste und Vorurteile zu entlassen, die verbrauchten Köpfe und verschütteten Phantasien neu zu inspirieren, sie in Berührung zu bringen mit neuen Ansätzen, Ideen und Verabredungen – aus dem alten Frieden einen neuen zu machen, so die Vision, der höher ist, tiefer schaut, weiter fasst als alle bisherige Vernunft und Vernünftelei des Menschen und der Menge seiner Interessensverwalter. Und in der Tat: in diesem Neuen, da wird sich auch die Gerechtigkeit als Gotteskraft neu zu erweisen haben und ums Recht haben und Recht behalten und ordentlich sich Durchsetzen und auf die Plätze Verdrängen wird es dann gegangen und die Zeit gekommen sein, das Eigene zu befragen, ob und inwieweit es nicht auf Kosten des Anderen zustande gekommen ist und bereit ist zu teilen. Ja, so der Prophet in seiner Utopie des Überlebens: »In jenen Tagen!« Dann also, wenn sie endlich lassen, die alten Vermesser der Wirklichkeit, lassen von ihrer Enge und Angst, Ichbesessenheit und Hoffnungsarmut – in ihrem schottdichten Geläuf' sich besinnen und umkehren zu Gott, der die Richtung und das Ziel bestimmt und so, auch in diesem Fall, nichts anderes tut, als was er schon immer getan hat und es tun wird bis ans Ende: aus »Wüsten Gärten« zu machen, aus »nur immer dem Gleichen« das Neue und Anfängliche. Leben, nicht Tod – so dessen Ausstattung. Raum für den Krieg wird es keinen mehr geben. Für den Krieg nicht nur der Völker: für den auch der Generationen und Geschlechter, der Religionen und Kulturen, der Rassen und

Klassen. Und in diesem Ganzen ist Ort und Würde auch für das, was den Menschen immer schon umgeben hat und ihn umgibt, solange er lebt: die Tiere, die Pflanzen, die Luft und das Wasser, die Vielfalt und Anmut der Schöpfung.

Und mit diesem Dreh zu beginnen, nicht länger in Sprüche und Ausreden und noble Zurückhaltung zu verfallen, so Jesaja, ist jetzt der Moment. Den »Tisch im Angesicht des Feindes«? Stellt ihn auf. Fangt ihn an, den mühsamen Prozess der Ent-Feindung. Hört auf, euch weiter auseinander zu reden. Redet euch endlich zusammen. Noch besser: schweigt euch und handelt euch endlich zusammen. Auf euch, die ihr Gott kennt, in euren Geben ihm nahe seid – auf euch kommt es da vor allem an. Um die geht's, die anfangen, mitgehen ins Neue, Zeichen setzen. »Kommt und wandelt im Licht!«, spricht der Prophet. Die Einladung gilt!

15. Gottfähig
Predigt am 8. Sonntag nach Trinitatis

Evangelium nach Matthäus 5,13-16

»Salz der Erde«, »Licht der Welt«, »Stadt auf dem Berg«. In gleich drei Bildern sucht das Evangelium heute auf sich aufmerksam zu machen. Dazu aus einem Zusammenhang, der Bergpredigt, die zum biblischen Urgestein zählt. Gespickt mit O-Tönen und Herz-Tönen, die uns mit Jesus gleichsam in Direktverbindung sein lassen. Ich hätte mir es schon ein bisschen gemütlicher gewünscht, heute, so kurz nach Beginn der großen Ferien.

Kein Anschluss unter dieser Nummer? Ich könnte es versuchen. Doch wird es mir nicht gelingen bei so viel Würze und Klarheit der Ansage. Und wenn ich mich noch mal gerade in die Vermutung retten will, dass Jesus hier zuallererst mit seinen Jüngerinnen und Jüngern spricht, dann komme ich auch da nicht recht weiter, denn nicht vom »Salz« damals und vom »Licht« irgendwo ist die Rede, sondern von »ihr« und »ihr seid«, also von mir und dir und uns unter diesen und keinen anderen Bedingungen. Wir können es drehen und wenden, wie wir wollen: von uns abzulenken, wird uns nicht gelingen.

So aber kann was draus werden. Mit uns selbst. Denn irgendwo, so scheint es, sind Potentiale versteckt, die gehoben, nicht länger ihrem Schicksal überlassen bleiben wollen. Und vielleicht ja gehört das alles dazu und war gar nicht so weit »hergeholt«, wie wir da neulich im »TraumForum« zusammen waren und mit Leuten quer durch die Generationen, Religionen und Herkunftsländer der Frage nachgingen, was unserer Erde »Geschmack« verleihen und wie unser Leben hier in der Stadt ein Stückchen vom »Glanz der Stadt auf dem Berg« gewinnen könnte. Ich habe mir das eine und andere Protokoll des Wochenendes gerne noch einmal angesehen und will daran erinnern: »Wir träumen von Menschen«, so eine Gruppe ganz junger Leute, »ohne Eigensucht und Falschheit, ohne Habgier und Ungerechtigkeit. Wir träumen von Menschen, denen man vertrauen kann, die nicht alles schon wissen, besser natürlich, und den anderen die Chance nehmen, zu eigenen Lösungen zu kommen.« Oder so, eine andere Gruppe, mittlere und ältere Erwachsene: »Wir träumen von Menschen, die noch in der Entwicklung und nicht schon am Ende sind. Von Menschen, die ihre Erfahrungen gemacht haben, aber bereit sind, aus diesen kein Gesetz oder einen ganzen Katechismus zu machen, sondern sie in die Waagschale zu werfen und mit anderen Erfahrungen zu vergleichen.« Und noch eine Gruppe, mit Jungen und Alten: »Wir träumen von Menschen, die die Gewalt durchschaut haben und nichts mehr mit ihr zu tun haben wollen. Von Menschen, die sich mit dem Frieden verbündet haben, ihn bauen, immer neu konstruieren wollen mitten im Leben. Von Menschen, für die 1 + 1 nicht einfach 2 ist, sondern in der Welt noch immer Platz für Gott, der der Freund der Kleinen, Vergessenen, zur Seite Gedrängten und Fremden ist, selbst in der Fremde geboren wurde und nie damit aufhört, Menschen zu rufen und um den Tisch zu versammeln: auch weil sie Hunger haben, aber auch, weil sie einander so viel zu sagen und zu zeigen haben, denn so ist das Leben!« Alles das nicht irgendwo entstanden, sondern vor ein paar Wochen erst: mitten unter uns. »Salz« und »Licht« und »Stadt auf dem Berg«, verstehe ich: alles das sind wir nicht, wenn wir nur immer gleich auf das Ergebnis schielen, alles das aber sind wir, weil wir es sind nach Gottes Plan und den Traum nach dort in uns tragen. Das ja macht unsere Realitäten oft so eng und ärmlich, weil wir davor nicht groß genug geträumt haben. Die Vögel in der Krone des Baumes, von denen Jesus in einem anderem Bild spricht, die singen dort ja nicht, weil alle die Äste und Zweige und Blätter dort so eine herrliche Summe ergeben, sondern weil da zu Beginn ein »Senfkorn« war, so klein, dass man es kaum sah und sieht, und doch so groß, dass daraus alle die Kraft und Schönheit wurde!

Und doch: ich komme einfach nicht los von meinen Zweifeln. »Salz« zu werden: was habe ich es mir schon gewünscht, es mir vorgenommen auch, und doch es vorgezogen, lau und fade und ohne Geschmack zu bleiben, so dass es gar nicht auffiel im Chor der Vielen, die den Kopf schüttelten, aber den Mund nicht auftaten, dass da einer dabei war, der es eigentlich ganz anders hatte handhaben und die Misere beim Namen nennen wollen. Heinrich Böll, zeit seines Lebens dabei, die Dinge noch einmal und auch von der anderen Seite zu lesen und sich die Sprache nicht verbieten zu lassen, hielt es in seinen letzten Jahren, wie man weiß, in seiner Kirche nicht mehr aus. Was er da täglich erlebte, vermochte er nicht länger zu ertragen. Und konnte sich doch keinen größeren Zeugen und Zeichengeber vorstellen als den, den sie nach Golgatha trieben. Im Gekreuzigten, so der Schriftsteller, sei für Mensch und Tier und Pflanze und Wasser und Himmel und Erde und Arm und Reich ein Frieden unterwegs gewesen, der trägt und hält und seinen Namen verdient und Platz hat auch für die, mit denen noch alles am Anfang und noch überhaupt nichts geklärt ist. »In der Welt habt ihr Angst ...«, so seine Erinnerung an Jesus: »Aber seht, ich habe die Welt überwunden!« Was er den Christen ins Gedächtnis rufe, sei ja nichts Neues. Alles das wüssten sie ja, sei ihnen von Jesus ja direkt ins Gewissen gesprochen. Nur eben: sie täten es nicht, blieben zurück, zögen es vor, der Erde »Zuckerguss« statt »Salz« sein und blieben statt »Licht« zu sein lieber im Dunkeln.

»Die Welt überwunden!« Ich will mich erinnert, gefragt, gefordert sein lassen. Möchte mich nicht der Sommertrance hingeben, mich mitnehmen lassen von ihm, dem Mann auf dem Berg, in seine Überwindung der Welt immer weiter hinein. Mir sagen lassen: »Menschenkind, siehe! Du brauchst dich deiner Realität nicht zu schämen, ich mag dich! Deine Realität auch nicht zu verschleiern, ich mag dich! Deine Realität schon überhaupt nicht zu vergolden, in die Wolken abzuheben, dich zu vergöttern, ich mag dich! Ich bin dir zur Seite, arbeite, warte, probiere mit dir daran, dass es dir und deinem Leben an Gott und dieser ganzen so schwierigen und schönen Welt an Himmel nicht fehlen wird! Geh und frag mal die anderen, den alten Zachäus zum Beispiel! Voller Zweifel, du weißt, auch der! Dass sich was ändert auf dieser Welt: wollt' Gott, ich könnt' s glauben! Aber schau, was wurde! Auch ihn fand die Verheißung! Holte ihn runter, stellte ihn auf die Beine, machte ihn durchlässig, »gottfähig« auch ihn! Gott braucht sie, die ihn »durchlassen«, ihn Gott sein lassen in dieser Welt! Wer würde sonst von ihm spüren!?

16. Gegründet

Taufpredigt am 9. Sonntag nach Trinitatis

Evangelium nach Matthäus 7,24–27

Wasser. Schon in der Lesung war davon die Rede. Von »Wasserbächen«, Wurzeln und Bäumen. Von Saft und Kraft und der Entfaltung zum Leben. Und Wasser, ziemlich anders, jetzt noch einmal: bedrohlich, tödlich.
Die Bibel weiß davon. In Geschichten, Bildern, Handlungen. In der Taufe zum Beispiel. Widerspruchshandlung durch und durch. Kampf um Leben und Tod. Gespielt in zwei Akten. Akt eins: der Täufling wird unter Wasser getaucht. Akt zwei: von dort wird er aus dem Wasser heraus ins Freie gezogen. In seiner besonderen Sprache beschreibt das Martin Luther einmal so: »Die Taufe ist das Ersäuft-Werden des alten Menschen und das Geborenwerden zu einem neuen im Bad der Wiedergeburt«. Wir werden die Taufe gleich haben. Von M. und D. und E. und L., den Kindern. Dazu K., der Konfirmandin, und A., die sich vor knapp zwei Jahren trauen ließ und heute ihre Taufe möchte. Doch lasst uns einen Augenblick Zeit, das Geschehen noch besser zu verstehen. Helfen soll uns Jesus: Schaut dort, das Haus. Und schaut dort, den Regen. Und schaut, wie es regnet und zu regnen gar nicht mehr aufhört. Und schaut auch den Sturm. Und schaut, wie es nur eine Frage der Zeit ist, bis das Haus nicht mehr ist. Aber das Haus dort blieb stehen. Es war auf Fels gebaut. Aber dort, weiter drüben. Da ist noch ein Haus. Und wieder Regen. Und wieder in Massen. Und der Sturm und das Zucken der Blitze. Und wieder, so scheint es, hat das Haus keine Chance. Und so dann auch kam es. Das Haus stand auf Sand.
Auf festem Boden hier. In einem Sturz zusammenbrechen dort. Lebenslagen. Wirklichkeiten. Heute nicht anders als früher: Die Lage 1A. Die Konkurrenz ist groß. Schnell muss es gehen. Fakten geschaffen werden. Ja, ich weiß, man hätte noch mal nachmessen müssen. Aber dass die ganze Statik nicht stimmt, wer soll das denn ahnen!? Es zahlt sich nicht aus, die Fassade zu bedienen. Aufs Fundament musst du achten. Trägt es nicht, brechen nicht nur Teile, sondern das ganze Projekt zusammen. Gegen

seine Wurzeln lebt es sich schlecht. Mag ich mich noch so bemühen, noch so maskieren, noch so versuchen, mich frei zu kaufen. An der Sache wird sich nichts ändern. In einer seiner frühen Geschichten erzählt Heinrich Böll davon:

In einem kleinen Hafen, so Heinrich Böll, irgendwo an der Küste, liegt ein ärmlich gekleideter Mann in seinem Fischerboot und döst vor sich hin. Ein chic gekleideter Fremder legt eben einen neuen Film in den Apparat, um das schöne Bild festzuhalten: blauer Himmel, grüne See, weiße Wellenkämme, schwarzes Boot, rote Fischermütze ... Klick ... Und noch einmal ... Klick ... Und ein drittes Mal ... Klick. Das spröde, durch und durch fremde Geräusch weckt den Fischer. Schläfrig richtet er sich auf, kramt nach seiner Zigarettenschachtel. Doch bevor er diese finden kann, hält ihm der Fremde seine eigene vor die Nase, steckt ihm die Zigarette nicht gerade in den Mund, doch legt er sie ihm in die Hand. Und ein viertes Mal Klick, das des Feuerzeugs, schließt die eilfertige Höflichkeit ab. Durch dieses kaum messbare, nie recht nachweisbare Zuviel an Höflichkeit ist eine seltsame Verlegenheit entstanden, die der Fremde, der Landessprache mächtig, durch ein Gespräch zu überbrücken sucht. »Sie werden heute einen guten Fang machen!« Kopfschütteln des Fischers. »Sie fahren also nicht aus?« Kopfschütteln des Fischers, steigende Nervosität des Fremden, das Wohl des ärmlich Gekleideten ist ihm nicht egal. »O, Sie fühlen sich nicht wohl?« Endlich geht der Fischer von der Zeichensprache in die des gesprochenen Wortes über, erhebt sich leicht und sagt: »Doch, ich fühle mich gut, habe mich nie besser gefühlt.« Und um seinen Worten Nachdruck zu verleihen, erhebt er sich ganz und steht jetzt in seinem Boot. Der Gesichtsausdruck des Fremden wird immer unglücklicher, und er kann die Frage nicht mehr unterdrücken, die ihm sozusagen das Herz zu sprengen droht. »Aber warum fahren Sie dann nicht aus?« Die Antwort kommt prompt und knapp: »Weil ich heute Morgen schon ausgefahren bin!« »Und wie war der Fang?« »Ich muss nicht noch mal ausfahren, hab' sogar für morgen und übermorgen. Rauchen Sie eine von meinen?« »O, ja, danke!« Zigaretten werden in die Münder gesteckt. Ein fünftes Mal Klick. Der Fremde setzt sich kopfschüttelnd auf den Bootsrand, legt die Kamera aus der Hand, denn er braucht jetzt beide Hände, um seiner Rede Überzeugung zu verleihen. »Verstehen Sie mich recht, ich will mich ja nicht in Ihre persönlichen Dinge einmischen. Doch stellen Sie sich mal vor, Sie führen heute ein zweites, ein drittes, vielleicht sogar ein viertes Mal aus und Sie würden statt zwei Makrelen drei oder vier oder fünf oder vielleicht sogar ein ganzes Dutzend fangen. Stellen Sie sich das mal vor...!« Der Fischer nickt. »Und Sie würden das nicht nur heute, sondern morgen auch und übermorgen und an jedem günstigen Tag tun. Wissen Sie eigentlich, was da geschehen würde?« Der Fischer schüttelt den Kopf. »Sie würden sich in spätestens einem Jahr einen Motor kaufen können, in zwei Jahren ein weiteres Boot, in drei oder vier Jahren schon einen Kutter ... damit natürlich viel, viel mehr fangen... und eines Tages würden Sie zwei Kutter haben, Sie würd ...« Weiter kommt er nicht, denn die Begeisterung verschlägt ihm die Sprache. »Sie würden ein kleines Kühlhaus bauen, vielleicht eine Räucherei, dann eine Marinadenfabrik, mit einem eigenen Hubschrauber fliegen, die Fischschwärme ausmachen und Ihren Schiffen per Funk Anweisung geben ... Sie könnten die Lachsrechte erwerben, ein Fischrestaurant eröffnen, den Hummer ohne Zwischenhändler direkt nach Paris liefern ... und dann

... und dann ...« Wieder verschlägt die Begeisterung dem Fremden die Sprache. Kopfschüttelnd, im tiefsten Herzen betrübt, seiner Urlaubsfreude schon fast verlustig, blickt er auf die friedlich hereinrollende Flut, in der die nicht gefangenen Fische munter springen. »Und dann ...« Doch wieder kommt er nicht weiter, und der Fischer klopft ihm auf den Rücken, wie einem Kind, das sich verschluckt hat. »Was dann?« »Und dann könnten Sie in aller Ruhe hier im Hafen sitzen, in der Sonne dösen und hinausschauen aufs Meer!« Der Fischer verstand jetzt gar nichts mehr, schaute den anderen nur an. »Aber das tue ich doch jetzt schon. Nur dass mich Ihr Klicken stört!«

Das sind sie, die Beiden, von denen Jesus erzählt. Der Eine, der sein Haus auf »Fels« – auf seine Zeit im Hafen baut, die ihm keiner nehmen kann, auf sein Netz, mit dem er umzugehen weiß, auf sein Boot, nicht mehr das neueste, aber sturmerprobt und voller Geschichten. Ein schönes Haus, ein starkes Haus, gebaut auf Leben, das es zu entfalten, zu regen, zu riskieren, dem »alten Adam« immer mal auch zu entwenden, es ihm dann aber immer auch wieder zu erstatten und davor zu bewahren gilt, sich aus der Verankerung zu lösen, der Gier zu verfallen, das Maß zu verlieren, nur noch eines »heilig« zu halten: sich selbst. So nämlich der Andere, der es vorgezogen hat, sein Haus auf »Schwemmland« zu bauen.

Es wird uns nicht in den Schoß gelegt. Wir müssen uns schon darum kümmern. Uns so oder anders entscheiden. Raum dazwischen ist nicht viel. Und ebenda schließt sich der Kreis. Denn mit Jesus den Weg der Lebensfähigkeit unseres »Hauses« zu gehen: nirgendwo kommt mir das Angebot und die Chance näher als dort, wo ich taufe oder getauft werde. Die Quelle, aus der ich schöpfen kann: dort ist sie. In der Liebe dessen, der sein Leben nicht für sich behalten, sondern ganz mit mir teilen möchte. In der Liebe derjenigen, die das schon gespürt, davon schon Geschichten haben und alles daran setzen, mir »zu schmecken und zu sehen« zu geben. Die Stürme mögen toben, die Fluten sich ins Zeug legen – einer wird um mich sein und keinen Zweifel daran lassen: »Erlöst habe ich dich, dich bei deinem Namen gerufen, fürchte dich nicht!«

17. Wahrzeichen
Predigt am 10. Sonntag nach Trinitatis (Israelsonntag)

Zweites Buch der Könige 25,8-12

Zehnter Sonntag nach Trinitatis. Israelsonntag. Der Name hat sich eingebürgert. Thema? Das besondere Verhältnis von Christen und Juden. Mit meinen »Zwölfern« im Religionsunterricht machte ich mich daran. Einen Text legte ich ihnen vor, dazu ein Bild der fallenden Tempelmauern und die Frage, was das mit uns, den Christen, zu tun habe. Ist doch ganz einfach, so einer nach einigem Überlegen: Ende der einen, Anfang der anderen! Ich wusste nicht, worüber ich mich mehr ärgern sollte: über mich selbst, der ich so unvorbereitet fragte, oder über alle die

Jahre Unterricht, in denen es ganz offenkundig nicht gelungen war, über Vorurteile hinaus zu kommen.

Noch immer, so scheint es, ist es bei uns nicht angekommen, dass Gott, den wir als den Allmächtigen und Barmherzigen preisen, kein anderer ist als der, den schon Abraham und Sarah, Isaak und Rebekka, Jakob, Rahel und Lea als den Allmächtigen und Barmherzigen priesen, sich der Gott der Bibel längst nicht erst in Jesus fassbar machte, sondern es lange davor schon und weiter in vielen anderen Frauen und Männern und Kindern getan hat. Nein, so scheint es: auch zwei Generationen nach der Shoa, die Millionen jüdischer Männer, Frauen und Kinder das Leben kostete, ist uns noch immer nicht aufgegangen, dass mit der Geschichte der Juden die auch der Christen beendet wäre. Gott ist nicht austauschbar. Und was er für sich selbst nicht ist, sind auch die nicht, mit denen er sich zusammengetan hat. Gott steht zu seinen Verheißungen. Dazu auch, dass er sich vieles gerne anders gewünscht hätte, sein Volk ihm mehr als nur einmal davongelaufen ist und er sich verkauft und verraten vorkam.

Von Anfang an schon. Schauplatz Ägypten: Pharao hatte verstanden. Er würde das Volk nicht halten können. Also gab er es frei. Aber bald schon das Rollback. Mose war auf dem Weg zum Berg hoch, mit Gott die Spielregeln des Neuen zu vereinbaren, da war es mit der Erinnerung auch schon vorbei. Zu sehen müsste er sein, unser Gott! Aus Gold und auf vier Beinen! Mose fasste es nicht. Gott aber beschwor ihn, rief ihn noch einmal. Die Vereinbarung wurde besiegelt. Doch bald schon wieder, nach Durst und Hitze und Hunger: »Wären wir doch in Ägypten geblieben!« Immer wieder so. Quer durch die Jahrhunderte. Dann aber, wovon der Predigttext erzählt. Schauplatz Palästina: Nach den Assyrern drangen die Babylonier ins Land. Der nördliche Teil des früheren Großreichs hatte seine Unabhängigkeit bereits verloren, Juda im Süden, mit der Hauptstadt Jerusalem, noch nicht. Keiner mochte sich etwas anderes auch vorstellen. Die »Stadt Davids«? Die »Stadt auf den Bergen«? Die »Stadt mit den heiligen Wohnungen des Höchsten«? Fester gegründet geht gar nicht! Und mitten hinein in diesen Taumel der Befehl des Fürsten an seinen Heerführer: »Zerstört, plündert, nehmt gefangen, führt durch die Wüste nach Babel!« All die Vergangenheit, all die Majestät der Könige, all die Zahl der Gebete, all die Schönheit der Gottesdienste, all die Pracht der Bauwerke, alles das einfach nur: nichts mehr wert, es ist vorbei, was einmal war, dort liegt es, in Schutt und Asche! Auffällig: im ganzen Abschnitt (im Kapitel davor schon auch, wo von der Verschleppung der Gefangenen gesprochen wird) ist nicht mit einem Wort von Gott die Rede. Wo war er in diesem dramatischen Geschehen? Was er sich dabei gedacht hat, die Dinge sich so gnadenlos entwickeln, den Feind so zuschlagen zu lassen? Ob er sich denn vorstellen könne, dass er das alles einmal wieder herstelle, nicht für immer so bliebe? Nichts. Kein Wort darüber. Als gäbe es ihn gar nicht, der »Himmel und Erde gemacht hat«. Als sei alles das, was verheißen, eben doch nur Gesagtes mit wenig Relevanz und praktischer Konsequenz. »Augapfel« (Psalm 17) genannt zu werden, klingt gut. Das Volk lebte gut damit. Doch wenn es darauf ankommt: was dann? Und in der Tat: Der diesen Teil des Alten Testamentes geschrieben hat, muss sich am Ende gefühlt haben. In seiner Sprache, seinem Verschweigen gerade, spiegelt sich die ganze Dramatik jener Ereignisse und Gefühle, in denen den Damaligen, nein, nicht nur ihr Leben, sondern die ganze Welt zerbrach. Er muss mit dabei gewesen sein, als sie aus der brennenden und bis auf die Grundmauern zerstörten Stadt getrieben und in die Verbannung geführt wurden. Er muss mit ihnen geweint haben, die alles verloren hatten, »an den Flüssen Babylons« dort, wo sie sich trafen an den Abenden, Lieder sangen, in Wehmut sich erinnerten. Was ist? Wo bist du? Du, unser Gott? Wir, dein Volk? Bist du es denn und sind wir es noch?

Noch immer möchte ich nicht von uns, den Christen, sprechen. Weil das nur wieder schnell zu jenem Reflex führen könnte, uns auf das »Neue« Testament zu spezialisieren und uns dem »Alten«, der Bibel der Juden, zu entnehmen. Und leicht geschieht dann das, was mir im Unterricht mit den »Zwölfern« begegnete: dass wir zu sortieren beginnen. Ganz nach der Art: die »Neuen« ins Töpfchen, die »Alten« ins Kröpfchen. Was ich tun möchte, ist, auf einen Zusammenhang aufmerksam zu machen, der zu den Kernmerkmalen des jüdischen Glaubens gehört und uns doch so wenig geläufig ist. Was ihn ausmacht, den jüdischen Glauben, das zeigt sich ja nicht nur in den Zeugnissen der Freude und der Übereinstimmung mit Gott. Das zeigt sich auf jüdischer Seite gerade in den Geschichten und Widerfahrnissen des Zweifels und der Klage, des Haders und der Verfinsterung. Es gibt für den jüdischen Glauben keine größeren Geschichten als die ihrer Bibel, aber die größten unter ihnen sind die, die von der Last erzählen, dem Abenteuer auch, mit Gott unterwegs zu sein. Und das kommt ja auch nicht von ungefähr. Denn für den Glauben der Juden steht fest: Gott hat sich mit uns auf den Weg gemacht, aber damit nimmt er uns nicht, was wir zur Überwindung der Probleme unseres Lebens zu erledigen haben, sondern traut und mutet uns deren Erledigung zu – das nämlich sei der Kern unserer Berufung: mitzuwirken an der Entfaltung des Lebens, es zu bewahren, ihm die Angst zu nehmen, es zu heilen, es gegen Übergriffe zu schützen und ihm zu einer Zukunft zu verhelfen, der man anspürt, dass es der Tod einmal nicht mehr sein wird, der die Welt regiert.

Aber dann ist etwas geschehen, was es vielen, die aus den Vernichtungslagern gerettet wurden, unmöglich macht bis heute, mit einem Gott des Lebens zu rechnen. Sie können es nicht fassen, dass es so viele waren, die auf den Namen Jesu getauft waren, ein christliches Leben führten, aber von allem, was geschah, als sie selbst oder ihre Mütter und Väter und alle die anderen in die Lager gebracht wurden, nichts gewusst haben wollen oder nur das, was man ihnen wieder und wieder zu Ohren gebracht und vor Augen geführt hat. Es ist ihnen, als seien sie nicht nur damals verraten worden, sondern würden es heute noch einmal. Wie kann das wahr sein? Was macht die Wahrheit so schwer? Sie fassen es nicht. Elie Wiesel zum Beispiel. Seine Eltern, sein Onkel, seine Schwester blieben in Auschwitz. Er selbst überlebte. Jahre danach in seinem Tagebuch: »Nie werde ich die kleinen Gesichter vergessen, deren Leiber ich verwandelt sah in den ringelnden Rauch unter blauem Himmel. Nie werde ich die Flammen vergessen, die meinen Glauben für immer verzehrten. Nie werde ich die Momente vergessen, die meinen Gott und meine Seele mordeten. Nie werde ich das alles vergessen, und wäre ich verdammt, so lange wie Gott selbst zu leben. Nie!« Was da noch sagen? Was da als Christ? Eines nur geht: dass ich höre und höre und schweige und schweige und frage und frage und ja nicht der Versuchung erliege, auf den großen Abstand der Zeit zu verweisen oder darauf, schlimmer noch, dass auch andere keine Engel sind und Grund haben, bei sich selbst zu suchen. Wie Gott es tut, es vorhat mit Menschen, die es nicht mehr aushalten mit ihm, ihn haben sterben, aus ihrem Leben ihn hinaussterben sehen: ich weiß es nicht. Ob er sie je wieder wird sehen lassen können, wie voller Farben die Gärten im Frühling, wie schön der Himmel im Sommer, wie verlockend die Freundschaft eines Menschen, wie viel Hoffnung das Leben eines Kindes ist: auch das, ich weiß es nicht. Und hoffe es, will es von Herzen hoffen – und Gott, den Vater Jesu Christi, den Gott Abrahams und Isaaks und Jakobs darum bitten und mich selbst darum bemühen, unter allen Geschichten, die von den Mörderjahren des Nationalsozialismus erzählen, eine noch viel bekannter zu machen. Die Geschichte eines alten Mannes, der aus einem litauischen Gefängnis floh und sich im Grab eines jüdischen Friedhofs verbarg. Im »Nürnberger Kriegsverbrecherprozess« trat er als Zeuge auf: »Ja, da waren noch andere im Friedhof, aus dem Lager auch sie. Aber dann sei da eine Frau gewesen, die habe eines Tages, ein paar Gräber von ihnen entfernt, ein Kind zur Welt gebracht. Wie uns zumute war, kann sich keiner vorstellen. Und noch ehe er so recht darüber nachgedacht habe, was jetzt zu tun sei, sei ein anderer, ein 80-jähriger Mann, wohl der Totengräber, auf die Beiden zugegangen, habe Leichentücher genommen, daraus Windeln gemacht und so nicht nur der Mutter, sondern auch dem Kind geholfen. Und als er das Kind so habe schreien, seine Rufe nach Leben habe ausstoßen hören, da habe er sich an Gott gewandt: Lieber Gott – so also – die Ankunft deines Messias hier – in Angst und Ruine – mitten im Tod – und wir sollen es sehen – gnädig und barmherzig!«

Hören will ich. Schweigen. Mich unterbrechen lassen, mich lösen aus dem Gängigen. Von einem, der seine »Gregorianik« erst dann singen wollte, wenn er zuvor mit seinen jüdischen Geschwistern »geschrien« habe. Dietrich Bonhoeffer. Auch er hat mit dem Leben bezahlt, Tage nach Ostern, kurz vor dem Ende des Regimes. In einem Brief, 1944, aus dem Berliner Gefängnis: »Ich weiß nicht, was wird. Eines aber glaube ich: dass Gott aus allem, auch aus dem Bösesten, Gutes entstehen lassen kann. Er will es auch.«

Unmöglich, denke ich, ist es nicht, dass auch wir, die Christen, einmal klar damit kommen, dass wir unseren Glauben nicht gegen »Gottes Volk« haben, ihn überhaupt nicht »haben«, sondern von Gott geschenkt bekommen und über »das Volk seiner Wahl« Zugang gewonnen haben zu einer Verheißung, in der es nicht mehr die Schrecken der Menschenverächter und die Tränen der Geschlagenen sind, die das Gesicht dieser Welt ausmachen, sondern das Lachen der Getrösteten, und Gott einmal »alles in allem« sein wird. Das Vermächtnis ist groß. Die Aufgabe auch. Gott traut sie uns zu.

18. Ich hätte es versuchen sollen!

Erzählpredigt am 11. Sonntag nach Trinitatis

Zweites Buch Samuel 12,1-10,13-15a

Wie ein Blitz schlug es ein im königlichen Jerusalem, und der Widerhall war gewaltig. David hatte Besuch. Nathan, der Prophet, war bei ihm und erinnerte ihn an eine Tat, die ein großes Unrecht war. Einer seiner Soldaten war getötet worden. Uria, der Hethiter. Der König hatte ihn beseitigen lassen. Was mir auffällt, ist: dass die Frau, um die es eigentlich geht, Bathseba, nur beiläufig genannt wird. Ich möchte von ihr erfahren. Denn dass sie das alles kalt gelassen hat, damals, das glaube ich nicht. Also stelle ich mich an ihre Seite, fühle mich in sie ein, versuche aus ihr heraus zu sprechen, dem, was zwischen den Zeilen steht, daneben und dahinter, Gesicht und Klang zu verleihen:

Erzählerin

Ja, ich erinnere mich. Es war heiß draußen. Früher Abend. Ich badete gerade. Im Obergeschoss, nicht weit vom königlichen Palast. Da kam der königliche Bote und richtete mir aus, David wolle mich sprechen. Ich machte mich zurecht und folgte dem Boten. Der König empfing mich sehr freundlich und erkundigte sich nach meinem Namen, meiner Herkunft und meinen Familienverhältnissen. Ich erzählte ihm von Uria, meinem Mann, der Soldat war im Heer des Königs und damit rechnen musste, bald wieder einzurücken, an der Grenze war Krieg.
Während wir so sprachen, spürte ich, dass der König Gefallen gefunden hatte an mir. Ich wollte gehen, aber der König ließ mich nicht. Er habe mich beim Baden beobachtet, sagte er, und fing an, mir Komplimente zu machen. Er kam mir immer näher. Dass ich verheiratet war, störte ihn nicht. Was konnte ich tun? Dann hat er mich genommen. Wochen darauf wusste ich, dass ich schwanger war. Uria würde das nie verstehen! Ich benachrichtigte den König. Was dann geschah, war schrecklich. Es war dem König nicht genug, nur mit meinem Leben zu spielen. Er tat es mit dem meines Mannes noch einmal. Mit seinen Heerführern verabredete er, Uria eine besondere Aufgabe zu geben und ihn in die erste Reihe zu stellen, wo er sterben musste. Und so dann geschah es auch. Ich war wie von Sinnen.
Nach der Zeit der Trauer nahm mich der König an den Hof. Eine andere Wahl blieb mir auch gar nicht, denn als Witwe hätte ich ein erbärmliches Dasein gefristet. Kinder hatte ich keine und so auch keine Aussicht über die nächsten Jahre hinaus. Am Hof des Königs, dachte ich, könnte ich über alles auch besser hinweg kommen. Die Leute, die Gespräche, die Zerstreuung. Als das Kind geboren wurde, kam es zu jener denkwürdigen Begegnung des Propheten mit David. Gott Adonaj, der gerechte, hatte seine Stimme erhoben und Recht gesprochen.
Seltsam verwirrend zunächst. Der Prophet erzählte eine Geschichte. Von einem Großen und Kleinen im Land: vom Großen, der dabei war, ein Fest vorzubereiten, und vom Kleinen, der in des Großen Abhängigkeit war und dessen Schaf nahm, das einzige, das er hatte. »Der Mann ist ein Kind des Todes!«, so der König sogleich, spontan und deutlich, wie man ihn kannte. Doch dass nicht irgendein Großer, sondern er, der König, gemeint war, das erschloss sich ihm nicht. Erst auf Intervention des Propheten: »Du bist der Mann!« David war betroffen. Denn sich an einem Menschen zu vergehen, das war Unrecht auch gegen Gott. Der König wusste das genau, leugnete auch gar nicht, redete sich nicht heraus. Ging in sich, begriff, stand zu seiner Schuld. Wir würde es sein? Weniger mit ihm: mit dem Kind, mit mir? Der König wollte es wissen, versuchte mit Fasten und Beten das

Schicksal zu wenden. Vergeblich: unser Kind starb. Seine Versuche jedoch, in der Not sich zu kümmern, haben meine Achtung, ja, auch meine Zuneigung für David wachsen lassen. Heute habe ich David verziehen.

Doch manchmal frage ich mich, wie das nur möglich war, damals, dass David die Geschichte des Propheten hörte, auch gut verstand, doch keinerlei Anstalten machte, sie auf sich zu beziehen. Es müsste ihm sein Unrecht doch in den Sinn gekommen sein! War er so versessen auf seine Lust, mich zu besitzen? Er muss sich grenzenlos mächtig gefühlt haben: wie Gott. Auch in anderen Völkern und zu anderen Zeiten wird es das gegeben haben und geben, dass sich Herrscher wie über den Wolken vorkommen und ihnen die, mit denen sie es zu tun haben, wie Figuren vorkommen, die man heute nach hier und morgen nach dort schiebt. Auch unseren Vätern und Müttern ja ist es so ergangen. Als Fremde galten sie und wurden vom Pharao wie Sklaven gehalten. »Lass mir deine Frau und ihr könnt für eine Weile bleiben!«, ließ er den Abraham wissen, als der ihn um Unterkommen und Hungerhilfe bat. Nur durch eine List wurde die Forderung unterlaufen. Aber später, beim Brennen der Ziegel und Ausbau der Magazine, da war es die reinste Schinderei und Hunderte starben. Doch Gott Adonaj hörte ihre Schreie und setzte der Unterdrückung ein Ende. Und wie Gott damals Mose sandte, dem Starken die Grenzen zu zeigen, so in Davids Fall Nathan. Wer aber tut es sonst gegenüber den Mächtigen? Wem, sag, liegt daran, den eigenen Vorteil auszuklammern und für den zu sprechen, der es alleine nicht kann? Unter einer einstürzenden Fabrik wurden in Bangladesh über 1 000 Frauen verschüttet: Textilnäherinnen, zehn bis zwölf Stunden am Tag mit Hungerlöhnen. Die Profiteure? Westliche Marken. Wer ist verantwortlich? Wem geht es darum, dass die Dinge sich ändern und das tödliche Unrecht nicht einfach weitergeht? Es lässt mir keine Ruhe. Als der Bote mich rief, in den Palast mich bestellte, vielleicht hätte ich etwas ahnen können, zu kommen mich weigern sollen oder später, als David nicht von mir abließ, aufstehen und davon gehen sollen, sonst wie Widerstand leisten, zur Not auch schreien sollen. Ich aber dachte: bin ja »nur« eine Frau und er ein Mann und ein König! Ich hätte es versuchen sollen, denke ich heute. Vielleicht ja gab es sie, die winzige Chance, die Tragödie zu verhindern. Möge Gott, wenn es so war, meine Unentschlossenheit verzeihen. Sich von uns gewandt hat er nicht. Er hat uns nicht verschont. Die Jahre waren schrecklich. Aber mit Salomo wurde uns ein Sohn geboren, der spätere Thronfolger. Barmherzig und gnädig ist Gott! Ich will das alles nicht vergessen. Auch das nicht, wie es Hannah erlebte, die Mutter des Samuel. Ihr Lied ist auch meines:

Sprecherin

»Heilig ist Gott. Keiner außer dir. Gott ist mein Fels. Keiner außer dir. Lasst euer Rühmen und Trotzen, lasst euer freches Reden, denn Gott wird es hören, was immer geschieht, vor ihm wird es gewogen. Der Bogen der Starken zerbricht, die Schwachen werden umgürtet mit Stärke. Der Herr erhebt den Dürftigen aus dem Staub, den Armen aus der Asche und setzt ihn unter die Fürsten, den Thron der Ehre zu erben. Die Grundfesten der Welt, sie stehen. Sie und was darauf ist, die Erde, gehört dem Herrn. Sei gelobt! (1. Buch Samuel 2,2-4,8/Eigene Übersetzung).

19. Es ist zu kalt auf dieser Welt

Predigt am 12. Sonntag nach Trinitatis

Evangelium nach Markus 7,31-37

Ein Mensch muss sprechen können. Vor allem das, so sagt man, unterscheide ihn von seinen Mitgeschöpfen. Dass wir in der Lage sind, uns nicht mehr nur in Gebärden und Zeichen auszudrücken, sondern in Worten zu begegnen, in Worten und Bildern und ganzen Geschichten – vielleicht ja ist es wirklich das Spannendste, was sich die Entwicklungsgeschichte des Lebens an Sprüngen bis heute geleistet hat. Und doch ist da gleich auch das Problem: Menschen können Sprache nur ausbilden, wenn mit ihnen gesprochen wird, und nur, wenn sie sprechen, sind Gedanken in der Lage zu begreifen. Für diese Wahrheit gibt es in der Forschung ein erschreckendes Beispiel. Vor 40 Jahren fand man in den USA ein Mädchen von knapp 14 Jahren: Janny. Von ihrem kranken Vater war sie mit knapp zwei Jahren in eine kleine, dunkle Kammer gesperrt worden. Kein Wort durfte an ihr Ohr. Als man sie fand, war sie 1,35 m groß, wog 25 Kilo, konnte nicht geradestehen, nicht ihre Nahrung kauen. Danach hat Janny jede Art von Zuwendung erfahren: in der Hoffnung, das Schlimmste überwinden zu können. Nach sieben Jahren malte Janny ein Bild: die Umrisszeichnung einer Frau, darunter »Mam, ich vermisse dich«. Die linke Hand der Frau war übergroß, darüber »Mam«. Auf dem Arm der Frau: ein puppenähnliches Wesen mit der Aufschrift »Baby Janny«.

Was Menschen benötigen, wenn sie sprechen wollen: nichts zeigt es erschütternder. Es ist dieselbe Erfahrung, die auch die Leute im Evangelium machen, wenn sie den Taubstummen zu Jesus bringen und ihn bitten, ihm die Hand aufzulegen – ihm einen Raum zu eröffnen also, in dem sich dem Kranken etwas anderes mitteilt als immer nur neue Erschöpfung, neue Enttäuschung und die schon tausend Mal zerbrochene Hoffnung: nein, einen Sinn hat dieses Leben nicht! Ihm einen Raum zu eröffnen, nicht für das Außergewöhnliche, sondern für exakt das, was einen Menschen einen einzigen Moment lang davon überzeugt sein lässt, in diese als Mensch geboren zu sein. Und der schwerkranke Vater muss es gar nicht sein, um sprachlos zu werden, denn mit der Sprache des Menschen, so die Bibel, sei etwas durch und durch in Unordnung: »von Anfang an«. Immer wieder wachsen Menschen auf, die mundtot gemacht werden. Und die Mechanismen sind bekannt. »Halt dich raus, davon verstehst du nichts!« »Es geht dich nichts an!« »Was gut für dich ist? Lass das mal meine Sorge sein!« Nichts ist gewalttätiger als die Geschichte der Verweigerung und Diskriminierung. Schon die Worte des Unmuts und der Kritik sind gute Worte nur, wenn sie erst gar nicht geäußert werden oder sich »politisch korrekt« in Formeln lenken lassen, die alle sprechen und keinen interessieren. Und das Ergebnis ist immer dasselbe: im Gleichklang des Gleichen ist das Wahre vom Falschen kaum mehr zu erkennen und wo doch, da traut man sich nicht, es deutlich zu benennen, schlimmer noch: an die Wahrheit schon überhaupt nicht mehr zu glauben. Taubstumm, mitten im Leben! Jesus kann gar nicht anders, als diesen Mann, der da vor ihm steht, mit sich zu nehmen:

ihn zu lösen vom Gerede und Besserwissen und aller Konvention, wie man es macht (oder besser: nicht). Jesus weiß: es gibt die Chance, ihn gesunden zu lassen. Aber nicht ohne den Preis.

Von den Franzosen sagt man, sie schwämmen in ihrer Sprache. Wie Fische im Wasser. Was die Deutschen »Selbstfindung« nennen, heißt im Französischen défoulement: fort aus der Menge. Zu sich selbst kommen, wahr werden, heißt: raus aus dem Unübersichtlichen, sich nicht vor den Karren spannen lassen, als Person erkennbar werden, die verschüttete Spur in mir selbst entdecken. Wenn Jesus seine Hand hebt, um die Ohren des Tauben zu berühren, dann ist das wie ein Flehen: hallo, ihr versiegelten Wahrnehmungsorgane, so wagt es doch endlich, euch zu öffnen! All der Lärm, all das Geschwätz, all die solcherlei Instrumente gnadenlos nutzende Despotie: es wird sie nicht mehr geben! Und wenn er ihm Speichel auf die Zunge legt, dann ist es, als wolle er ihm sagen: fang zu sprechen an und tu's, wie ich! Was du fühlst: sprich es aus! Worte, weißt du, haben die Macht, alle die verbannten Geister unserer Seele, alle unsere verdrängten Erinnerungen und Sehnsüchte ans Tageslicht zu holen: Mensch zu werden, es geht nicht anders! Wie ein Gebet ist es, wenn Jesus sein »Effata« spricht: »Öffne dich!« Und was sich da öffnet, sind nicht nur der Mund, nicht nur die Ohren. Das Herz ist es. Denn dort muss es durch, was hier begriffen werden und Sprache finden soll. »Der Mensch sieht nur mit dem Herzen gut!« (Antoine de Saint-Exupéry) Und dieses Wunder geschieht. »Sogleich«, sagt das Evangelium. Und ob das nun heißt: von jetzt auf gleich oder ob das doch eine Weile dauerte, ein Jahr, zwei Jahre, fünf Jahre, einfach deshalb, weil das Neue erst mal geübt werden musste: ich weiß es nicht. Ich schätze, es dauerte. Aber was heißt das schon, wenn es im Kern um die wunderbare Verwandlung eines Menschen geht, der es lernt, mit der Wahrheit in Berührung zu kommen: sie zu »schmecken und zu sehen«, sie zu hören und den Mund für sie aufzutun, gleich ob sie anstößig ist und lästig und so gar nicht ins Konzept passt. Wenn es wahr ist, ist es gut, und wenn es nur ein Teil der Wahrheit ist: gut auch so!

»Wussten sie schon, dass die Nähe eines Menschen gesund machen und krank machen, tot und lebendig machen kann? Wussten sie schon, dass die Nähe eines Menschen gut machen und böse machen, traurig und froh machen kann, das Wegbleiben eines Menschen sterben lassen und das Kommen eines Menschen lebendig machen kann?« (Wilhelm Willms) Wenn es um den Menschen geht, liegen Risiko und Chance, Gelingen und Misslingen eng beieinander. So sehr es unser Leben ist, nach dem wir suchen, so sehr sind wir auf solche gewiesen, die es mit uns tun. Der Taubstumme hat das deutlich erfahren, sowohl nach der einen wie nach der anderen Seite. Und wie es für das Sprechen und Hören gilt, gilt es für das Sehen: für die Wahrnehmung des Menschen überhaupt, für seine Fähigkeit auch, sich selbst wahrzunehmen.

Wer bin ich? Wir können diese Frage nicht für den anderen beantworten: er muss es schon alleine tun. Wenn wir uns aufmachen und der andere uns über seine Schwelle treten lässt, wird uns das immer sehr bewusst bleiben müssen. Und doch werden wir mehr sein als bloße Kulisse. Wir werden etwas auslösen in ihm. Was genau? Im Einzelfall wird das sehr verschieden und im Letzten auch gar nicht zu kalkulieren sein. Den einen wird's traurig, den anderen froh machen, den einen aufhorchen, den anderen verstummen lassen. Und wenn sich wieder ein anderer dann angesprochen fühlt vom Geist, der ihm da entgegen kommt, und Anstalten trifft, sich zu lösen aus seiner Verschlossenheit und die Vermutung sich auszubreiten beginnt, dort drüben bei den anderen, da ist ein Stückchen auch meines Schatzes vergraben: dann ist von der »Liebe Gottes, aus der uns nichts zu reißen« (Paulus im Brief an die Gemeinde in Rom 8,35) vermag, schon viel bei uns angekommen. Nicht wie Kinder werden wir ihn haben, die sich in einen Mantel stecken, der sie wärmt, und beim Erwachsenwerden meinen, ihn nicht mehr nötig zu haben. Es ist zu kalt auf dieser Welt, als dass wir ohne ihn auskommen könnten, immer und überall – zugleich dazu berufen, nach Kräften an ihm mit zu stricken!

20. Mehr als meine Familie mich liebt?
Kinderfrage

Erster Brief des Johannes 4,7-12

Das Wochenblatt DIE ZEIT hat eine Rubrik eingerichtet, in der sich Kinder an die Redaktion wenden können. Im Sommer 2013 (Nummer 25/2013) fragte ein 7-jähriges Mädchen: »Unsere Religionslehrerin sagt, Gott hat uns mehr lieb, als meine Familie mich lieb hat. Wie geht das?« Die Antwort der theologischen Redakteurin: ›Die Liebe ist ein geheimnisvolles Ding. Man kann sie nicht sehen, nicht hören, nicht anfassen. Man kann sie auch nicht auf die Waage legen oder mit dem Zollstock messen. Trotzdem existiert sie. Wenn sie da ist, macht sie uns glücklich, wenn sie fehlt, sind wir unglücklich. Denn die Liebe ist das Schönste, wozu Menschen fähig sind. Philosophen meinen, sie macht uns erst zu Menschen. ›Wenn du mich küsst, dann ist die Welt ein bisschen weniger scheiße‹, behauptet die deutsche Punkband ›Klartext‹. Das ist als Loblied auf die Liebe gemeint, die stark ist, die Welt zu verändern. Warum werden die Sänger nicht müde, ein Gefühl zu preisen, das schon Millionen mal besungen wurde? Weil sie hinter sein Geheimnis kommen wollen. Bisher hat das aber noch keiner geschafft. Nein, selbst die besten Religionslehrer können die Liebe nicht vollständig erklären. Wir müssen uns also keine Sorgen machen, dass unsere Eltern uns weniger lieben als Gott. Denn Gott, wenn es ihn gibt, ist zwar ein liebender Gott, aber zur echten Liebe gehört auch die Großzügigkeit. Er will seine Geschöpfe, die Menschen, in ihrer Zuneigung gewiss nicht übertrumpfen. Gott ist auch so ein geheimnisvolles Phänomen. Man kann ihn nicht sehen, nicht hören, nicht anfassen. Er existiert nur dadurch, dass man an ihn glaubt. Darin gleicht er der Liebe. Und deshalb steht in der Bibel der Satz: ›Gott ist die Liebe, und wer in der Liebe bleibt, der bleibt in Gott und Gott in ihm.‹«

21. Einen aber haltet frei!

Predigt am 13. Sonntag nach Trinitatis

Apostelgeschichte 6,1-7

Schaut doch, wie es war! In Jerusalem damals! Es brauste draußen! Und drinnen nicht minder! Sie aber verstanden sich! Egal, wo sie herkamen! Und täglich wurden es mehr! Und alles so spontan! Und alles ganz ohne Probleme! Das Beten, das Feiern, das sich Kümmern, die Leitung der Gemeinde! Alles einfach! Schaut doch, wie es war! Eine Riesenbegeisterung! »Einmütig beieinander, beim ganzen Volk beliebt!« (Apostelgeschichte 2,7) »Ein Herz und eine Seele!«

Wenn Lukas von den Anfängen der christlichen Gemeinde erzählt, dann so. Die Situation? Geradezu sprichwörtlich. So viel Makellosigkeit! Man könnte neidisch werden. Ja, Gott, damals! Goldene Zeiten! Und doch: ein bisschen hinschauen, lohnt sich. Und ein bisschen nachfragen auch. Und in der Tat: da wird unser Augenmerk auf Risse und Kratzer gelenkt, die in den Gemeinden früh schon vorhanden waren. Und es zeigt sich ein Bild, das deutlich macht: nicht nur Gemeinden, die kleiner werden, bereiten Kopfzerbrechen, sondern solche auch (und solche gerade), die im Wachsen begriffen sind. Was sich zu Beginn noch in Grenzen hielt, wird in Jerusalem zum dicken Problem. In der wachsenden Schar der Christen drohen Wollen und Wirklichkeit ordentlich durcheinander zu geraten. Die Aufgaben wachsen den Verantwortlichen über den Kopf. Die bunte Gemeinschaft, in Interessen, Konventionen und Zielen höchst unterschiedlich gestimmt, erfordert Leitung. Mit Begeisterung allein ist es nicht mehr getan.

Sicher sieht sich hier mancher an die Vervielfachung kirchlicher Ämter und Verordnungen der vergangenen Jahre erinnert. Für Aufbruch sollte es sorgen. Für den Kurs auf der Höhe der Zeit. Hat es das? Viele stellen sich die Frage ganz anders. Ob die Kirche nicht gut beraten sei, die wesentlichen Entscheidungen »vor Ort« zu belassen, sich in »amtlicher Kirche« zurückzuhalten, sich dabei strikt auf Felder zu konzentrieren, die es den Gemeinden ermöglichen, authentisch und nahe bei den Menschen zu sein. Organisation, Ordnungen, Ämter: wie geht das mit Geistesgegenwart überein? Kann es das überhaupt? In einer Konstellation, in der das Ringen um den Zusammenhalt verschiedener Gruppen, Prioritäten und Ämter zum Gemeindealltag gehörte, wird wohl auch Lukas gelebt haben. Ja, so der Erzähler: da war was am Anfang, aber nicht die zeitentnommene Idylle, die gerade nicht, sondern eine Kostbarkeit, aus deren Fülle zu nehmen war und in der Folge Neues ermöglichte. Anders gesagt: Das »Schiff, das sich Gemeinde nennt«, befindet sich in voller Fahrt. Ans Ziel zu gelangen, scheint schwer. Geistesgegenwart ist gefordert.

Die Gemeinde steht vor einer Bewährungsprobe. Die Unzufriedenheit ist groß. Die Einen haben hochfliegende Pläne, die Anderen fühlen sich benachteiligt. Vorwürfe werden laut. Erst hinter vorgehaltener Hand, dann anders. Es lässt sich der Streit nicht länger verbergen. Wir kennen das. In Jerusalem trifft es die Schwächsten der Gemeinde. Die Witwen. Sie haben nur wenig zu melden. Aus gleich drei Gründen:

sie sind mittellos, sie sind Frauen, sie sind Ausländerinnen. Der Evangelist nimmt die Situation auf: Was nützen euch, sagt, die schönen Gottesdienste, alle eure Gemeindeversammlungen, alles Singen und Beten, wenn ihr ausgerechnet die vernachlässigt, denen Jesu ganze Aufmerksamkeit galt: der Frau am Jakobsbrunnen, der Frau aus Syrophönizien, der Frau im Haus der Gelehrten, die ihm die Füße salbt? Waren es nicht Frauen, die zu ihm hielten bis hoch ans Kreuz? Und frühmorgens an Ostern: waren sie nicht die Ersten am leeren Grab? Und wenn ihr am Tisch des Friedens zusammenkommt, dann sollen bei den täglichen Mahlzeiten ausgerechnet diejenigen fehlen, für die er gedacht ist, der Tisch? Der Dienst an den Schwächsten wird zum Prüfstein für die Glaubwürdigkeit der Verkündigung, ja, der Gemeinde selbst. Schon in der jüdischen Gemeinde hatten die »Witwen und Waisen« Anspruch auf Versorgung und Auskommen: um wieviel mehr jetzt, Freundinnen und Freunde, wo ihr Christus als »Heiland der Völker« bekennt!

Dass das alles nicht ohne Reibung verläuft: Jesus hatte das nie erwartet. Er hatte das in sein Handeln und Tun von früh an mit einbezogen. Er kannte das Leben. Erneuerung ohne Reibung? Das ist ein Widerspruch in sich. Wer geht, trennt sich. Und Trennung tut weh. Aber ohne Trennung geht das Leben nicht. Es wird sie also geben müssen, die Auseinandersetzung: den not-wendigen Streit derer, die nicht auf der Stelle treten, Leben verhindern wollen. Anzunehmen ist, dass die Sache schon eine Weile »überfällig« war, aus Respekt, mag sein, vor den Gemeindeverantwortlichen, aus einem Mangel an mutigem Einschreiten aber wohl auch unter der Decke gehalten wurde. Wie viele Umwege die Dinge dann nehmen, bis sie an der richtigen Stelle sind oder den Einen oder die paar Wenigen gefunden haben, die den Mund auftun: wir wissen das. Nein!, so die Rede der Anderen jetzt! Es reicht! Es muss etwas geschehen! Immer nur weiter mit der prekären Situation der Unversorgten: das kann es nicht geben! Es muss etwas geschehen, ansonsten wir das Recht verlieren, »Jünger Jesu« zu sein! Wenn »ein Glied leidet, leiden die anderen mit«!

Und nun erleben wir, wie eine Auseinandersetzung nicht das Ende einer Gemeinschaft bedeutet, sondern ganz im Gegenteil alle einen großen Schritt weiter bringt, reifen lässt an Leib und Seele. Denn die Geistesgegenwart der Einen hat sich mit der der Anderen verbunden und »wie damals, ganz zu Beginn« aus einer Vielzahl ganz unterschiedlicher Sprachen eine durch und durch bunte Schar hatte werden lassen, die sich verstand. Nein, so ihre Übereinkunft:

· dass die Einen zu kurz kommen, sie sich wie Fremde fühlen und sich die Anderen nicht darum kümmern, das darf nicht sein!

· und auch das nicht, dass sich die Einen nur immer wachsenden Aufgaben und Erwartungen gegenüber sehen und sich die Anderen außen vor halten!

Den Finger nur immer auf die Wunde zu legen, reicht nicht aus. Und auch nicht, die Verantwortung nur immer an diesen oder jene auszugrenzen! Darauf wird es ankommen: die Dinge zu erspüren, beim Namen zu nennen und das Gespräch darüber zu eröffnen. Durchaus mit Pausen, Zwischenlösungen. Der Geist fällt nicht vom Himmel. Er braucht Zeit und Gelegenheit. Menschen vor allem, die da sind, wenn er sich in ihnen verkörpern möchte. Die Lösung aber: dann wird sie gefunden. Nicht immer die »beste« sogleich. Aber die »beste«: was ist das schon? Wenn es die ist, die taugt und in der Liebe zu Stande gekommen ist, dann ist es die »richtige«. Man wird die Dinge im Auge behalten und zur gegebenen Zeit: weiter darüber reden. In der größer gewordenen Gemeinde Jerusalems jedenfalls wurde damals einigen »geisterfüllten Männern« der Dienst der Diakonie übertragen: der Verkündigung und der Seelsorge gleichgewichtig zugeordnet, die sieben Diakone feierlich beauftragt. Und so dann geschieht es: das »Schiff, das sich Gemeinde nennt«, nimmt wieder Fahrt auf. Natürlich waren die Fragen so nicht für immer gelöst. Neue kamen hinzu, schwierige, bis heute nicht gelöste. »Männerkirche!« »Priester und Laien!« »Juden und Christen!« »Die Kirche der Armen, die Kirche des Geldes!« »Zölibat!« »Der eine Gott und die vielen Religionen!« Stichworte, Andeutungen. Ein paar wenige nur. Bange sein? Es kann einem schon mulmig werden. Denn allzu viel Vorbildliches gibt es nicht. Und doch, so der Evangelist: Lasst euch nicht entmutigen, wagt es, packt es an. Und so auch sollten wir es. Es sind die Probleme ja nie nur für sich. Immer ist auch der mit dabei, in dessen Namen wir unterwegs sind und »seinen Jüngerinnen und Jüngern« dort am nächsten ist, wo sie zu fragen und miteinander ums Rechte sich zu bemühen nicht aufhören. Und eines nicht außer Acht lassen: einen Platz am Tisch frei zu halten. Aus guten Gründen!

Teil E

Entrée

Die Liturgie ist der Ort, an dem die großen Bilder des Lebens in uns fest gemacht werden gegen die des Todes, des Schreckens und der Zerstörung. Der Glaube, der sich in Sprache und Musik, Gesten, Zeichen und Spiel erprobt und kräftigt, festigt und erneuert, gewinnt dann vielleicht auch die Kraft, sich den Herausforderungen unseres auf Konkurrenz, Expansion und Herrschaft programmierten gesellschaftlichen Entwicklung zu stellen und sie zu verändern.

Pfingsten

Prolog

a

Verehrung

Wir verseuchen das Wasser/
Wir verpesten die Luft/Wir verräuchern die Lungen/
Wir verbrauchen das Herz

Wir verjubeln die Stille/
Wir vertreiben die Zeit/Wir verscherzen die Liebe/
Wir verraten den Traum

Wir verwerten die Werte/
Wir verwalten das Heil/Wir verplanen das Morgen

Kleine Pause

Wir verehren – Gott
Lothar Zenetti

b

Pfingsten

Die Autobahnen sind verstopft/
Alle fahren heut ins Grüne/
Die Kirche dagegen bleibt bei Rot:
Feuer und Blut/
Komm, heiliger Geist! oder besser: komm nicht/
Mach deine Revolution lieber wenn es regnet
Lothar Zenetti

Morgenhymnus
(Psalm 118 meets Auferstehungsgedicht)

Sprecher(in) 1

Gott ist meine Macht, mein Psalm und mein Heil!

Sprecher(in) 2

»Wer treibt uns aus den Häusern/den zu engen Schuhen/den Gräbern?«

Sprecher(in) 1

Gott ist meine Macht, mein Psalm und mein Heil/
Man singt mit Freuden vom Sieg in den Hütten der Gerechten!

Sprecher(in) 2

»Aufstehen/mich dem Leben in die Arme werfen/nicht erst am jüngsten Tag!«

Sprecher(in) 1

Man singt mit Freuden vom Sieg in den Hütten der Gerechten/
Ich werde nicht sterben, sondern leben!

Sprecher(in) 2

»Nicht erst/wenn es nichts mehr kostet/und keinem mehr weh tut!«

Sprecher(in)

Ich werde nicht sterben, sondern leben/
Dies ist der Tag, den Gott macht!

Sprecher(in) 2

»Sich ausstrecken nach allem/was noch aussteht/nach allem, nicht nur dem Zu-
gebilligten!«

Sprecher(in) 1

Dies ist der Tag, den Gott macht/
Lasst uns freuen und fröhlich an ihm sein!

Sprecher(in) 2

»Leben erwartet uns/wann/wenn nicht jetzt!?«

Sprecher(in) 1

Lasst uns freuen und fröhlich in ihm sein/
Du bist mein Gott, und ich danke dir, sei gepriesen!

Der Hymnus geht auf eine Textcollage des Gottesdienstinstituts der Nordkirche zurück, veröffentlicht in »Im Kirchenjahr leben«/Materialheft 105, Zentrum Verkündigung Frankfurt 2012, 159ff. Das Gedicht »Wir sind auf der Suche« ist dem Bändchen »Sich dem Leben in die Arme werfen« (Gütersloher Verlagshaus 2002) von Luzia Sutter Rehmann, Sabine Bieberstein und Ulrike Metternich entnommen.

Tagesgebet

Heilige Geistkraft. Atme in mir, dass ich Heiliges denke. Treibe mich, dass ich Heiliges tue. Locke mich, dass ich Heiliges liebe. Stärker mich, dass ich Heiliges hüte. Hüte mich, dass ich mich vom Heiligen nicht lasse. Die große Begeisterung, die alle mitreißt? Selten genug, der Geist des Anfangs! Selten genug, der Fest der Pfingsten! Aber manchmal, da spüren wir ihn. Da beginnt uns was aufzugehen, da verstehen wir einander, gehen aufeinander zu, wundern uns, fangen an. Dank dir, heilige Kraft!

Dank

Eine(r)

Für alles, was Gott mit uns tut.
Für alles, was Gott ohne uns tut.

Alle

Danken wir dir, Gott!

Eine(r)

Für alle, in denen Christus vor uns lebte.
Für alle, in denen er es neben uns und ohne uns tut.

Alle

Danken wir dir, Gott!

Eine(r)

Für alles, was uns Gottes Geist bringt.
Für jeden Ort, an den er uns sendet.

Alle

Danken wir dir, Gott!

Kyrie

Gott, es wird viel geredet und wir hören uns viel an. Wir finden Worte und wir verlieren Worte, füreinander, gegeneinander. Aufhorchen möchten wir, ihn spüren, den neuen Geist, der uns anweht von dir!

Fürbitten

Für die Müden, die Unausgeschlafenen, die Überarbeiteten, die in ihrem Wettlauf mit der Zeit hinter der Gegenwart zurückbleiben, bitten wir: schenk ihnen Zeit für die Zeit! Für die Traurigen, die Unverstandenen, die Besserwisser, die im Gefängnis ihres Ichs die anderen zu Passanten machen, bitten wir: schenk ihnen Raum für die Liebe. Für die Misshandelten, Verfolgten, in Kriegs- und Hungerländern Lebenden, denen nichts mehr geblieben ist, bitten wir: komm auf sie zu und schenk ihnen den Aufstand deiner Gerechtigkeit!

Friedensgruß vor der Gabenteilung

dem da/dem dort/der mir wurscht ist/den ich gar nicht kenne/auch gar nicht kennen will/dem dort/dem da/dem ich nicht traue/dem ich aus dem weg gehe/ der meint alles besser zu wissen/der aufschneider/der speichellecker/der immer so tut/aber es besser ließe/denn eines tages/da wird es ihm leid tun/aber dann wird es zu spät sein/zu dem da/dem dort/geh ich jetzt und wünsch ihm frieden: schalom!

Nach der Gabenteilung

Gestern
die Verwandlung des Wassers in Wein.

Heute
die Verwandlung des Weins in Liebe.

Morgen
die Verwandlung meines Sterbens in sein Auferstehen

Pfingstlicher Schritt- oder Reigentanz

Das »Wehen des Geistes«. Warum nur davon sprechen? Warum sich nicht mitnehmen, durcheinanderwirbeln lassen? Sich in ihm bewegen? Es tanzen? In einem Schritt- oder Reigentanz zum Beispiel? Pfingsten so zu einer leiblichen Erfahrung werden lassen? Seinem Ursprung nach ist die Melodie des Liedes »Komm, Heiliger Geist« eine Volksweise aus Israel. Gut vorstellbar, ihn in die Feierliturgie zu integrieren (in die Lesung, die Ansprache, vor dem Segen etc). Vorstellbar auch: die einen tanzen, die anderen singen und schauen (und lassen sich so bewegen). Wichtig ist: niemand darf sich gedrängt fühlen. Jeder »kann«, keine »muss«. Und so kann das »Wehen« aussehen:

1 Das Lied wird im einen und anderen Durchgang im Wechsel von Refrain und Strophe noch einmal geübt.

2 Im Altar- und Kirchraum stellen sich Tänzerinnen und Tänzer, kleine und mittlere und große, in Schrittabstand und bilden einen Kreis.

3 Die Tanzgruppe spricht den Refrain-Text im Vier-Viertel-Takt. Unter besonderer Betonung des ersten und vierten Viertels: »Komm, Heiliger Geist – Mit deiner Kraft - Die uns verbindet - Und Leben schafft«

4 Die Tänzerinnen und Tänzer wenden sich in Tanzrichtung nach rechts, fassen sich an den Händen, gehen im Takt. Zuerst links, dann rechts. Im ersten und vierten Viertel wird heftig aufgetreten (»Stampfschritt« = Energisch pochend meldet sich das Neue an der Tür und will herein!)

5 Nach dem Refrain wenden sich die Tänzerinnen und Tänzer der Mitte zu, heben die Arme, stellen sich auf die Zehenspitzen und bleiben so.

6 Die Strophen werden gesungen. Sie handeln von »Feuer«, von »Sturm« und von »Liebe«. An deren Abschluss gehen die Tänzerinnen und Tänzer wieder in Formation und bewegen sich (wie oben) im »stampfenden« Viervierteltakt.

7 Mit der vierten Wiederholung des Refrains endet der Tanz.

Frauenliturgien. 250f

Refrain

Komm, Heiliger Geist, mit deiner Kraft,
die uns verbindet und Leben schafft!

Wie das Feuer sich verbreitet und die Dunkelheit erhellt/
So soll uns dein Geist ergreifen, umgestalten unsere Welt!

Wie der Sturm so unaufhaltsam dring in unser Leben ein/
Nur wenn wir uns nicht verschließen, können wir Gemeinde sein.

Schenke und von deiner Liebe, die vertraut und die vergibt/
Alle sprechen eine Sprache, wenn ein Mensch den anderen liebt.

Text: Klaus Okonek, Hans-Joachim Raile. Musik: Volkslied aus Israel

Trinitatis

Tagesgebet

Blumen, Erdensterne – ein Meer von Farben leuchtet mir entgegen. Die Erde blüht,
weil du sie umarmst, mein Gott. Blumen, gestaltgewordene Freundlichkeit – ich
trinke die Farben, ich atme die Düfte, ich denke an dich, mein Gott. Dem leisen
Singen des Windes lausche ich – er nimmt meine Unruhe mit sich fort. Meine
Fragen klingen aus. Ich weiß, du bist!

Segenscollage

Sprecher(in) 1 könnte vor dem Altar stehen, Sprecher(in) 2 im hinteren Teil des Gottesdienstraumes

Sprecher(in) 1

Gott!

Sprecher(in) 2

Der Ursprung und Vollender aller Dinge!

Sprecher(in) 1

ER segne dich!

Sprecher(in) 2

Frucht deiner Mühe, Gelingen deiner Hoffnung!

Sprecher(in) 1

ER behüte dich!

Sprecher(in) 2

Schutz in Gefahr, Zuflucht in Angst!

Sprecher(in) 1

ER lasse sein Angesicht über dir leuchten!

Sprecher(in)

Dass du auffährst mit Flügeln wie Adler!

Sprecher(in)

ER sei dir gnädig!

Sprecher(in) 2

ER erlöse dich von aller Schuld und allem Bösen!

ER erhebe sein Angesicht auf dich!

Sprecher(in) 2

ER höre deine Stimme, heile und tröste dich!

Sprecher(in) 1

ER gebe dir Frieden!

Sprecher(in) 2

Das Wohl des Leibes, das Wohl der Seele, Liebe und Glück!

Alle

Segenslied
»Bewahre uns, Gott«
EG 171

1. Sonntag nach Trinitatis (Liebe)

Anrufungen

anrufung

gott ohnbeginn/gott endverbleib/
gott ruhestark/gott odemnah/gott gerneklein/
gott ewigklang!

Kurt Marti

Kyrie-Gloria-Sequenz

a

Doch, Barmherziger, was gut ist und du von uns erwartest: es wurde und wird uns gesagt, wir wissen es. Mose, die Propheten, Christus: keiner hat uns in Unkenntnis gelassen. Nicht dass uns was fehlte: wir sind das Problem. Wir überhören, vergessen, lenken ab, sind mit anderem beschäftigt. So aber kränken wir einander, dich und uns selbst, und wie es sein könnte, ist es gerade nicht. Erbarme dich!

Kyrie eleison
EG 178, 9

»Siehe«, so Gott: »Ich breite den Frieden aus wie einen Strom. Trösten will ich euch, wie einen seine Mutter tröstet!« (Jesaia 66,12f)

Laudate omnes gentes
EG 181, 6

Schlussgebet

Meinen Weg lass mich gehen, Lebendiger. Meine Schneise, meine Gasse, meine Seitenstraße. Pläne lass mich machen, um Entwürfe mich mühen, nie aber meinen, so und nicht anders dürften sie sein, der Perfektion der Welt müsse noch ein weiteres Wahnstück hinzugefügt werden. Meine Aufgabe lass mich erkennen, ein Mensch mich werden, dem die Welt, wie sie ist, am Herzen liegt, in herzlicher Liebe, wachen Augen, praktischem Sinn. Grund lass mich sein, der Hoffnung zu trauen. Im Geist Jesu Christi, in dem du alles gesagt und alles getan und dem Leben einen Namen gegeben hast, mitten hier für alle Zeit.

Segen

Du hinter uns/
Hinter allem, was war/Kraft, die hervorbringt/
Leben will/Entfaltung.

Du in uns/
In allem, was ist/Kraft, die durchdringt/
Reifung will/Verwandlung.
Du vor uns/
Vor allem, was wird/Kraft, die vorantreibt/
Liebe will/Vollendung.

So segne uns Gott, Vater, Sohn, Kraft des Heiligen Geistes!

2.Sonntag nach Trinitatis (Barmherzigkeit)

Prolog

ganz werden

elend/wer rafft//
halb nur/wer hortet//
ganz erst/wer teilt
Kurt Marti

Hymnische Sequenz

(Psalm 36,6–11 im Wechsel)

Liturg(in)

Gott, du bist gut zu uns/
Deine Güte reicht, so weit der Himmel ist,
deine Treue, bis an die Wolken!

Gemeinde

Ja, du bist die Quelle des Lebens/
In deinem Licht spüren wir – wir leben!

Liturg(in)

Deine Gerechtigkeit steht wie die Berge/
Dein Recht ist tief wie das Meer, Menschen und Tieren hilfst du,
Gott, du bist gut zu uns!

Gemeinde

Du bist ...

Liturg(in)

Wie köstlich ist deine Güte, Gott/
Zu dir kommen wir, suchen Schutz im Schatten deiner Flügel, stärken uns am
Reichtum, den du schenkst!

Gemeinde

Du bist ...

Liturg(in)

Bleib, Gott mit deiner Güte/
Erhalte deine Gerechtigkeit denen,
die dich kennen,
sie ist uns wie das tägliche Brot!

Gemeinde

Ja, du bist die Quelle des Lebens/
In deinem Licht spüren wir – wir leben!

Gesang
»Gottes Liebe ist wie die Sonne«
EG 654 (Badischer Anhang)

Tagesgebet

Gott, du hast dich den Mühseligen und Beladenen zugewandt. So lass auch mich wieder barmherzig werden. So oft möchte ich aus meiner Haut, weil es mir schwer fällt, meine Grenzen zu akzeptieren, meine Ungeduld, meinen Missmut, meine Verweigerung. Barmherzig, Gott, warst du. So lass auch mich mit den Eigenheiten, Fehlern und Schwächen anderer geduldig sein. Mach mich aufmerksam dem gegenüber, der meine Aufmerksamkeit braucht, lass mich Gewissheit dem entgegenbringen, der Gewissheit braucht. Deine Barmherzigkeit lass in Erscheinung treten, ohne die es nicht geht in dieser Welt!

Gloria

Was ist geblieben in all der Zeit? So viel, was Dornen trieb. So viel, was starb schon lange vor der Blüte und Frucht. Die Sehnsucht nach Fülle ungestillt. Und doch, will ich nicht ums Verlorene trauern. Wenn du es bist, der segnet, Gott, dann blühen auch die Dornen!

Kollekte

Freude den Sinnen! Leben den Geschöpfen! Friede den Herzen!
Komm, Gott, Schöpferischer Geist!

Fürbitten

Bleiben, Barmherziger, lässt du uns. Bleiben in deinem Haus, jetzt und alle Zeit. Dafür danken wir dir. Mit dir zusammen dort aber bitten wir dich für alle die Menschen, die Not leiden. Sehen soll man sie, in der Flut der Bilder sie wahrnehmen, sich ihnen zuwenden und dort, wo wir gefragt sind, uns um sie kümmern, persönlich, politisch. Für unsere Gemeinden bitten wir dich, dass sie gastfreie Herbergen sind mit offenen Türen. Für Menschen, die Schutz brauchen, allererste Adresse, einfallsreiche, verlässliche Partner. Wir bitten dich für die alten und kranken Menschen. Angesprochen sollen sie sich fühle, einbezogen, dass sie nicht daran zweifeln, dass du, Gott, nach ihnen fragst und sie liebst, so jetzt und in Ewigkeit. Um geöffnete Hände bitten wir dich. Um Hände und Herzen, die abgeben können, loslassen können, liebevoll und zärtlich werden können, nicht müde werden so, von deiner Herrlichkeit zu erzählen.

3. Sonntag nach Trinitatis (Verloren)

psälmlein

gott/
mein versteck//
wo ich sicher bin/
vor feinden//
sicher auch/
vor mir selbst

Kurt Marti

Kyrie

Wir haben uns angewöhnt, Christus, nach Menschen und Freunden zu suchen, die die gleiche Sprache sprechen wie wir, deren Gedanken uns vertraut sind, die handeln wie wir. Schwer fällt es uns, nach solchen zu suchen, die weiter weg sind von uns, deren Gedanken uns fremd erscheinen, deren Sprache nicht die unsere ist, die sich persönlich und öffentlich so anders verhalten, als wir es tun. Wir erinnern uns dann, dass du es anders gemacht hast. Menschen zu deinen Freunden und Gästen gemacht hast, die nirgendwo zu Hause waren, deren Stimme wenig zu sagen hat, zum Erfolg wenig beitrug, umgekehrt eher: überraschten und verwirrten. So mach deine Freunde auch uns bekannt. Lass uns in ihnen den Menschen begegnen, die, wären wir erst einmal zusammen, gut zu uns passen und der Entwicklung einen neuen Verlauf geben könnten. Erbarme dich!.

Fürbitten

Gott, zugewandt hast du dich dieser Welt. Zugewandt in deinem Sohn Jesus Christus, der starb durch uns und lebt durch dich. Nicht mehr abwenden willst deinen Blick von dieser Welt, dein Antlitz über ihr aufleuchten lassen. So denn sieh nach uns. In der Friedlosigkeit unseres Herzens. In der zerstörerischen Gier unseres Lebens. In der Unbedachtheit unserer Worte und Gedanken. Nach all dem Hass, dem Streit, dem Krieg sieh in dieser Welt. Nach all den Menschen, die komplizierte Zusammenhänge zu verstehen und zu verantworten haben. Bewahre uns davor, es uns leicht zu machen und die Last solcher Entscheidungen nur immer weiterzugeben. Nach all denen sieh, die wir nur immer zu Sündenböcken machen. Fremde, Flüchtlinge, Arme, Kranke, Behinderte. Nach all denen auch, die in Streit und Unversöhnlichkeit miteinander umgehen. Den »Splitter im Auge des Anderen«, es wird ihn schon geben. Wohl nie aber ohne »den Balken im eigenen«. Komm uns zum Frieden: allen deinen Menschen, allen deinen Geschöpfen, deiner ganzen Welt!

4. Sonntag nach Trinitatis (In Konflikten)

Kyrie

Gott, uns oft so fern. Sieh uns an. Wir scheuen uns, dem Unrecht entgegen zu treten, es in uns selbst zu sehen und den Weg der Versöhnung zu gehen. Du hast ihn freigemacht: auf Jesu Weg zum Kreuz hast du die Angst durchbrochen. Komm uns entgegen, dass wir ihn mitgehen können und frei werden zur Liebe. Erbarme dich!

Schlussgebet

Lebendiger Gott, die Geschichte der Menschen und Völker, du gehst in sie ein, bewegst sie, holst sie aus der Erstarrung und machst sie bereit zum Aufbruch. Führe auch uns aus dem Streit um leere Worte, aus Besserwisserei und der Lust, das eigene Nichtstun mit dem Verurteilen anderer zu verbergen. Komm uns in der Klarheit und Liebe Jesu, damit, was immer nur gesagt, endlich so gemeint ist und wirklich zu werden beginnt!

Abendgebet

Am Ende dieses langen Tages lege ich ab/
Bücher, Briefe, Akten, Schlüssel, Schuhe, Kleider und die Uhr/
Am Ende dieses langen Tages lege ich auf dich/
Ängste, Sorgen, Mühen, Lust, Trauer, Sehnsucht und meine Schuld/
Am Ende dieses langen Tages lege ich mich ganz und gar, still und geborgen, mein guter Gott/
In deinen Schutz und Frieden.

Johannes Hansen/Anderer Advent 2012

Johannis

Prolog

Gott ist Freude. Darum hat er die Sonne vor sein Haus gesetzt.

Franz von Assisi

Tagesgebet

O Gott, es wird warm. Wärme unsere Herzen wie die Erde nach dem Frost. O Gott, es ist Sommer. Lass es in uns lebendig werden wie in den Gärten deiner Schöp-

fung. O Gott, uns wird leicht. Lass uns in die Freude ziehen, als seien wir los die
Last unserer Tage!

Vor dem Segen

Wenn ich dich nur habe,
will ich weitergehen die steinigen Wege zum Frieden!
Wenn ich dich nur habe,
will ich weitersehn als das Auge der Rechtsbrecher reicht!
Wenn ich dich nur habe,
will ich nicht aufhören, den Traum zu träumen von Wolf und Lamm, die beieinander liegen!

Segen

*Gott behüte dich mit der Behutsamkeit seiner Hände, mit dem Lächeln seines
Mundes, mit der Wärme seines Herzens, mit der Güte seiner Augen, mit der Freude
seines Geistes, mit dem Geheimnis seiner Gegenwart. Es segne dich Gott, der
Vater, der Sohn, die Kraft des Heiligen Geistes.*

Sabine Naegeli

Heimsuchung Mariae (2. Juli)

Festliturgische Notizen

a

Die Verehrung der Maria geht in die Anfänge der Kirche zurück. Ihren Ausdruck
findet sie nicht nur in Hochfesten: »Gottesmutter« (1. Januar), »Mariä Himmelfahrt« (15. August), auch zu anderen Gelegenheiten: »Mariä Lichtmess« (2. Februar)
und »Mariä Heimsuchung« (2. Juli), in katholischer Tradition darüber hinaus über
einen ganzen »Marienmonat« hinweg. Wie im Mai die Natur erblüht, so in Maria
der »Frühling des Heils«. Von Italien aus kamen die »Maiandachten« im 19. Jahrhundert nach Deutschland. Sie werden mit Liedern und Gebeten nicht nur in den
blumengeschmückten Kirchen, sondern in einigen Regionen auch an Wegkreuzen
und Marienbildern gefeiert.

b

»Jesus will verdammen, Maria retten.« So der Satz eines Gottesgelehrten 1634 in
Paris. Theologische Fehlleistungen finden sich in katholischen Gebetsbüchern
noch bis in die Zeit des 2. Vatikanischen Konzils. Das Schema ist immer das gleiche: das »gläubige Kind« flüchtet sich vor dem »strengen Vater« und die Schürze

der »sanften Mutter«. Dort findet es Schutz vor dem unberechenbaren Gott, der permanent überfordert und mit Strafe droht. Ganz anders präsentiert sich der Marienkult, wenn man bedenkt, dass Maria oft als Beschützerin der Armen und Gescheiterten in Erscheinung tritt. Vom Mittelalter bis in die Neuzeit gehörte die Mater Dolorosa als »Schmerzensmutter« vor allem den Armen, den Bettelmönchen und Unterprivilegierten. Auch die Reformatoren standen der Muttergottesverehrung nicht grundsätzlich negativ gegenüber. Was sie ablehnten, war: sie um ihre Fürsprache anzurufen. Martin Luther hatte in seiner Stube ein Muttergottesbild mit dem Jesuskind an der Wand hängen. 1521 schloss er seine Magnificat-Auslegung: »Hier lassen wir's für diesmal bleiben und bitten Gott um rechtes Verständnis dieses Magnificat, das da nicht allein leuchte und rede, sondern brenne und lebe in Leib und Seele. Das verleihe und Christus durch Fürbitte und Willen seiner lieben Mutter Maria. Amen.« In der katholischen Tradition gewann die Marienfrömmigkeit seit dem 17. Jahrhundert zunehmend an Bedeutung. Dabei kam es zu skurrilen Übertreibungen: indem fromme Kunstschaffende etwa dem Gedanken verfielen, Maria als Priester-Jungfrau ins Bild zu setzen. 1916 schritt Papst Benedikt XV. dagegen ein und untersagte solcherlei Darstellungen. Zeit- und schriftbezogene Marieninterpretation orientiert sich heute vor allem am Lobgesang der Maria, den sie anlässlich ihres Besuchs bei Elisabeth, der Mutter Johannes' des Täufers, anstimmte (Evangelium nach Lukas 1.46-56). Hier zeigt sich Maria dem Gott Israels verbunden, dessen Merkmal und Geschichte es ist, »sich der Niedrigkeit seiner Kinder« zu erbarmen. Nicht erst dann, am Ende der Tage. Hier schon und jetzt sind die Mächtigen und Großen dazu gefordert, »umzukehren« und für Verhältnisse zu sorgen, die verhindern, dass Menschen anderer Menschen Opfer werden. Im »Magnificat« manifestiert sich dieses »Gotteserbarmen« in exemplarischer Weise und stellt Maria in die jahrhundertealte Tradition der Propheten, ausgestattet mit jenem Ich, das ganz aus Gott kommt und die Angst überwunden hat. Nur einfach einwilligen, wie es die Tradition aus ihr gemacht hat, ist es nicht, was Maria ausmacht. Sie wird ein Kind zur Welt bringen. Und in diesem Kind wird sich Gott zu schauen geben. Aber das erste Wort, das ihr der Evangelist in den Mund legt, ist nicht: »Ja, Herr, ich bin deine Magd, mir geschehe, wie du sagst«. Der Ankündigung des Engels begegnet sie auf ihre Art. Mit einem gehörigen Einwand: »Sag, wie soll das zugehen!? Ich verstehe nicht!« Gott kann sich der Menschen nicht einfach »bedienen«. Gott ist Gott, nicht Pharao oder Augustus Imperator. Gott begegnet den Menschen »auf Augenhöhe«. Er setzt deren Partizipation nicht einfach voraus, will seine Partnerinnen und Partner erst »gewinnen«. Und er tut es, indem er sich »zu verstehen gibt«. Darauf aufmerksam gemacht zu haben, ist das besondere Verdienst der Befreiungstheologie und der Feministischen Theologie der vergangen (30) Jahre.

Ich sehe dich tanzen

die du sangst
maria

»meine seele erhebt den herrn/
ich juble zu gott meinem befreier/
ich eine unbedeutende frau«

konntest kaum lesen
konntest kaum schreiben durftest nicht singen noch reden im bethaus
wo männer dem mann-gott dienten

du aber sangst
für dich und für uns

»der herr macht sich auf
um die pläne der machthaber fortzufegen
er stürzt die hohen vom thron und hebt die unterdrückten empor
er macht die hungrigen reich und schickt die reichen hungrig fort«

gehorsam warst du
dem ungehorsamen gott der nicht nach der pfeife der machthaben tanzt
die mit dem tod uns regieren

jesus gebarst du
den aufständischen gegen die herrenmacht derer die aus gott einen mann und aus
frauen sklavinnen machten

zärtlich warst du
voll lebensfreude und außer dem einen auch deine anderen söhne und töchter
herzlich geliebt hast

versteinert auf golgatha
standest du als dein ältester nackt am galgen nach gott schrie
und starb

deiner gedenk ich
maria
jetzt wo gott für frieden für leben in frauen aufsteht
als frau

und sehe dich tanzen
gebete des friedens und sehe dich tanzen mit brüdern und schwestern
die lebendigen psalmen der göttin gott

Kurt Marti

5. Sonntag nach Trinitatis (Lange Wege)

Morgenhymnus

(Psalm 73)

Eine(r)

Gott will uns segnen!

Alle

Wir sollen ein Segen sein!

Sprecher(in) 1

Weh tatest du mir,
und ich verstand nicht, war wie ein Narr!

Sprecher(in) 2

Das Dunkel meiner Vergangenheit,
die Ungewissheit meiner Zukunft, das Elend meiner Ohnmacht.
Du siehst sie, sagst: Fürchte dich nicht!

Sprecher(in) 1

Weh tatest du mir,
und ich verstand nicht, war wie ein Tier vor dir!

Sprecher(in) 2

Die Widersprüchlichkeit meiner Pläne,
die Atemlosigkeit meiner Entscheidungen, die Grenzen meiner Geduld.
Du siehst sie, sagst: Getrost!

Eine(r)

Gott will uns segnen!

Alle

Wir sollen ein Segen sein!

Sprecher(in) 1

Wir werden bleiben!
Denn du hältst uns, nimmst uns in Ehren an!

Sprecher(in) 2

Wenn wir nur dich haben,
fragen wir nach nichts anderem im Himmel und auf Erden!

Eine(r)

Gott will uns segnen!

Alle

Wir sollen ein Segen sein!

6. Sonntag nach Trinitatis (Wasser des Lebens)

Eingangsgebet

Danach sehnen wir uns, Gott unserer Väter und Mütter, Gott auch für uns: dass du uns nahe seist, wenn uns die Kraft fehlt und die Bilder des Lebens verblassen, wir uns wiederfinden in den Stunden der Leere und Langeweile, uns zu lachen ist in den Momenten der Freude, wir getröstet werden in den Zeiten der Trauer. Darum bitten wir dich, jetzt auch und hier: dass du unter uns seist mit deinem Segen, wir etwas spüren von deinem Geist, der lebet und lebendig macht!

Kyrie-Gloria-Sequenz

Gott, da bin ich. Es geht nicht mehr. Ich kann nicht mehr. Irgendwann ist einmal zu viel. Und alles fing so einfach an. Ich kann nicht mehr, bin nur noch müde, brauch deine Hände, die mich halten.

Kyrie eleison
EG 178, 12

Erschöpft zu sein. Nicht weiter zu wissen. Gott wehrt mir nicht. Er lässt mir Raum. Raum auch, zu überwinden, neu mich zu bewegen. »Fürchte dich nicht, ich hab dich erlöst, ich hab dich bei deinem Namen gerufen: bist mein!« (Jesaia 43.1)

Laudate omnes gentes
EG 181, 6

Schlussgebet

Lass uns träumen, Gott. Vom Gelobten Land. Kinder kommen zur Welt, spielen Frieden, reißen die Alten mit. Die gedrückt waren, fangen zu singen an. Die gebückt waren, tanzen und lachen. Arbeit wird sein, ausfüllen wird sie, ernähren. Und die Ernte wird für alle reichen. Herren und Sklaven, es wird sie nicht mehr geben. Das Leben wird eine Freude sein. Und die Freude wird anstecken, leuchten wie Feuer, Schatten vertreiben. Menschen werden leben und irgendwann sterben.

Und Angst wird keiner haben. »Siehe, ich mache alles neu!« In der Taufe machst du uns zu Kindern der Verheißung. Lass sie uns hochhalten, Schritt für Schritt durch sie verwandelt werden!

Tauferinnerung
(Liturgische Sequenz)

Kinder erkundigen sich bei der Taufe der Geschwister gern nach der eigenen Taufe. So kann es zur Übung werden, die Taufe der Kleinen mit der Tauferinnerung der Größeren zu verbinden. In großer Runde stehen die Kinder dann um das Taufbecken. (Auch wer noch nicht getauft ist, ist freundlich eingeladen.)

a) Einladung

An den Tag euch erinnern, könnt ihr euch natürlich nicht. Aber getauft sind die meisten von euch. Und manchmal gibt es Bilder, die daran erinnern. Eines aber sicher: Geschichten. Von euren Eltern, den Paten und Patinnen. Da war eine Kerze, die entfacht wurde. Und über euren Kopf wurde Wasser gegossen. Und Gott machte bekannt: »Du, Kind, gehörst dem Leben. Niemand sonst. Und ich werde mit dir sein. Wo auch immer du bist und sein wirst. Fürchte dich nicht!« Alle, die mögen, sind eingeladen, zum Taufbecken zu kommen, sich an das, was war, zu erinnern.

b) Segensritual

Der Segen richtet sich an jedes einzelne Kind. Dabei nimmt der (die) Liturg(in) Wasser in die Hände und zeichnet ein Kreuz auf die Stirn des Kindes. Er (Sie) nennt das Kind beim Vornamen. Wenn er (sie) ihn nicht weiß, fragt er (sie) nach.

NN, Gott hat dich beim Namen gerufen. Sein Angesicht lässt er über dir leuchten über dir. Geh deinen Weg im Frieden des Höchsten!

Alle fassen sich bei den Händen und bilden einen Kreis.

In der Taufe werden viele Einzelne zu Gottes großer Familie. Quer durch die Völker. Rund um die Erde. Fremd ist sich keiner mehr. Die Menschen Geschwister. Durch Jesus Christus. Im Namen des Vaters und des Sohnes und des Heiligen Geistes. Amen.

Beim Namen gerufen
(Kleine Kulturgeschichte des Namenstags)

»Der Name eines Menschen ist nicht etwa wie ein Mantel, der bloß um ihn her hängt, sondern ein vollkommen passendes Kleid, ihm über und über angewachsen wie die Haut, an der man nicht schaben und schinden darf, ohne sich selbst zu verletzen«, so Goethe im frühen 19. Jahrhundert. Grundsätzlicher Jesus noch, seinen Jüngern gegenüber, die wissen wollten, was komme: Es wird ziemlich viel durcheinandergehen »in diesen Tagen«, aber keine Sorge, Gott kennt euch, »eure Namen sind im Himmel geschrieben«!

Von Cindy und Pumuckl, Pepsi-Carola und Caramel, Chardonnay, Solarfried und ähnlichen Zeitgeistereien war früher noch nichts bekannt. Anna und Adam, Katharina und Johannes hießen damals die Neugeborenen. Nicht immer natürlich. Erst im 12. Jahrhundert wurden Siegfried und Brunhilde und alle die anderen germanischen Namen durch christliche Heiligenvorbilder verdrängt. Sie auszusprechen war schwierig. Leichter fiel den Deutschen deren Betonung auf der ersten Silbe (statt auf der zweiten und dritten wie im Fall ihres lateinischen oder griechischen Ursprungs). Und so wurde aus Johannes oft Hans, aus Johanna Anna und Katharina Trine. Im Trienter Konzil der Gegenreformation wurde 1563 dann festgelegt: »Man möge dafür Sorge tragen, dass den Kindern keine anstößigen und lächerlichen Namen gegeben werden oder solche gar, die den Sagen entnommen wurden. Stattdessen sind die Namen von Heiligen vorzuziehen.« Als Abgrenzung insbesondere gegenüber den Protestanten wurde in den katholischen Regionen nun der Geburtstag vom Namenstag verdrängt, gefeiert am Todestag des Namenspatrons: als »Geburtstag zum Himmel«. Auch wenn der Namenstag ein vorrangig katholisches Fest geblieben ist, etwa die Hälfte der Gedenktage befindet sich auch im evangelischen Namenskalender. Wer sich zu »seinem« Gedenktag erkundigen möchte, hat die Möglichkeit leicht über Internet. Wer keinen eigenen Namenspatron hat und seinen Tag dennoch feiern möchte, hat ökumenisch die gute Gelegenheit dazu am »Tag aller Heiligen« (1. November).

Farbe für Frieder

a

Wenn Kinder getauft werden, erhalten sie von den Eltern oder den Patinnen oder der Gemeinde gewöhnlich eine wohl verzierte Kerze geschenkt. Lange vergessen hat dieser Brauch in die evangelische Kirche erfreulicherweise zurückgefunden. Und doch ist die Frage »Was schenken?« noch nicht ganz geklärt. Außer den Patinnen und Paten sind da noch andere Gäste. Was also tun? Gerne gebe ich eine Idee weiter, auf die ich selbst erst aufmerksam wurde (Sabine Langsdorf/Rainer Müller, MH 91, Zentrum Verkündigung Frankfurt 2001. 168). Frieder wird getauft. Warum ihm nicht ein Kunstwerk schenken? Alle Gäste gemeinsam? Am Tag der Taufe selbst? Was man dazu braucht, ist sympathisch simpel: (a) Einen schönen Rahmen in der Größe des zu malenden Bildes (b) Fotokarton oder Büttenpapier in entsprechender Größe (c) Einen Satz Ölpastellkreide und (d) einen geeigneten, etwas geschützten Ort (mit Tisch und Stuhl), wo das Werk entstehen kann. Die Spielregeln sind einfach: Suche dir eine Farbe aus! Suche dir auf dem Papier einen Ort! Dann nimm deine Farbe und male deinen Punkt, dein Zeichen, deinen Spruch, deine »Farbe für Frieder«!

b

Beim kleinen Empfang zur Eröffnung des Festes könnte dann der Vater oder die Mutter ein paar Worte an die Gäste richten. Zum Beispiel so: Heute ist Frieder getauft worden. Ihr alle seid zum Mitfeiern gekommen. Eine bunte Gesellschaft. Wie Frieder einmal darüber denken wird, dass er getauft wurde und ihr, alle ihr, daran Teil hattet, wir wissen es nicht. Uns war es wichtig. Dass Gott ihm seine

Aufmerksamkeit zugewandt, ihm seinen Segen geschenkt, ihm seine Unverwechselbarkeit, »seinen Namen«, gegeben hat und wir und ihr ihm zugesagt habt, ihm gut zu sein auf seinen Wegen, es war unser Wunsch. Wissen soll er, von Anfang an: da sind welche, die mit dir sind, du kannst dich auf sie verlassen! Und das, so unsere Idee, soll er dann auch in einem Zeichen wiedererkennen. In einer Collage, die wir für ihn anfertigen. In einem Bild, das darin seine Schönheit hat, dass alle daran mitgewirkt und ihren »Klecks« eingetragen haben: vielfältig und bunt wie das Leben, das vor ihm liegt. Dort drüben, am Tisch, liegen ein vorbereitetes Blatt und eine Menge bunter Stifte. Lasst euch Zeit! Ihr habt den ganzen Tag dafür! Dann aber nehmt euch einen Augenblick und malt! Wenn das Werk beendet ist, werden wir es rahmen, miteinander anschauen und in Frieders Kinderzimmer einen geeigneten Ort finden!

7. Sonntag nach Trinitatis (Brot des Lebens)

Prolog

Die Anklageschrift/
Ist schon geschrieben/
Handkoloriert/
In feinem Druck auf kostbaren Bütten.

ER wird sie in Händen halten/
Sie verlesen vor den Geschworenen/
Mit den Hungerbäuchen.

Irgendwie/
Muss das anders gemeint gewesen sein.

Da stehen wir nun/
Mit unseren zwölf Körben/
Und um uns lauter Satte!

Kyrie

Wir haben Brot und hungern.
Wir haben Worte und finden das richtige nicht. Wir haben Zeit und hetzen uns durch die Tage.
Es stimmt etwas nicht, Barmherziger! Es stimmt etwas nicht in der Konstruktion unseres Lebens!
Erbarme dich!

Präfation

Gut ist es und heilsam, dich, Gott, zu loben und dir zu danken. Durch dein lebendiges Wort hast du alles geschaffen, es gut geheißen, uns Menschen, Männer und Frauen, nach deinem Bild geschaffen, dass wir teilhaben an deinem Leben und deinen Glanz widerspiegeln.

Als die Zeit erfüllt war, hast du uns aufgesucht in Jesus von Nazareth, dem Sohn Marias. Sein Leben, seine Passion und Auferstehung sind uns Weg, Wahrheit und Leben.

Mit deinem Lebensatem und der Gegenwart deines Geistes erfüllst du alle Welt und gibst der Liebe Raum, über den Tod hinaus. Das lässt uns singen und dich loben.

Thomas Hirsch-Hüffell

Einsetzungsworte
(Evangelium nach Markus 14,22-25)

In der Nacht, als sie zusammen das Mahl feierten, nahm Jesus ein Brot, sprach das Dankgebet und segnete es, brach davon ab und sagte: Nehmt, das ist mein Leib!

Dann nahm Jesus den Kelch, dankte Gott, gab ihnen den Kelch, und alle tranken daraus. Das ist mein Blut des Bundes, so Jesus, das für alle vergossen wird. Vom Gewächs des Weinstocks werde ich nicht mehr trinken mit euch, bis auf den Tag, an dem wir es aufs Neue tun im Reich Gottes!

Gabenteilung

Ein Stück Brot

Ein Stück Brot
in meiner Hand
mir gegeben

dass ich lebe
dass ich liebe
dass ich Speise bin
für die andern

Ein Schluck Wein
in meinem Mund
mir gegeben

dass ich lebe
dass ich liebe
dass ich Trank bin
für die andern
Lothar Zenetti

Dank
(nach dem Abendmahl)

Wir danken dir, Gott, weil wir leben, heute und morgen, wie wir gestern und alle Tage gelebt haben aus deiner Gnade, von dieser Erde, von Brot und Licht, von den Menschen um uns. Wir danken dir, weil wir leben, hier und jetzt, mühsam und voller Freude. Und wir bitten doch, dass nichts uns trenne, heute nicht und in Zukunft, von Jesus Christus, der deine Liebe ist, für alle Menschen und alles, was lebt.

Maria Magdalena (22. Juli)

Festliturgische Notizen

a

Feste und Gedenktage der Apostel und Evangelisten fanden in reduzierter Form Aufnahme auch in den Festkanon der Reformationskirchen und haben ökumenischen Rang. Das gilt für den Tag der Bekehrung des Apostels Paulus (25.01.) und den Tag der Apostel Petrus und Paulus (29.06.), nicht aber für Petri Stuhlfeier (22.02.). Ökumenisch übereinstimmend wird der Evangelisten Markus (25.04.), Matthäus (21.09.), Lukas (18.10.) und Johannes (27.12.) wie der Apostel Andreas (30.11.), Thomas (21.12.), Matthias (24.02.), Philippus und Jakobus (03.05.), Jakobus des Älteren (25.07.), Bartholomäus (24.08.), Simon und Judas (28.10.) gedacht. Da auch die Gedenktage der Apostelschüler Timotheus und Titus (26.01.), des Apostels Barnabas (11.06.), von Maria Magdalena (22.07.) sowie des Erzmärtyrers Stephanus (26.12.) und der Unschuldigen Kinder (28.12.) biblischen Bezug aufweisen, sind auch sie der Kategorie der Heiligenfeste zuzurechnen.

b

Die biblische Tradition spricht von Maria Magdalena als einer der treuesten Jesus-Anhängerinnen. Nach den Erzählungen der Evangelisten (Markus 16.9 und Lukas 8.2) habe er sie von siebenfacher Besessenheit geheilt. Mit anderen Frauen, so die Synoptiker, sei sie an Jesu Kreuz und Grab erschienen, nach Johannes allein. In späterer Überlieferung wurde sie mit der großen Sünderin identifiziert (Lukas 7.36-50) und mit Maria von Bethanien in Zusammenhang gebracht. Nach einer Legende des 11./13. Jahrhunderts beschloss sie ihr Leben in der Provence. Griechischer Tradition zufolge befindet sich ihr Grab in Ephesus, von wo ihre Reliquien 899 nach Konstantinopel überführt wurden. Sozialgeschichtlich, feministisch und ökumenisch geprägte Deutungsansätze haben das überkommene Bild der Magdalena in den vergangenen Jahren signifikant verändert und regen zu immer neuen Auseinandersetzungen und liturgischen Proben an.

Karl-Heinrich Bieritz

Gebet

Gott, wir fassen dich nicht. Vielleicht geschehen Wunder und wir begreifen sie nicht. Vielleicht begegnen uns Engel und wir erkennen sie nicht. Vielleicht wird uns geholfen und wir spüren es nicht. Vielleicht ist da längst dein »Du, ich bin mit dir« und wir stehen uns selbst im Weg. Du kennst uns, Gott, besser als wir uns selbst. Komm uns entgegen, Barmherziger!

Ferienbeginn

Eigentlich bin ich ganz anders
(Reisekolumne)

Mal loskommen, Gewohntes zurücklassen, Neues ausprobieren. Was Glück ist? Schwer zu definieren. Aber zu reisen, wenn es nicht aus Zwang geschieht, gehört dazu. Natürlich ist Heimat das A und das O. Und vielleicht ist das Wiederkommen ja sogar das Ziel allen Reisens, nicht nur bei Fahrten zum Mond. Aus allem einmal raus, weggetöpselt, »mal weg« wie Hape Kerkeling. Genuss der ganz eigenen Art. Von Deutschland zu Fuß bis zur Weltreise per Einhandsegler oder Luxusliner: das eine Mal ergeht man sich das Land über Hütten und Landschaften einfach so, das andere Mal kämpft man mit Wellen, Wind und Durst oder hat das luxuriöse Fünf-Sterne-Hotel um sich, in dem man von den behüteten Landgängen dann abends ins Bett fällt. Und auch dazwischen sieht es nicht schlecht aus: Flug- und Bahn-, Auto-, Rad- und was der Touren sonst. Und zur Kulisse gehören natürlich auch alle die Ungezählten, die ihr Auskommen davon haben, dass andere sich aufmachen mit ihrem Ersparten und Beute heimbringen: Erholung oder Wissen, Erkenntnis oder den Rausch des Abenteuers. Dem Fremden ganz nah zu sein. Das ganze Glück, wie gesagt, ist es nicht, aber vom Ganzen eine ganze Menge!
Wie oft schon habe ich die Pyramiden auf Bildern gesehen. Und dann stehe ich vor ihnen, den mächtigsten Steinbauten der Menschheit, entdecke mich, klein und so groß, als Erbe und Nachkomme einer Kultur, die andere mir lassen. Und erschrecke beim Gedanken, selbst einmal Erblasser zu sein: was dann in Händen? Oder ich stehe in der Sixtinischen Kapelle in Rom vor dem Bild, das wie kein anderes unser Selbst- und Weltverständnis geformt hat: Gottvater, in einem Arm

skeptisch-staunend Eva, die andere Hand Adam entgegengestreckt, auf dass er sich erhebe und Gott zur Hand gehe. Oder ich gehe in die Wüste, vertraue mich der Gastfreundschaft der Tuaregs an und kann mich am diamantenen Teppich des Himmels nicht satt sehen. Oder (ganz anders) ich fliege nach Indien und übe am Ganges Sterbebereitschaft. Oder noch mal anders: ich sehe in Island die Erde köcheln, übe zu verstehen, wie zart sie doch ist, die Haut dieser Erde, und was für ein Wunder, noch immer auf festem Boden zu stehen.

»Eigentlich bin ich ganz anders, nur komme ich so selten dazu!« (Ödon von Horvath) Mag sein, es ist so. Mag sein, auch nicht und es handelt sich mal wieder um eine dieser eleganten Ausreden, von denen ich voll bin, wenn es darauf ankommt, sich klar zu entscheiden. Die Botschaft des Reisens kümmert das nicht: Finde sie, deine Gelegenheiten, in denen sich der Zauber versteckt, die Ströme der Zeiten zueinander finden, die Gedanken derer, die waren, sich mit denen derer, die sind, verbinden, dich staunen lassen, dich demütiger machen, ruhiger, respektvoller. Such sie, die Orte, die was machen mit dir. Mag sein, du findest sie nicht gleich, musst gehen, wohin noch keiner ging, aber alles das, begreif, gehört zum Spiel. Was du dort findest, könnte so manches verändern: dich von dir selbst und anderen (zum Beispiel) wieder freundlicher denken lassen. Denn eines doch hast du gesehen, als du fort warst, weit weg von zu Hause: dass du genommen wurdest einfach so, ohne Vorwissen, ohne Ausweis, ohne Voreinstellung, als Mensch nur, mit dem man sich zusammen tut, weil man es mag, von sich selbst und seinem Land was zu geben. Das aber hat was. Und darauf bau auf. Und tu es von Herzen und nicht zu knapp. Und wenn du mal nicht weißt, was besprechen mit deinem Gott, der dir so weit weg ist manchmal, dann fang mit »Danke« einfach mal an!

Gebete im Schulgottesdienst

a (Sophia, Schülerin, 16 Jahre)

Du, Gott, Licht meines Lebens. Laufen – fort bewegen – Neues sehen – Neues erfahren – einen Fuß vor den anderen setzen – suchen: nach dir, nach mir. Schenke uns Neugierde, Freude am Leben und das Gespür, den richtigen Weg zu gehen.

b (Maria, Schülerin, 17 Jahre)

Gott, diese Lieder. Diese wunderbaren Lieder in meinem Leben. Wie Wolken sind sie, mal mächtig, mal zart. Reisen durch die Weite meiner Seele, tragen mich, durch ruhige und aufregende Zeiten. Singen will ich sie, solange ich lebe, laut und leise, allein und mit anderen. In ihrer Melodie finde ich sanfte Geborgenheit, Zärtlichkeit, Verständnis für alles. Manchmal sind sie wie dein Atem, der neu mich belebt. Mein Lieblingslied aber? Das, Gott, bist du. Melodie meines Lebens. Lass von dir hören, wo ich auch bin. Erfülle mich, bewege mich, lass mich gegen all das Laute dort draußen in dir zur Ruhe kommen.

8. Sonntag nach Trinitatis (Kinder des Lichts)

Morgendank
(mit Kindergartenkindern)

Gott des Himmels und der Erde. Wir danken dir für diesen Morgen. Dass uns das Licht umgibt, das Licht deines neuen Morgens, auch hier in diesem Gottesdienst. Dass wir die Zeit haben, uns miteinander auf dich und unser Leben zu besinnen, im Singen und Beten, im Hören und Sehen.

Wir sagen dir Dank für die Schönheit der Gräser und Pflanzen, der Gärten und Felder, der Bäche und Flüsse, der Berge und Täler, für alle die Tiere, die großen und kleinen. Wir danken dir für den Reichtum des Bodens, die Klarheit der Luft. Für alle, die dürsten und hungern, bist du, Gott, die Quelle und das Brot des Lebens.

Wir danken dir für die Liebe, die ausgeht von dir. Von ihr nehmen sollen wir, so viel wir wollen, so viel wir brauchen. Liebe, so sagst du, wird nicht weniger, wenn man von ihr nimmt, nur immer mehr. Gut für unsere Familien, gut für unsere Geschwister, gut für unsere Freunde, Gleichgesinnte, Andersdenkende, Nahestehenden, Fremden.

Wir danken dir, dass du zu uns sprichst, Worte des Lebens, und du unser Leben so der Verwandlung für fähig hältst. Worte der Versöhnung. Worte des Vertrauens. Worte des Trostes, der Freude, der Befreiung.

Und wofür wir dir ganz persönlich dankbar sind, sagen wir dir in der Stille!

Stilles Gebet

Tagesgebet

Nach Frieden suche ich, Gott. Nach Frieden im Wort der Anderen, im Tun ihrer Hände, im Leuchten ihrer Augen. Im Tun auch meiner Hände, in der Klarheit meiner Gedanken, in der Echtheit meiner Worte. Nach Frieden suche ich in den Worten meiner Gemeinde, in ihren Entscheidungen über die Verwendung von Zeit und Geld, in der Gastlichkeit ihrer Häuser, in der Freundlichkeit ihrer Gottesdienste. Meine Sehnsucht ist groß. Aber zur Ruhe kommt sie nicht. Sei du zur Stelle drum, Gott des Friedens, mit Frieden jetzt und dann!

Kyrie-Gloria-Sequenz

a

Schau ich nach, Barmherziger, fällt mir auf, dass ich Wünsche für mich selbst eine ganze Menge habe, von Wünschen anderer aber gerne verschont bliebe. Und was sie gut machen, kommt mir dann erst, wenn keiner mehr davon spricht. Fern halte ich mich, wo es nur geht: es könnte mich Zeit und Geduld und Anerkennung kosten.

Kyrie eleison
EG 178, 9

b

Sehen sollte ich, mit neuen Augen: »Vormals waren wir in der Finsternis. Durch Christus ist es Licht geworden!« (Brief des Paulus an die Gemeinde in Ephesus 5,8)

Jubilate
EG 181, 7

Gebete im Krankenhaus

a

All mein Klagen, Fragen, Bangen wandle, Gott, in das Verlangen, dass ich deinen Frieden finde, meine Zweifel überwinde und in allen meinen Sorgen sei bei dir, mein Gott, geborgen.

b

Hilf mir, Gott, in meinen Grenzen nicht ans Leiden zu verlieren. Hilf mir, Augen zu bekommen und Geschmack, zu sehen und zu schmecken, was ist, und ich spüre: ja, Gott, ich lebe und so, wie es ist, ist es gut.

c

Wie gut, Gott, dass einer ist, der sie kennt, meine Schmerzen, meine Schwachheit, meine Angst. Dass einer ist, der mich kennt, immer schon, aber jetzt gerade. Ich danke dir.

d

Lass mich nicht sorgen, nicht Angst haben vor dem Morgen. Bist du es nicht, der über mir wacht? Was mich bedrückt, was mich quält, hast du es nicht längst schon bedacht? Sind meine Tränen nicht vor dir gezählt? Du, Gott, bist es, der gnädig mit mir spricht, ich brauch mich nicht zu sorgen, lass du nur leuchten dein Angesicht.

e

Barmherziger Gott. Morgen werde ich operiert. Ich habe Angst. Ich versuche sie zu verstecken, aber es gelingt mir nicht. Die Enge meines Herzens, du siehst sie. Lass mich nicht allein in dieser Nacht. Komm mir zum Trost und lass mich schlafen. Und morgen sei um mich und halt mich. Und führe die Hand der Ärzte und bleib mit deinem Segen.

Fürbitten

Gott, du durchdringst das Dunkle, hörst unsere Klage.
Wir bitten dich für die, denen das Leid und der Schmerz die Worte genommen
haben. Die Trauernden, die Kranken, die Sterbenden.
Wir rufen zu dir:

»Gott, meine Stärke, eile mir zu helfen!«
Gesungen: Burkhard Jungcurt

Für die, die keinen haben, der für sie spricht. Die Armen, die Gefolterten, die
Misshandelten. Wir rufen zu dir:

Liedruf

Weitere Bitten

Fürbitten

Herr, mache deine Kirche

Herr,
mache deine Kirche zum Werkzeug deines Friedens
Wo Menschen sich befehden
ein jeder gegen jeden
hilf uns den Frieden schaffen
in einer Welt voll Waffen.

Herr,
mache deine Kirche zu einer Stimme der Wahrheit
Inmitten von Intrigen
Verdrehungen und Lügen
hilf uns die Wahrheit finden
und unbeirrt verkünden

Herr,
mache deine Kirche zum Anwalt aller Armen
Dass sie stets auf der Seite
der Unterdrückten streite
hilf uns das Recht verbreiten
auch für die Minderheiten.

Herr, mache deine Kirche zum Anfang deiner Zukunft
Dass alle in ihr sehen
die neue Welt entstehen

du kannst uns Menschen einen
Herr, lass dein Reich erscheinen.

Lothar Zenetti

Segen

Seid Salz!
Das dem Leben Geschmack gibt!
Seid Licht!
Das dem Leben Farbe verleiht!
Seid wie Jerusalem!
Die Stadt auf dem Berg, die zeigt,
wie es sein wird mit dir und uns und allem,
was lebt!

9. Sonntag nach Trinitatis (Zumutungen)

Hymnus

Eine(r) (Von links im Raum)

Was macht, dass ich so fröhlich bin
in meinem kleinen Reich?
Ich sing und tanze hin und her
vom Kindbett bis zur Leich.

Eine(r) (Von rechts im Raum)

Was macht, dass ich so furchtlos
bin an vielen dunklen Tagen?
Es kommt ein Geist in meinen Sinn,
will mich durchs Leben tragen.

Eine(r) (Von hinten oder oben im Raum)

Was macht, dass ich so unbeschwert
und mich kein Trübsinn hält?
Weil Gott mich freundlich das Lachen lehrt
wohl über alle Welt.

Gruppe oder Alle (Von vorne oder von den Plätzen)

Ich bin vergnügt, erlöst, befreit,
Gott nahm in seine Hände meine Zeit.
Mein Fühlen, Denken, Hören, Sagen,

mein Triumphieren und Verzagen,
das Elend und die Zärtlichkeit!

Hanns Dieter Hüsch

Tagesgebet

Gott, zugemutet hast du mir, dass sich mein Tun vor mir türmt wie ein Berg. Es lässt mich nicht ruhen, es verlangt immer mehr von mir, ich komme nicht los davon. Zum Stolperstein ist es mir geworden. Schuldig fühle ich mich, weil ich getan habe, was ich besser unterlassen hätte, und unterlasse, was ich besser täte. Richte an so lange schon, was ich nicht zu kontrollieren verstehe. Belaste Menschen, überfordere, verletze sie. Wie es ändern, weiß ich nicht. Einholen möchte ich mein Tun, es in seine Grenzen weisen, mit ihm einverstanden sein. Halte dich zu mir, Barmherziger, und schenk mir ein geduldiges, befreites Herz.

Kyrie-Gloria-Sequenz

Jetzt vertrauen auf diese Kraft, die uns zum Wachsen treibt/
Jetzt vertrauen auf diese Fülle, die uns zum Leben drängt/
Jetzt vertrauen auf diese Stimme, die uns zum Handeln ruft.

Später, sagen wir. Später.

Gott aber wartet nicht!

Kyrie eleison
EG 178, 12

Jetzt beginnen/
Jetzt nicht länger hocken bleiben/
Letzt über sich hinaus gehen.
Gott geht mit!

Jubilate
EG 181, 7

Kollekte

a

Lebendiger Gott. Fülle unsere Hände, heile unsere Herzen, festige unsere Schritte. Spüren lass uns: die Sache ist groß, du aber brauchst uns, liebst uns, traust es uns zu.

Ich muss nicht stärker sein, als ich bin, denn du hast mich zuerst geliebt. Ich muss nicht schöner sein als andere, denn in deiner Liebe bin ich groß. Ich muss mich nicht verstellen, denn du hast mich zum Bilde geschaffen. Dir gebe ich die Ehre, dir vertraue ich mich an, dir folge ich nach.

Sybille Fritsch

10. Sonntag nach Trinitatis (Israelsonntag)

Kontexte

In der untergehenden Welt
gerecht sein,
ist schwer.

Rabbi Hillel hat schon gefragt
vor zweitausend Jahren
»Wenn nicht ich für mich bin, wer dann ist es?«

Aber nur noch selbstgerecht sein,
weil andere ungerecht waren
(und das waren nicht die,
gegen die man jetzt selbstsüchtig ist)?

Rabbi Hillel hat weiter gefragt
»Doch wenn ich nur für mich bin,
was bin ich?«

In Israel fragen das manche heute:
»Wenn wir nicht auch für die Palästinenser sind,
was sind wir dann? Welcher Feinde
verspätetes Spiegelbild?«

Andere sagen:
»Zukunftsmusik!
Nichts für heute!«

Rabbi Hillel:
»Wenn nicht jetzt,
wann dann?«

Erich Fried

Tief angelegte Freude

Als Bürde ist die Thora wohl äußerst selten empfunden worden, unvergleichlich weniger jedenfalls als in manchen christlichen Bekenntnissen die Last ihres eigenen Gesetzes: des Dogmas. Die Geschichte des Judentums legt vielmehr gerade davon Zeugnis ab, wie alle diese Satzungen ein Element der Lebensfreude waren: man durfte von der Seelenlust sprechen, die diese erwecken. Das Wort von der »Freude am Gebot« wurde auch auf sie angewandt, und die Erfahrung jedes Geschlechtes hat es immer wieder bestätigt. »Die Bundeslage trägt die, die sie tragen.« Nur die sie nicht trugen, die Außenstehenden, konnten von der »Last des Gesetzes« sprechen. Bei allen Gedanken des Gebotes und Dienstes zeichnet sich die jüdische Frömmigkeit durch eine tief in ihr angelegte Freude aus.

Schlussgebet

Du mit einem Namen »Ich werde da sein«! Wir sehen dich nicht, und niemand hat dich je gesehen. Aber dein Wort: dein Wort ist unter den Menschen. »Höre, Israel. Er, unser Gott, ist Einer. Hab ihn lieb, deinen Gott, mit all deinem herzen, mit all deiner Seele, mit all deiner Macht!« Diese Worte, uns aufgetragen, hier und heute: präg sie in unser Herz. War je ein Wort im Stande, Menschen zueinander zu bekehren, lass es dann auch in Kraft sein, hier in unserer Mitte. Lichtschein für die, die im Schatten leben, eine andere Welt als diese nicht denken können. Lichtglut für alle, die nicht glauben können, kalt, entfremdet mit ihrer tiefsten Sehnsucht. Gib deiner Gemeinde Lehrmeister, dass die Übertragung deiner Thora eine Quelle der Freude sein möge in unserer Mitte. Mach sie aufmerksam, sorgfältig, begreifend, nicht zu hoch, nicht zu weit, feurig und nüchtern. Gib uns Menschen, die dein Wort vollbringen: Vergebung gegen Rache, Liebe gegen Hass, das Böse überwindend im Guten. Die auf dem Weg deines Wortes gehen wollen, die dich erkennen in Zeichen des Friedens, in Jesus-aus-Israel. Die teilen wollen Trank und Speis, Mühe und Not und Freude. Die setzen hier ein Zeichen des Glaubens (mit Brot und Wein), bis du kommst in deinem Messias.«

Huub Osterhuis

11. Sonntag nach Trinitatis (Die Großen und die Kleinen)

Licht-Hymnus

Eine(r)

Gepriesen seist du, Gott. Die Lichter in der Höhe hast du geschaffen und das Licht in den Himmeln, das leuchtet über das All. Die Sonne für den Tag, den Mond und die Sterne für die Nacht, dazu das Licht der Kerzen. Heiliges Ur-Licht, die Finsternis flieht vor dir. Dein lebendiges Licht, send es in unsere Herzen und lass uns einmütig rufen:

Alle

Gepriesen der heilige Name deiner Herrlichkeit! Wir preisen und verehren dich: den Vater, den Sohn und den Heiligen Geist, jetzt und in Ewigkeit.

Kyrie-Gloria-Sequenz

a

Wie schnell fangen wir an, verächtlich über andere zu denken. Sie klein zu machen, um dabei selbst groß heraus zu kommen, ist wie eine Sucht. Uralt und immer wieder neu. Barmherziger Gott, wann wird uns endlich aufgehen, dass es deine Gnade ist, dass wir leben, nicht nur dem oder der gegeben, aus diesem oder jenem Grund, sondern uns allen, grundlos und umsonst, so wahr du Gott bist und wir deine Geschöpfe, die du liebst?

Kyrie eleison
EG 178, 12

b

»Lass dir an meiner Gnade genügen, denn meine Kraft ist in den Schwachen mächtig, so Christus!« (Zweiter Brief des Paulus an die Gemeinde in Korinth 12,9) Stark für die Geringen, hart für die Hochmütigen!

Laudate omnes gentes
EG 181, 6

Kollekte

Gott, unser Vater und unsere Mutter. Du löst uns aus unserem Hochmut und machst uns zu Menschen deiner Liebe. Wenn wir hier singen und beten, hören und reden, in uns hinein schauen und um uns herum, dann sei du selbst es, der uns erfüllt. In Christus Jesus.

12. Sonntag nach Trinitatis (Krankheit und Heilung)

Kontexte

»Krisen sind die Angebote des Lebens, sich zu wandeln. Man braucht noch gar nicht zu wissen, was neu werden soll. Man muss nur bereit und zuversichtlich sein.«
Luise Rinser

»Leben ist nicht nur Lachen, Tanzen, Lieben, Bauen, Zusammenbringen. Leben ist auch Weinen, Klagen, Verlieren, Zerreißen. Uns so ist es ein Zeichen der Liebe Gottes, dass er die Bäume nicht in den Himmel wachsen lässt, nicht den Lebensbaum, aber auch nicht die Trauerweide, dass er allem immer wieder ein Ende setzt, auch dem Leid, dem Schmerz, dem Geschrei. Wenn nun alles vorläufig ist, im Anfang immer schon das Ende enthalten ist: kann dann der Mensch noch wirklich etwas ernst nehmen? Ja, er kann und er soll. Er darf manches sogar todernst nehmen, aber nicht tierisch ernst. Dass alles seine Zeit hat, weiß das Tier nicht. Der Mensch aber weiß es. Darum sollen wir unsere Dinge mit allem Ernst betreiben. Nicht verbissen, aber gelassen. Wer die Ewigkeit zu organisieren versucht, den verlässt die Klugheit und er bleibt der Menschlichkeit vieles schuldig.«
Werner Liedtke

»Ich lebe. Jedes Erwachen nach einer Nacht voll Schmerzen und Dumpfheit ist wie ein Wunder. Meine Kräfte, ich fühle sie wachsen. Noch erlaube ich mir keinen Übermut. Man muss wachsam sein, das ist mühsam – meine Skepsis setzt mir ganz schön zu.«
Maxie Wander

Gebet

a

Du, Gott, kommst/Lass uns das begreifen/Den Augenblick leben/Unsere Zeit nicht weiter verbrauchen/Mit Blicken wehmütig zurück und anderen, sorgenvoll, voraus/Du bist das Leben/Anfang und Ende.

b

Unser Inneres ist aufgewühlt. Bring Ruhe, heilender Gott. Unsere Seele ist zerrissen. Bring zusammen, heilender Gott. Die Kräfte in uns bekämpfen sich. Bring Frieden, heilender Gott.
Anton Rotzetter

c

Heile uns, Gott, dann sind wir geheilt. Hilf uns, dann ist uns geholfen. Es preisen dich alle unsere Loblieder. Lass uns von Krankheiten genesen, lindere unsere

Schmerzen und heile unsere Wunden. Denn du bist Gott, du erbarmst dich und
hältst uns die Treue. Gepriesen seist du, Ewiger!
Aus der jüdischen Gebetstradition

Gloria

Immer enger wurde mein Leben/immer fester die fesseln/immer kleiner mein Mut/
Bis du, Gott, mich ansahst/meine Fesseln zerschlugst/mir tief in mein Herz
pflanztcst/«Fürchte dich nicht, ich habe dich bei deinem Namen gerufen, du bist
mein!«

Kollekte

Hilf uns heraus, Gott, aus der Traurigkeit, der Lähmung, dem Schmerz. Wer sonst
könnte unsere Hoffnung sein!?

Fürbitten

In deine Arme, Gott, legen wir alle, die an ihrem Körper und ihrer Seele leiden.
Wir vertrauen sie deiner Freundlichkeit an. Schenke ihnen einen freundlichen
Blick auf sich selbst. In deinen Schoß, Gott, legen wir alle, die darauf warten,
gesund zu werden. Wir vertrauen sie deiner Sorge an. Stärke sie und bleib ihnen
nah. In deine Hände, Gott, legen wir die Ängstlichen und Verzagten. Wir vertrauen
sie deiner Kraft an. Nimm dich ihrer an und stärke ihre Zuversicht. An dein Herz,
Gott der Barmherzigkeit, legen wir uns und unser Leben. Du willst uns als deine
Ebenbilder, »nur ein Quäntchen kleiner als du selbst« (Psalm 8.3). Hilf uns, es zu
begreifen und es von Herzen zu leben.

Segen

Der unbegreifliche Gott erfülle dein Leben mit seiner Kraft, dass du entbehren
kannst, ohne hart zu werden, dass du leiden kannst, ohne zu zerbrechen, dass du
Niederlagen hinnehmen kannst, ohne dich aufzugeben, dass du schuldig werden
kannst, ohne dich zu verachten, dass du mit Unbeantwortbarem leben kannst,
ohne die Hoffnung zu verlieren!

13. Sonntag nach Trinitatis (Gott lieben und deinen Nächsten wie dich selbst)

Prolog

Schwierigkeit

Ihr wollt
dass es so bleibt, wie es ist
darum betet ihr
um Frieden

Wir wollen
dass es nicht so bleibt wie es ist
darum beten wir
um Frieden

Lothar Zenetti

Tagesgebet

Dein Verlangen nach Liebe lebt in mir.
Dein Durst nach Zärtlichkeit brennt in mir.
Wenn ich liebe, liebst du in mir.
Wenn ich brenne, brennst du in mir.
Wenn ich mich bewege, bewegst du dich in mir.
Göttliches Verlangen, ich verlange nach dir. Göttlicher Durst, mich dürstet nach dir.

Anton Rotzetter

Kyrie-Gloria-Sequenz

a

Lebendiger Gott, du lässt uns deine Freundlichkeit erfahren, jeden Tag. Du kommst uns mit Gaben, und wir nehmen sie und sind doch so wenig bereit, sie zu schätzen und mit anderen zu teilen. Im Umgang miteinander fehlt uns die Geduld, die Achtsamkeit, der Sinn für das, was geht, und allemal das Vertrauen, dass das, wofür es heute noch zu früh ist, morgen schon, gut vorbereitet, an der Zeit ist.

Kyrie eleison
EG 178, 12

b

Gott gibt uns nicht auf. Er kommt uns mit seiner Liebe entgegen, die größer ist als unsere Kleinheit, Kleinlichkeit und Schuld. »Lobe den Herrn meine Seele, und vergiss nicht, was er dir Gutes getan hat!« (Psalm 103,1)

Gloria

EG 181, 6

Schlussgebet

Und so lass denn, Herr, unser Gott, ein Erschauern vor dir über all deine Werke kommen und ein großes Staunen vor dir über alles, was du erschaffen hast, dass dich alle Geschöpfe fürchten und alle Wesen sich vor dir beugen und sie alle ein Bund werden und deinen Willen tun, mit ungeteiltem Herzen. Denn wir wissen ja, Herr, unser Gott, dass dir die Herrschaft gehört und dein Name erhaben ist über alles, was du erschaffen hast.

Und so lass, Herr, unser Gott, Anerkennung deinem Volke werden, Ruhm deinen Frommen, Zuversicht denen, die dich suchen, freies Wort denen, die auf dich harren, Freude deinem Land, Wonne deiner Stadt, Wachsen an Kraft deinem Diener David und strahlendes Licht dem Sohne Jischais, deinem Gesalbten, bald in unseren Tagen.

Und so mögen die Gerechten es sehen und sich freuen, die Redlichen jauchzen und die Frommen in Jubel ausbrechen, wenn das Laster verstummt und das Böse ganz wie Rauch verweht und du die Herrschaft des Frevels schwinden lässt von der Erde.

Dann wirst du allein regieren, Herr, unser Gott, über alle deine Geschöpfe auf dem Berge Zion, dem Heiligtum deiner Majestät, und in Jerusalem, deiner heiligen Stadt, wie es in den heiligen Worten geschrieben steht: »Der Herr wird regieren in alle Ewigkeit, dein Gott, Zion, von Geschlecht zu Geschlecht!« (Psalm 146,10)

Aus der jüdischen Gebetstradition

Segensgebet

Möge es dein Wille sein, Herr, unser Gott, dass du uns in Frieden führst, dass du uns in Frieden deine Wege gehen lässt, dass du uns in Frieden stützest, dass du uns aus der Hand jedes Feindes errettest, dass du deinen Segen in unserer Hände und unseres Geistes Arbeit sendest und uns Freude und Erbarmen finden lässt in deinen Augen, in deren auch, die mit uns leben. Gepriesen seist du, Gott, unser Herr!

Aus der jüdischen Gebetstradition

Jahrestag des Kriegsbeginns (1. September)

Die Stunde null

»Die heute Großväter sind, haben es nicht verstanden, ihren Söhnen und Töchtern die Umkehr glaubwürdig zu machen. Und die jetzt Väter sind, haben längst vergessen, welche Möglichkeiten damals verspielt wurden. Weil Schuldige nicht gesucht und gefunden wurden, ja, die Gesamthaftung eines Volkes nie ernst genommen wurde, blieb die Chance der vielberedeten »Stunde null« vertan. Dazu der einmalige Vorgang, dass die Besiegten in beiden Teilen Deutschlands innerhalb von fünf Jahren auf die Seiten der Sieger gerieten und schon bald der Eindruck entstand, in Wahrheit hätten die Deutschen den Krieg gewonnen. Dies konnte nicht gutgehen: weder politisch noch im Sinne einer öffentlichen Moral. Es konnte nicht gutgehen, weil es so schnell wieder gutging. Das Wechselbad zwischen eisiger Verachtung und neuer Zukunftswärme kam zu schnell. Auch jedes andere Volk hätte es nicht ausgehalten. So wurde der Abstand zwischen behaupteter Demokratie von der Wirklichkeit einfach fortgeschriebener Autoritätsstrukturen immer größer, der Freiheitsbegriff des Grundgesetzes zu einer Karikatur der Freiheit der Ellbogen und der Traum von der Einheit des Volkes und des Landes immer mehr zu einer frommen Nationallüge.«

Heinrich Albertz

Kyrie

Wir wollten immer größer sein und wurden immer kleiner. Wir wollten immer andere teilen und wurden selbst geteilt. Wir haben immer andere vertrieben und hatten zuletzt selbst Millionen Vertriebene. Wir zwangen immer andere zu Opfern und wurden es schließlich selbst. Wir haben immer anderen Gruben gegraben und fielen am Ende selbst hinein. Aber die ganze Wahrheit ist das nicht. Wir erlebten es besser. Man reichte uns die Hand. Wir wurden reich und vergasen: dass der alte Geist nicht einfach vergeht, wenn man nur lange genug wartet und so tut, als sei nichts gewesen, dass das Unrecht nicht einfach vernarbt, wenn das Interesse daran gering ist und der Wille nicht vorhanden ist, ihm nachzugehen. Darum bitten wir dich, Gott, Schöpfer und Geist des Lebens: tritt uns entgegen, wenn wir meinen, unserer Geschichte davonlaufen zu können, hol uns heraus aus der Enge und Selbstgerechtigkeit, mach uns stark zu Frieden und Gerechtigkeit und lass uns dich als Christen und Kirche als den Gott der Wahrheit, des Erbarmens und der Versöhnung bekanntmachen, wo immer du fehlst und es die Welt nicht ohne dich kann. Erbarme dich!

Kyrie eleison
EG 178, 9

Vor dem Segen

Um Gottes Willen keinen Krieg!
Auf Hebräisch heißt das: Schalom.
Auf Arabisch: Salam.
Auf Englisch: Peace.
Auf Spanisch: Paz.

Auf Russisch: Mir.
Und auf Deutsch: Friede.
Oder: Ich schenke dir ein Lächeln, du gibst mir deine Hand,
wir teilen miteinander, essen, arbeiten, spielen miteinander
und manchmal können wir auch miteinander ratlos und traurig,
anderer Meinung sein, miteinander streiten, aber wir schlagen uns nicht,
gebrauchen keine Waffen gegeneinander, setzen uns zusammen,
bleiben Freunde, damit wir zusammen leben können,
wir und alle anderen!

Quellen- und Bildnachweis

Seite 16:   Sabine Naegeli, Komm, Sturmwind des Geistes, aus: Dies.: Die Nacht ist voller Sterne. © Verlag Herder GmbH, Freiburg/Brsg.

Seite 21:   Max Feigenwinter (leicht abgeändert von Thomas Feldmann-Tanner). Aus: Feigenwinter Max, Wage zu leben – trotz allem noah verlag, Oberegg, 1990, vergriffen, Copyright beim Autor.

Seite 23:   Gottes Geist befreit zum Leben. Text: Hans-Jürgen Netz; Musik: Nis-Edwin List-Petersen, aus: Oekumene heute, Mein Liederbuch 2. Alle Rechte im tvd-Verlag, Düsseldorf.

Seite 26:   Rajzel Zychlinski, »Die große Stadt«, aus: Rajzel Zychlinski »Di Lider«. © 2003 by Zweitausendeins Versand Dienst GmbH, www.zweitausendeins.de

Seite 39:   Sybille Fritsch, Bleibt lebendig, aus: Sybille Fritsch, Was mich beseelt, Seite 95. © tvd-Verlag Düsseldorf, 1991.

Seite 57:   George Gessler, aus: »Geist-Schöpfer des Lebens«, Radius-Verlag (vergriffen). © Katharina Gessler, www.gegessler.ch/www.gege-atelier.ch

Seite 60:   Ernesto Cardenal, Alles Lebendige, ... aus: Ders.: Das Buch von der Liebe. Peter Hammer Verlag, Wuppertal 1971, Neuausgabe 2004.

Seite 61:   Andrej Rublew, »Die Dreifaltigkeit«, © akg-images, Berlin.

Seite 85:   Wilhelm Willms, wußten sie schon, aus: ders.: alle nächte werden hell. © 1991 Butzon & Bercker GmbH, Kevelaer, S. 90f., www.bube.de

Seite 93:   Kurt Marti, geburt. Aus: Kurt Marti: geduld und revolte. die gedichte am rand. © 2011 by Radius-Verlag, Stuttgart.

Seite 114: Gib der Hoffnung ein Gesicht. Text: Hans-Jürgen Netz. Musik: Holger Clausen, aus: Gib der Hoffnung ein Gesicht, 1989. Alle Rechte im tvd-Verlag, Düsseldorf.

Seite 116: Rose Ausländer, Aber ich weiß. Aus: dies., Wieder ein Tag aus Glut und Wind. Gedichte 1980-1982. © S. Fischer Verlag GmbH, Frankfurt am Main 1986.

Seite 121: Hanns Dieter Hüsch, Fürbitte: Brunnen des Erbarmens, aus: ders.: »Ein gütiges Machtwort«, Seite 181f. © tvd-Verlag Düsseldorf, 2001.

Seite 124: Jane Ray, »Pachamama«. Rechteinhaber leider unbekannt.

Seite 137: Paul Klee, Haupt- und Nebenwege, 1929, © akg-images, Berlin.

Seite 152: Benjamin West, Er ist nicht hier. Rechteinhaber leider unbekannt.

Seite 156: Sabine Naegeli, Stark genug, aus: Dies.: Die Nacht ist voller Sterne. © Verlag Herder GmbH, Freiburg/Brsg.

Seite 190: Kindersegen. Text: Jürgen Fliege; Musik: Oskar Gottlieb Blarr. Aus: Fünf Brote und zwei Fische, 1977. Textrechte: tvd-Verlag Düsseldorf. Musikrechte: Strube Verlag, München.

Seite 194: Ernst Barlach, Anno Domini MCMXVI post Christum natum © Ernst Barlach Lizenzverwaltung Ratzeburg.

Seite 200: Hanspeter Heinz, »Wenn sich Jesus in ihrer Liturgie ...«. © beim Autor.

Seite 205: Anton Rotzetter, Da du Gemeinschaft bist, aus: Ders.: Gott, der mich atmen lässt. © Verlag Herder GmbH, Freiburg/Brsg.

Seite 224: Pablo Picasso, Guernica. © Succession Picasso/VG Bild-Kunst, Bonn 2014. © der Vorlage: Erich Lessing/akg-images, Berlin.

Seite 227: Hilde Domin, Abel steh auf (in sich ungekürzt) aus: Dies., Gesammelte Gedichte. © S. Fischer Verlag GmbH, Frankfurt am Main 1987.

Seite 235: Fulbert Steffensky, Wie ist das mit dem Geist. © beim Autor.

Seite 264: Heinrich Böll, In einem kleinen Hafen ..., aus: Heinrich Böll. Kölner Ausgabe. Bd. 12, 1959-1963. Hrsg. von Robert C. Conrad. © 2008, Verlag Kiepenheuer & Witsch GmbH & Co. KG, Köln.

Seite 277: Lothar Zenetti, Verehrung. Aus: Lothar Zenetti, In Seiner Nähe. Texte des Vertrauens (Topos Taschenbuch 431) © Matthias Grünewald Verlag der Schwabenverlag AG, Ostfildern 2002. www.verlagsgruppe-patmos.de

Seite 278: Lothar Zenetti, Pfingsten. Aus: Lothar Zenetti, Auf seiner Spur. Texte gläubiger Zuversicht. © Matthias Grünewald Verlag der Schwabenverlag AG, Ostfildern 2011. www.verlagsgruppe-patmos.de

Seite 283: Kurt Marti, anrufungen. Aus: Kurt Marti, gott gerneklein. gedichte. © 2011 by Radius-Verlag, Stuttgart.

Seite 284: Kurt Marti, ganz werden Aus: Kurt Marti, gott gerneklein. gedichte. © 2011 by Radius-Verlag, Stuttgart.

Seite 287: Kurt Marti, psälmlein. Aus: Kurt Marti, gott gerneklein. gedichte. © 2011 by Radius-Verlag, Stuttgart.

Seite 289: Sabine Naegeli, Gott behüte dich, aus: dies.: Du hast mein Dunkel geteilt. © Verlag Herder GmbH, Freiburg/Brsg.

Seite 291: Kurt Marti, Ich sehe dich tanzen, © beim Autor.

Seite 297: Thomas Hirsch-Hüffell, Gut ist es und heilsam ... © beim Autor.

Seite 297: Lothar Zenetti, Ein Stück Brot. Aus: Lothar Zenetti, Auf seiner Spur. Texte gläubiger Zuversicht. © Matthias Grünewald Verlag der Schwabenverlag AG, Ostfildern 2011. www.verlagsgruppe-patmos.de

Seite 303: Lothar Zenetti, Herr, mache deine Kirche Aus: Lothar Zenetti, In Seiner Nähe. Texte des Vertrauens (Topos Taschenbuch 431) © Matthias Grünewald Verlag der Schwabenverlag AG, Ostfildern 2002. www.verlagsgruppe-patmos.de

Seite 304: Hanns Dieter Hüsch, Ich bin erlöst. Psalm. Aus: Hanns Dieter Hüsch/ Uwe Seidel, Ich stehe unter Gottes Schutz, Seite 140, 2014/13. © tvd-Verlag Düsseldorf, 1996.

Seite 306: Sybille Fritsch, Ich muss nicht stärker sein, aus: Sybille Fritsch, Was mich beseelt, Seite 46. © tvd-Verlag Düsseldorf, 1991.

Seite 306: Erich Fried, In der untergehenden Welt, aus: ders.: Um Klarheit. © Verlag Klaus Wagenbach, Berlin 1985.

Seite 307: Huub Oosterhuis, »Du mit einem Namen«, aus: Ders.: Mitten unter uns. Die schönsten Gebete von Huub Oosterhuis. Übersetzt von Peter Pawlowsky. © Verlag Herder GmbH, Freiburg i. Br. 1982.

Seite 309: Anton Rotzetter, Unser Inneres ist aufgewühlt, aus: ders.: Gott, der mich atmen lässt. © Verlag Herder GmbH, Freiburg i./Br.

Seite 311: Lothar Zenetti, Schwierigkeit, Aus: Lothar Zenetti, Auf seiner Spur. Texte gläubiger Zuversicht. © Matthias Grünewald Verlag der Schwabenverlag AG, Ostfildern 2011. www.verlagsgruppe-patmos.de

Seite 311: Anton Rotzetter, Dein Verlangen nach Liebe, aus: ders.: Gott, der mich atmen lässt. © Verlag Herder GmbH, Freiburg i./Br.

Seite 313: Heinrich Albertz, Die heutigen Großväter sind ... Aus: Die zornigen alten Männer der Kirche. hrsg. von Norbert Sommer. © KREUZ VERLAG, Stuttgart 1983, S. 17.

Für freundlich erteilte Abdruckgenehmigungen danken wir allen Autorinnen, Autoren und Verlagen. Trotz intensiver Bemühungen war es leider nicht bei allen Texten möglich, den/die Rechtsinhaber/in ausfindig zu machen. Für Hinweise sind wir dankbar. Rechtsansprüche bleiben gewahrt.